動物と民俗

鵜飼と養蜂の世界

宅野幸徳

篠原徹……編

七月社

動物と民俗

鵜飼と養蜂の世界

＊

目次

宅野幸徳著『動物と民俗―鵜飼と養蜂の世界―』の刊行にあたって

篠原　徹

本書は二〇二二年一二月二四日に急逝された動物民俗の研究者・宅野幸徳さんの遺稿論文集である。本書の刊行の意義について述べておきたい。宅野幸徳さんは高等学校の教員のかたわら長年鵜飼とニホンミツバチの民俗の研究を行ってきた。鵜飼については、従来徒歩鵜飼あるいは放し鵜飼と呼ばれていた島根県益田の高津川流域で行われていた鵜飼を中心に研究された。また、日本の近代以降セイヨウミツバチの飼育が広まるなか、依然としてニホンミツバチの養蜂に拘ってきた対馬や中国山地西部あるいは紀伊半島などの養蜂民俗の研究も長年行ってきた。いずれも野生性を保持させせながら人間がその動物の生態や習性を巧みに利用して人間の側がその生産物の分け前をもらうもので、きわめて特異な民俗技術といえるものである。地球上のいたるところで欧米の近代化と同じ方法でグローバリゼーションが進行しているが、それは生物と人間の関係でいえば人間による自然の支配を意味し、具体的には地球上をすべて家畜動物や栽培植物で覆いつくすことを目指しているといっていい。これでは地球の人間を含めた生物世界は滅びてしまうのは必定である。

宅野さんの研究対象としてきたウとニホンミツバチの民俗は、むしろ上述の欧米の考えとは真逆な自然観を内在していて、いうなれば反ドメスティケーションとでもいうべき自然との共存や共生の暮らしのあり方からでてきたものである。宅野さんは日本列島のなかで自然を対象とする人びとの生業のひとつである鵜飼やニホンミツバチの養蜂などの民俗が滅び去っていくのに対して限りなき哀惜の念をもっていたが、それは挽歌としてではなくこれからの人と自然のあるべき関係をヒトと鵜飼や養蜂の関係の中に見出していたからに他ならない。そのことが宅野さんの意義ある研究を後世に残すべきものとして彼の論文を編集した最大の理由である。著者と編者との関係や論文の詳しい意義などについては編者の寄稿した論文と「やや長いあとがき」に記しておいた。

第一章　魚類の分布と漁具・漁法の関係　江の川全水域の事例的研究

一　はじめに

今日の河川は、護岸工事によりコンクリートで整備され用水路化され、ダム建設、河川の汚濁などによって大きく変貌した。これは筆者だけでなく川を身近なものとして生きてきた人々にとってもっとも感じることであり、幼い頃に水遊びをした経験や川で魚とりをした時代を懐かしむ声もよく聞く。川と人の関係は大きく変わったけれども、なかでも内水面漁業にたずさわってきた人びとほど川の変化の影響を受けた人びとはいない。河川の形態だけでなく棲息する魚類も大きく変わったけれども、人間と魚の関わりの中での伝統的漁法も大きく変化した。漁法の一部はなくなってしまった。また漁具の材質も変化したことも挙げられる。そうしたことを考えてみると今後も内水面漁業は大きく変わっていくだろうと思える。この論文では、先人たちが遠い昔より魚の習性を知り、あみだした漁法と漁具などの民俗的知識を伝承している伝統的川漁師の、河川という自然とのつきあいかたの変化から現在の河川漁の全体像を明らかにしてみたい。ここでは江の川内水面漁業における全ての漁具・漁法をとりあげるのではなく、魚と人間の関係を考える上で重要であると思われる特異な漁具だけに焦点をあててみたい。

二　問題の所在

筆者は、この四年間（一九八六〜八九年）島根県の江の川水系の棲息魚類と漁具・漁法について調査を行ってきた。その調査結果の一部についてはすでに何回か報告を行った。その後さらに全水域に調査範囲を広げてみて、一河川における魚類と漁具分布状況の全体像が明確となってきた。そこで本論においては巨視的見方と微視的見方の双方から河川における漁具と魚類をながめてみることにした。

最初に調査対象の江の川水系の概略を述べる。江の川は中国地方の最大の大河で本流の総延長は約二〇〇・八㎞であり、流域面積は三〇七〇㎢で全国八位の一級河川である。中国山地の広島県の山県郡大朝を源に発し、途中多くの支流を集めて八千代町の千代田湖（土師ダム）を経て三次市に至る。これを本流の可愛川という。三次市では、本流に他の西城川・神野瀬川・馬洗川などの大きな支流が合流して江の川となる。三次より河川は蛇行し島根県を縦断し日本海に注いでいる。この河川は全流程の勾配が島根県内の他の斐伊川・神戸川・高津川などに比べ緩やかである。河口流域には江津市が位置し、この河口では満潮時は海水が上流数十㎞まで侵入する［1］。

表①は、江の川水系の河口より上流の魚類の棲息分布である。これは、漁業関係者から聞き取り調査を行い、あわせて筆者自身の釣り観察を何度も行った結果をもとに作成したものである（調査地点の番号については図①を参照）。魚類の棲息状況の概略は、以下のとおりである。サヨリ・ダツ・マアジ・コノシロ・チヌ（和名クロダイ）などは河口周辺に棲息する。スズキ・ボラ・イダ（和名ウグイ）などのように海と川の間を移動する魚、下流域から上流域まで幅広く分布するニゴイ・コイ・フナ・ウナギなどもいる。上流域にはアユ・ギギュウ（和名ギギ）・

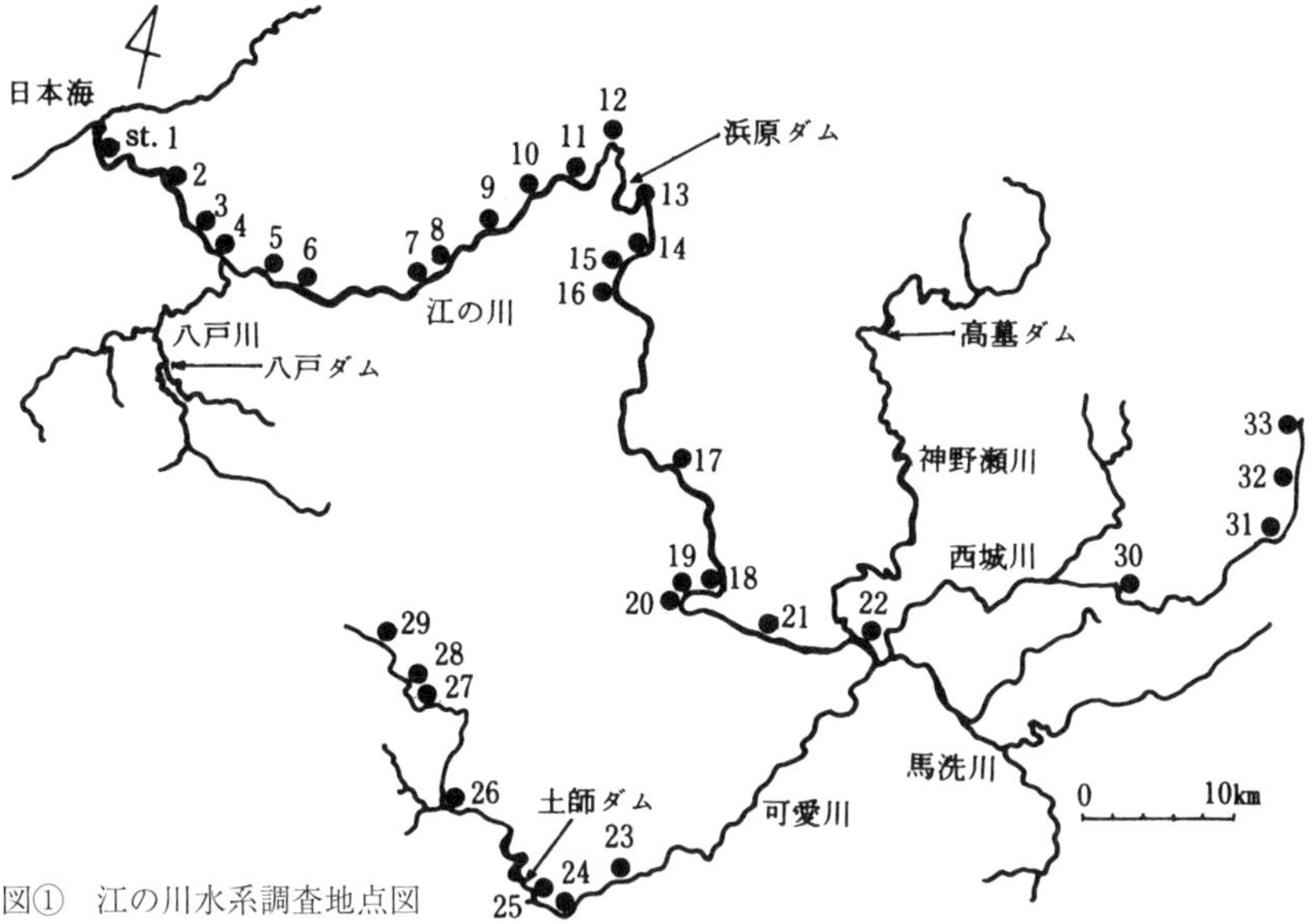

図①　江の川水系調査地点図

ハエ（オイカワ・カワムツの両種を川漁師は一括してハエと呼ぶ）が主として棲息している。また遡上するサケ、江の川水系以外のところから移入されたブラックバス（和名オオクチバス）・ブルーギルもいる。最上流である西城川上流の標高約五五〇m以上の冷水域にはゴギ（この地方ではコギとも呼ばれる）が棲息している。江の川水系での魚類の棲息変化で特筆すべきことは、浜原ダム建設の昭和二八年頃まではスズキ・ボラ・サケ・甲殻類のケガニ（和名モクズガニ）がダム上流の広島県作木村までは棲息していたが、現在ではダム上流には前述の魚類は棲息していない。最上流においても変化が見られ、江の川本流の可愛川の土師ダム上流ではギギュウ・トウザブロウ（またはヨツメと呼ばれる。和名オヤニラミ）・テンキリ（和名アカザ）がかつて棲息していたが現在はいなくなったようである。

　次にここで論議の対象としたい漁具について問題の所在を述べておきたい。ここでは河川形態とりわけ瀬と淵と魚類の習性、漁具分布状況などの関連で漁具をみていくことにする。今回取り上げた漁具は、アユの「ニゴリ

（調査：1986～1988年8月）

								可愛川							西城川				方言名
15	16	17	18	19	20	21	22	23	24	25	26	27	28	29	30	31	32	33	
○	○	○	○	○	○	○	○	○	○	○	○	○	○		○	○	○		イダ
○	○	○	○	○	○	○	○	○	○	○	○	○	○		○	○			
○	○	○	○	○	○	○	○	○	○	○	○	○	○		○				
○	○	○	○	○	○	○	○	○	○	○		○	○		○				
○	○	○	○	○	○	○	○				○	○	○	△	○	○	○		
○	○	○	○	○	○	○	○			○	○	*	*		○				ギギュウ（広島）
○	○	○	○	○	○	○	○	○	○	○	○	○	○		○	○	○		ムギツコ
○	○	○	○	○	○	○	○	○	○	○	○	○	○		○				
○	○	○	○	○	○	○	○	○	○	○	○	○	○		○	○	○		ヤナギバエ
○	○	○	○	○	○	○	○	○	○	○	○	○	○		○	○	○		シラハエ
○	○	○	○	○	○	○	○	○	○	○	○	○	○		○	○	○		
○	○	○	○	○	○	○	○								○				ブラックバス
△	○	○				○	○								△				
○	○	○																	
○		○								*	△	△	*						トウザブロウ
	△																		
○																			
*	*	*	*	—	—	—	—	—	—	—	—	—	—	—	—	—	—	—	
*	*	*	*	*	*	*	—	—	—	—	—	—	—	—	—	—	—	—	
*	*	*	*	*	*	*	*												ケガニ
*	*	*	*	*	*	*	—	—	—	—	—	—	—	—	—	—	—	—	
	*	*	*	*	*	*	△				△	*	*	*	△	△			テッキリ
					ドジョウ					○	○		○				○		
												アマゴ				○	○	—	
												タカハヤ					○	○	ドロバエ
												ゴギ			—	—	—	○	コギ

［調査地点］

st.1 渡津町　2 市村　3 川平　4 長良　5 榎谷
6 大貫　7 因原　8 川本　9 木路原　10 栗原
11 吾郷　12 粕淵　13 信喜　14 潮　15 艾
16 都賀行　17 両国橋　18 香淀　19 下川根　20 上竹貞
21 唐香　22 三次町　23 宮之城　24 桂　25 下土師
26 河戸　27 川戸　23 新庄　29 大塚　30 庄原
31 西城町　32 備後落合　33 小鳥原

表① 江の川水系河口より上流の魚類分布表

区域	江の川													
和名 ＼ st.	1	2	3	4	5	6	7	8	9	10	11	12	13	14
ウグイ	○	○	○	○	○	○	○	○	○	○	○	○	○	○
ニゴイ	○	○	○	○	○	○	○	○	○	○	○	○	○	○
コイ	△	○	○	○	○	○	○	○	○	○	○	○	○	○
フナ類	△	○	○	○	○	○	○	○	○	○	○	○	○	○
ウナギ	△	△	△	○	○	○	○	○	○	○	○	○	○	○
ギギ	—	—	○	○	○	○	○	○	○	○	○	○	○	○
ムギツク	—	—	○	○	○	○	○	○	○	○	○	○	○	○
ナマズ	*	*	○	○	○	○	○	○	○	○	○	○	○	○
カワムツ	—	—	*	△	○	○	○	○	○	○	○	○	○	○
オイカワ	—	—	*	△	○	○	○	○	○	○	○	○	○	○
アユ	—	—	*	○	○	○	○	○	○	○	○	○	○	○
オオクチバス	—	—	?	△	○	○	○	○	○	○	○	○	○	○
タナゴ類	—	?	?	?	○	○	○	○	○	○	?	?	○	△
モロコ類	—	—	—	○	○	○	○	○	○	○	○	○	○	○
オヤニラミ	—	—	—	?	?	?	○	○	?	?	?	△		○
カマキリ								△		△		△	△	
ソウギョ										○		○	○	
ブルーギル														
スズキ・セイゴ	○	○	○	○	○	○	○	○	○	○	△	○	*	*
ボラ	○	○	○	○	○	○	○	○	○	○	○	○	*	*
モクズガニ※	*	*	△	○	○	○	○	○	○	○	△	△	*	*
サケ	—	—	*	*	*	*	*	△	△	△	△	△	*	*
アカザ								△	△					
クロダイ	○	△	△	?										
コチ	○	△	—	—										
クサフグ	○	△	—	—										
アジ	○	—	—	—										
コノシロ	○	—	—	—										
サヨリ	○	—	—	—										
ヒラメ	○	—	—	—										
アカエイ	△	—	—	—										
ダツ	△	—	—	—										
キス	△	—	—	—										
マコガレイ	△	—	—	—										
イシガレイ	△	—	—	—										
イシダイ	△	—	—	—										
メジナ	△	—	—	—										
アカエイ	△	—	—	—										
ウミタナゴ	△	—	—	—										

○：生息
△：生息(少)
*：かつて生息、現在生息せず
—：生息せず
？：未確認

※モクズガニは甲殻類であるが、漁業対象として表の中に示した

カキ」とウナギ・ナマズ・ゴギの「ツケバリ」、さらにはサケの「ヒッカケ」と舟の形態であり、問題の所在の概要を箇条書きにすると以下のようになる。

①ニゴリカキは、増水時のすくい網である。この形態は一般に卵型に枝の付いたものがよく知られている。し

かし、江の川水系の上流から下流におけるすくい網は、同一のものではない。流域によってその形態には、相違がみられる。ここでは、ニゴリカキの形態を紹介し、分布もあわせて紹介する。そして、漁具形態の差異の要因も考察する。

②ツケバリは、単純な漁法で糸に針という簡単なものであるが、河川形態・対象魚などから上流・中流・下流により使用の上の差異がみられる。

③ヒッカケは、サケをひっかける漁具である。本河川では昭和三〇年頃までサケが遡上していたことを川漁師から聞き取り調査で確認している。当水域においてのサケを対象とした漁法は、二つの漁法がかつてみられた。一つは、網漁で、もう一つは鉄製のヒッカケ漁具である。ある漁師によれば、鉾を使用していた人もあったようである。とくに、鉤型のヒッカケが下流の河口より一〇km地点から上流一〇〇kmまでの水域で使用されており漁具を何か所かで採集することができた。ここでは、漁具形態と分布状態を紹介する。

④舟は河口域の下流域と中・上流域では形態上の相違がある。舟の形態上の差異の要因を考えてみる。

以上の四つの漁具に焦点を合わせ、かつ全流域を視野に入れながら、これらのもつ問題にせまってみたい。

三　瀬と漁法

川の生物にとって川は同一の環境条件ではなく、水深・流速・汚染状況・河床の状況によって大きく異なる。上流から下流にかけて川の蛇行にともなってできる瀬と淵はおのずと生物の生活様式にとって極めて重要である。生物の側に立って河川構造をはじめて分類した生態学研究者は可児藤吉である〔2〕。彼の分類法は川の流れから瀬と淵が連続して存在するものとして、基本的にAa型・Bb型・Bc型に分類を行った。一つの蛇行区間の中でA型

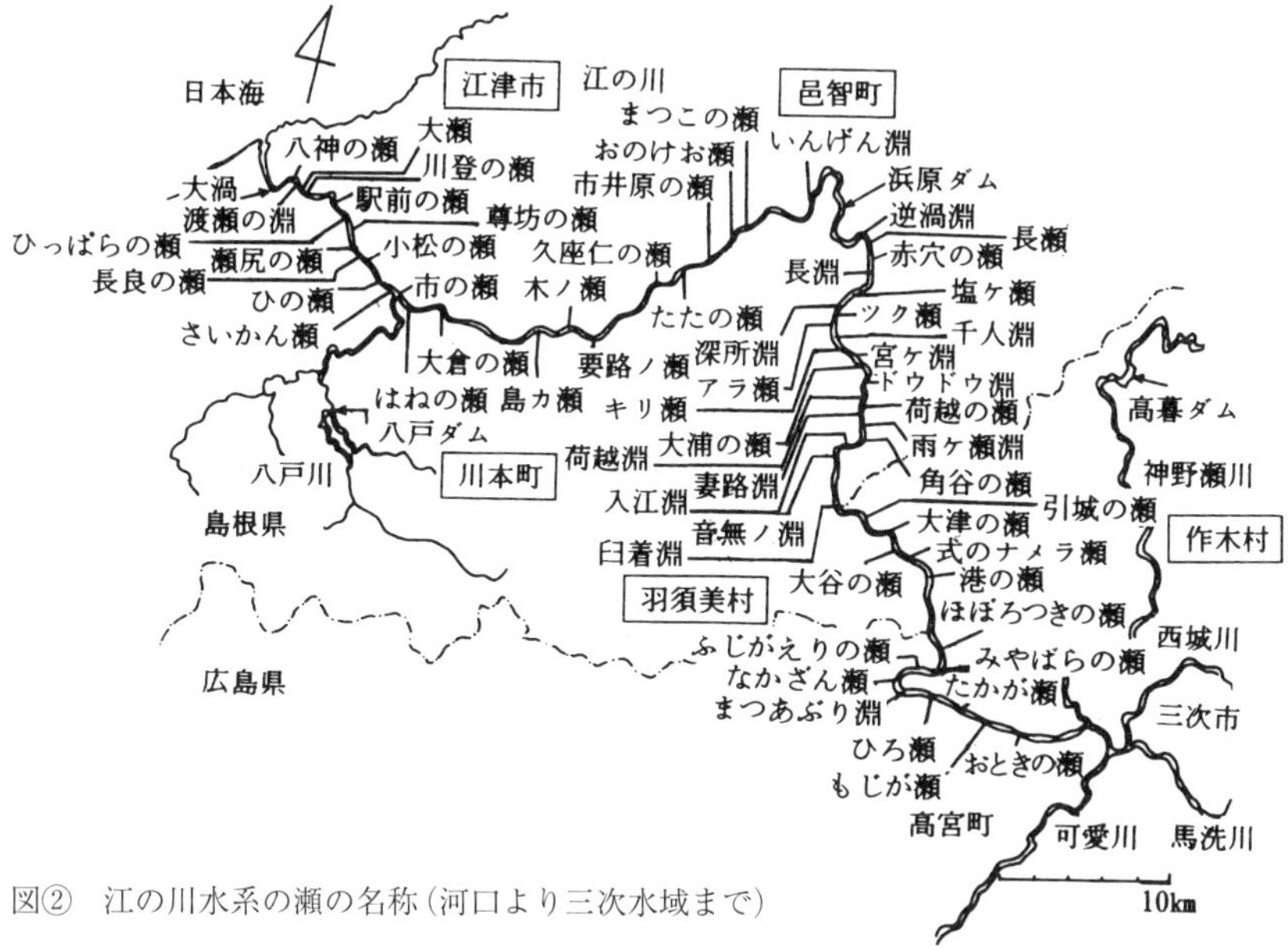

図②　江の川水系の瀬の名称（河口より三次水域まで）

は瀬と淵が数回にわたって交互に現われるところを示し、B型は瀬と淵が一組ぐらいしか現れない流れのところとした。また川の流れより分類するとa型は瀬から淵へ水が滝のように落ちこみ流れているところとし、b型はa型ほどではないが波立って流れているところとした。c型はゆっくりと波立たず流れているところとして区分した。Aa型、Bb型、Bc型の三つの区分が川の生物の生活様式との対応からみて基本的なものであるとした。その分類方法を江の川水系に照らしあわせてみると、河口より下流域はBb型を含むBc型水域が主流をしめる。そして、邑智町の粕淵より上流はやや流れが速くBb型が多くをしめる。さらに、三次より上流の土師ダムまでBb~Bc型と組みあわさっており淵はほとんどない。

次に漁師は瀬をどのように考えているか述べることにする。図②は江の川水系の三次より江津までの聞き書きによる瀬の名称である。ここからわかるように非常に多くの瀬に名称がついている。これは、漁業のために名づけられた名称もあろうが、かつて江の川は水運がなされており船頭の呼称として瀬が呼ばれていたようでもある。瀬に魚がよくいるとは断言できないが、後述するサケは瀬で産卵することから瀬は重要であり、アユも瀬で珪藻を食べ深い所へ逃げる習性がある。そして、浅瀬のやや流速があるところで友釣りがなされ、またアユのおどし漁である切川（オガラ切りともいわれる）・スズキ漁の瀬網（スズキ切りともいわれる）も仕掛けられ、ツガニ網もカニの通る道としてやや浅瀬に仕掛けられるのである。このようにみても、魚にとって瀬は重要な道筋であり、漁師はこの瀬の河床の礫層を知り、かつ魚の道筋を熟知しているといえる。

四　漁具

(1)ニゴリカキ

ニゴリカキは、増水・濁水時に川岸に身を寄せているアユ・コイを中心にすくい上げる漁具である。使用する季節は六月から一〇月頃までであり、この呼称は「ツボサデ」「ニゴリカキ」「手先」「ニゴリクミ」と水域によりいろいろである。そして、ニゴリカキとツボサデとを区別している漁師と同一のものとしている漁師があり、単なる呼称の違いだけではない。川本町・桜江町水域では、ツボサデは増水・濁水の逆渦になっているところで網を川につけコイ・フナを引き上げる漁具としている。一方、ニゴリカキは川上より網をいれ川下に向けてすくい上げアユをすくい捕る漁具としている。このようにツボサデとニゴリカキは形態は同じだが、使用する網目の大きさと川への網の入れ方の違いによって呼称を変えている漁師もある。作木村・大和村水域の漁師の中にはツボサデもニゴリカキも全く同じとする漁師もある。また、三次市水域では川岸から使用する漁具をツボサデまたはニゴリカキとして、舟より使用する漁具を手先と呼び、手先はツボサデに比べ小型のものであるとしている。

呼称上の問題はひとまずおき、その漁具の形態についてみると大きく二種類に分けることができる（図③）。一つは、枠が卵形で網袋をつけたもので枠の大きさも大小種々である（これを便宜上R形態とする。枠の大きいものをRb、枠の小さいものをRsとする）。一方、竹竿二本を根元で結びそれを広げた三角形に横木で固定し、これに網を取り付けたものがある。一例を挙げると作木村川毛上流においては網の先端部の幅約八〇cm、竹の

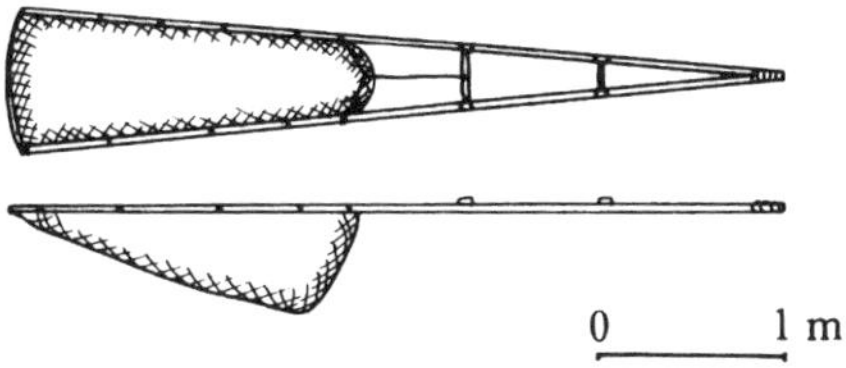

図③(a)　ニゴリカキV形態

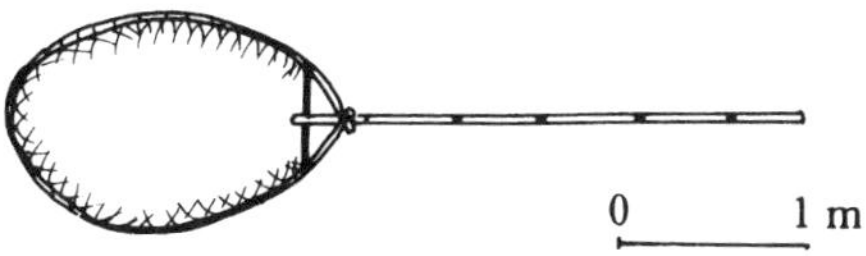

図③(b)　ニゴリカキRb形態

図④　江の川水系の漁具分布図

長さ約四m六〇cmのものがある（これをV形態とする）。これら漁具分布状況は図④に示したとおりである。

この分布図は各水域のすくい網使用がR形態かV形態かを調査しプロットしたものである。この図からわかるように、下流域の桜江・川本・邑智・大和では枠が卵形のR形態の分布がみられるが、この水域においてV形態は全くみられない。一方、V形態分布は三次市を中心に展開している。V形態のものを三次から分岐する四つの河川ごとに地点を挙げると、本流は島根県作木村熊見・香淀・川毛・唐香、広島県高宮町山根・下川根竹貞、神野瀬川の三次市三原、さらに神野瀬川上流の宮が原・櫃田までである。神野瀬川支流では布野川布野村、馬洗川神杉・西城川の西河内・支流比和川の濁川・山奥、可愛川の志和地である。つまり、R形態は下流域と上流域に分布しV形態は中流域のみに分布している。ただし、中流域でも少ないがR形態も使用されることもある。こうしてみると、R形態とV形態の二形態のうちのV形態がなぜ下流域に分布せず、中流域のみに分布するのかが問題となる。R形態とV形態の共通点と相違点を形態あるいは使用される状況を見ながら、この問題にいくばくかの理由を考えてみたい。

共通点はいずれの漁具も増水・濁水時に川岸よりアユをすくうことである。ただし、R形態はアユ以外の魚類も目的とすることもある。V形態はアユを主体としている。相違点は、漁具の形態的な点では、R形態は軸が竹一本でその先に卵形の枠がとりつけてあり、一方のV形態は竹二本を使用しているため比較的頑丈な形態ですくう際の断面積はR形態より広いことである。またR形態は網底まで深く、V形態は網底まで浅いのが特徴である。河川形態の差異は、R形態使用の下流域では、川幅広く増水・濁水時でも中流域と比較して水位は高くなく、流速は緩やかであるのに対し、上流域は川幅狭く流速は速い。増水時には、下流域では河川敷のヤナギ類・ツルヨシ等が水に浸かりそれらが障害となり、V形態では川岸より網がスムーズに川に差し入れにくい点が挙げられる。それに対して、中流域では川岸がせまり増水時には水位が高くなりV形態の網を川岸面に沿って入れすくい上げることが容易である点がある。これらのことよりV形態が三次市水域を中心に分布するのは、河川形態が要因であると考えられよう。つまり河川の状態が漁具の使用をかなり限定していることがこの分布の相違の大きな理由として挙げられる。

(2) ツケバリ

ツケバリは、糸に針と錘というたって簡単な漁法である。それをさらに効率的にし、幹糸に枝糸をつけたものにハエナワがある。それらの漁法にはなんら地域的差異がないように思われがちであるが、上流より下流にかけての使用水域と対象魚さらには餌に違いがある。表②はツケバリとハエナワの使用水域と対象魚と餌をまとめて表したものである。上流におけるツケバリは、可愛川の上流の大朝町・千代田町川戸で行われており、対象魚はウナギである。木綿糸に錘用に小石を使用し、一般には糸の端は川岸のヤナギの木に結えるが、漁師の中には、ヤナギに結えると釣れた際に暴れて糸が切れたりもつれる恐れがあるため、やや大きめの石で結え川底に沈める方法をとるものもある。餌はドジョウが使われ、ミミズはあまり使われないようである。それは、ミミズは、軟らかいために容易にサワガニに食べられてしまうからである。漁師は上流ではカニが棲息しているため餌にはミミズをあまり使わない。だが、やや増水し川が濁っている時はミミズも使う。また江の川の支流である西城川上流小鳥川においてもツケ

表② ツケバリ漁法

水	域	名 称	対象魚	餌
西城川上流	備後落合より上流	ツケバリ	ゴギ	ドロバエ・シマミミズ
	備後落合		ウナギ	ドジョウ
可愛川上流	大朝町流域上流	ツケバリ	ウナギ	シマドジョウ
神野瀬川	櫃田	ツケバリ	ウナギ	ミミズ・ドジョウ
			ギギュウ	ミミズ・ゴッポ・ドジョウ
江の川中流	三次流域	ツケバリ（ハエナワ）	ウナギ	ドジョウ・ハエ・タクチ
			ギギュウ	イシビイル・ゴマムシ
江の川中流	作木村流域	ツケバリ（ハエナワ）	ウナギ	ドジョウ・ハエ・セムシ
			ギギュウ	タクチ・ミミズ
江の川中流	大和村流域	ハエナワ	ウナギ	シラハエ・タクチ
江の川下流より河口域	邑智・川本	ハエナワ	ウナギ	アユの切身・ハエ・ミミズ
	桜江・江津流域		スズキ	ゴカイ・ヌカエビ

バリ漁法がみられる。ここでの対象魚はゴギである。ゴギは、西中国山地の冷水の小さい渓流に棲息しており、昼間は岩下に隠れているため見ることはできない。ゴギはイワナの亜種であるとされており、西城川において漁期は四月より九月までとされている。

長年ゴギ漁と飼育をしている老川漁師に出会い聞き書きをとることができたので彼の話を中心に述べてみる。ゴギは冷水を好み、水温一一℃以上では適さないようである。そのため夏になると水温の低い上流にさらに遡上する習性があるようである。ゴギの産卵は一一月頃である。餌はハヤ・ドジョウ・ドロバエ（タカハヤ）をよく食べるようである。ゴギは集団でいることをきらい、警戒心が強い。ゴギ同士での友食いをすることもあるようである。ゴギのツケバリの餌としては、ドロバエを生きたまま使い、日中の水温が高い時間は餌をくわないため、夕方仕掛け朝方見に行くようである。当地で同様なツケバリ漁法は、やや下流においてウナギを目的で行うようであり、餌にゴッパツ（和名ドンコ）を使っていたようである。現在はその水域にゴッパツが棲息していないため水田にいるドジョウを使っているようである。

一方、ハエナワ漁法は神野瀬川の上流櫃田流域・三次水域・作木村水域と桜江町・江津市河口域と広範囲で行われている。三次水域を中心として大和村までハエナワをツケバリといい、浜原ダムより下流域については、ツケバリをハエナワといっている。そこで、ハエナワについて三次水域と下流域の桜江町・江津市水域と比較してみたとき次のことがいえる。それは、前者は、対象魚がウナギ・ギギ（当水域ではギギュウといい、島根県水域ではギギという）で餌としてシラハエ・サムシ（カワゲラの幼虫）・タクチ（ヘビトンボの幼虫）・ミミズ・ドジョウである。後者は、対象魚は、ウナギ・ナマズ・コイ・スズキであり、ウナギはミミズを餌にするようだが、コイはイモであり、スズキではゴカイまたは生きたテナガエビ・ヌカエビが使われる。特にヌカエビは、七月から八月に桜江町・江津市水域（川本町水域でもかつてエビは棲息していたが、現在は見かけられなくなったようである）の河川に棲息しており、米ヌカを水に濁らし団子にして岩場の川岸近くにまくとエビが石の下から出てくる。それを岸または舟から肉眼か眼鏡で覗きながら、口径の長径約一八cm、深さ約一六cmの網に細竹の柄がついているエビ網で、エビの後より網をかぶせる方法で捕る。捕獲したエビは魚の餌にするため舟の生け簀にいれておき使用の際に取り出す。またエビはてんぷらにしてもおいしく、昭和三〇年頃まではいくらでも捕れたので食べていたようである。だが、現在では、川本町水域より下流の桜江町水域もヌカエビ・テナガエビの数は減ったようである。

中流域の作木村と大和村は距離が離れているにもかかわらず漁具・漁法は同じである。川幅いっぱいに幹糸をはり両端は石に結え固定する。枝糸は約三七cmから約四五cmである。一方、下流域では水深があるため幹糸から枝糸の長さが長いのが特徴である。下流域の河口より上流約八km間ではスズキ釣りのためのハエナワがある。スズキのハエナワについての漁具形態を述べると、幹糸に枝糸をつけ幹糸の両端には浮子と錘を付けたものであり、一見簡単に見える漁具にも創意工夫がなされており、漁師の長年の経験、とりわけ魚の習性を熟知しているからこそこうしたことが漁法上意味をもっている。まず、幹糸の随所に付ける錘は、約四尋間隔で枝糸のつけ根に取り付けるのだが、他の所に付けると枝糸は水中で不安定となり糸がもつれることがあるようである。枝糸は二尋とし一尋にゴムの浮子（かつてはキリの木の浮子を使用）を取り付ける。浮子を付けるのは、スズキが川の中層を泳ぐことからである。枝糸を二尋にするのは、幹糸の間隔が四尋であり枝糸をそれ以上にすれば水中で幹糸にもつれることがあるためである。

次に餌であるが、これは前述したとおりでヌカエビまたはテナガエビかゴカイを餌としておりミミズはあまり食べないようである。これは、魚は川に棲息する生きた水生生物が好物であるからである。当水域におけるウナギのハエナワでは、スズキのハエナワのような浮子は付けず、枝糸は一尋とする。その理由は、ウナギが底層を泳ぐためである。ここでの餌はエビ・ゴカイである。

(3) ヒッカケ漁具

東北日本におけるサケ漁は有名であり、よく知られているが、西日本のサケ漁に関してはあまりよく知られていないのが実情である。だが、市川健夫の『日本のサケ』〔3〕によれば、シロザケの南限は山口県の粟野川であるとされており、また島根県に関しては、『出雲風土記』の中に神戸川でサケ漁がなされていたことが記されていることからも、かつては島根県内の他の河川においてもサケの遡上があったことがうかがえる。そこで、江の川水系のサケ遡上とサケ漁のヒッカケ漁具に焦点を絞りみてみたい。

本河川のサケ漁については詳細な資料はなく、ただ、昭和二七〜二八年頃までサケが遡上していたことと、サケ専業漁はなかったが、漁法としては、つぼ網・鮭網・ヒッカケ・投網・鉾などが使用されていたことが川漁師などの証言で明らかである。筆者はその中で鉤型のヒッカケ漁具にとくに関心をはらい資料の蒐集を行ってきた。それは、鉄製の鉤型が河口から約一〇km地点から上流一〇〇kmの三次水域までの広範囲において随所で使用されていたことと、またこの漁具の形態・漁法と同一のものが東北の岩手県北上川〔4〕・山形県赤川・栃木県那可川〔5〕でも報告されているからである。

江の川水系では、先に述べたように浜原ダム建設の昭和二七〜二八年頃までサケが一〇月より一一月頃に遡上していた。サケの産卵場所は下流から上流にかけての瀬の広範囲に及び、その産卵場所に仕掛けられる鉤型のヒッカケ漁具は、その水域の随所で使用されていたようである。鉤型には、二本または三本鉤があり、その形態は、熊手型と錨型がある。いずれも産卵場所の瀬に仕掛けるが、三つ又の錨型はやや水深のある瀬で使用される。それは、浅瀬で錨型を使用した場合に鉤の一つが川底をひきずることになるからである。水深のある所で使用した場合は引っぱる方向がやや上方になるため鉤の一つが川底をひきずらないのである。錨型の分布は川本町水域だけである。ヒッカケ漁具は川岸か舟より使用され、サケが鉤の上にいるか確認できるように目印用に白い布を取

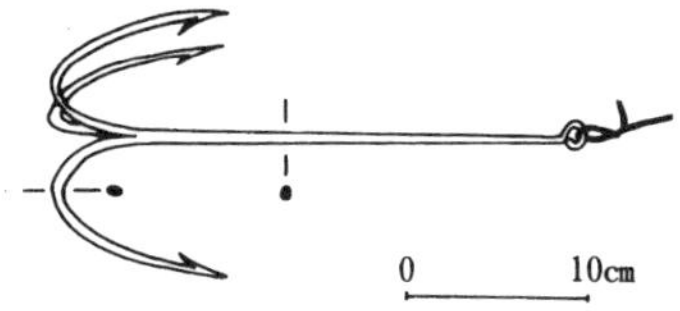

図⑤(a)－1　江の川水系ヒッカケ漁具

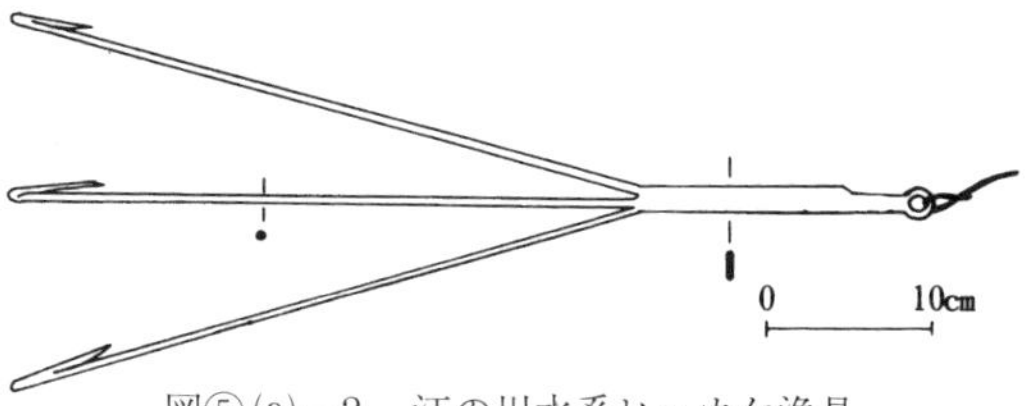

図⑤(a)－2　江の川水系ヒッカケ漁具

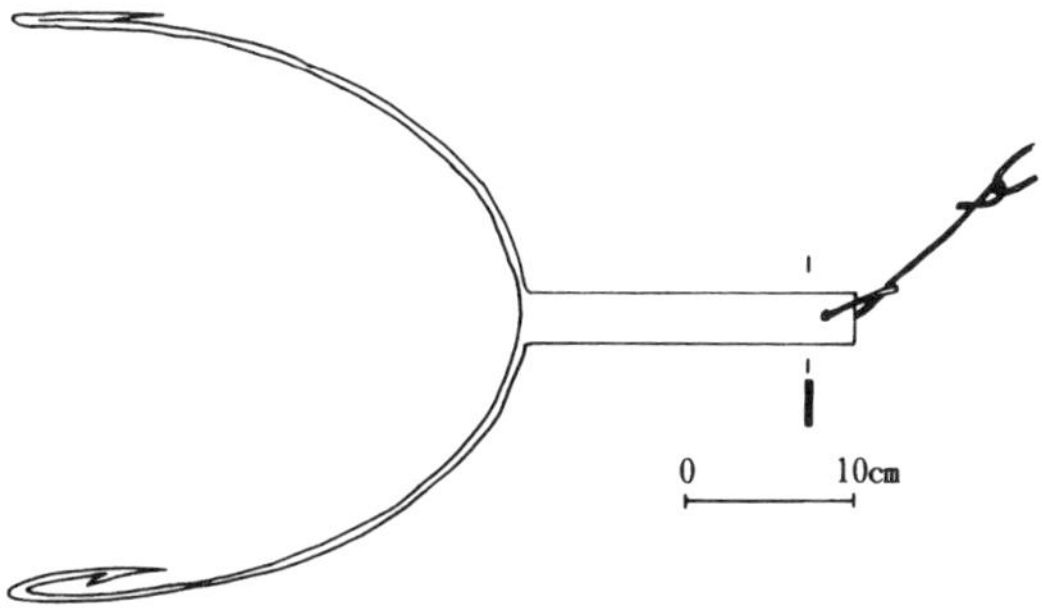

図⑤(b)　山形県赤川ヒッカケ漁具（致道博物館所蔵）

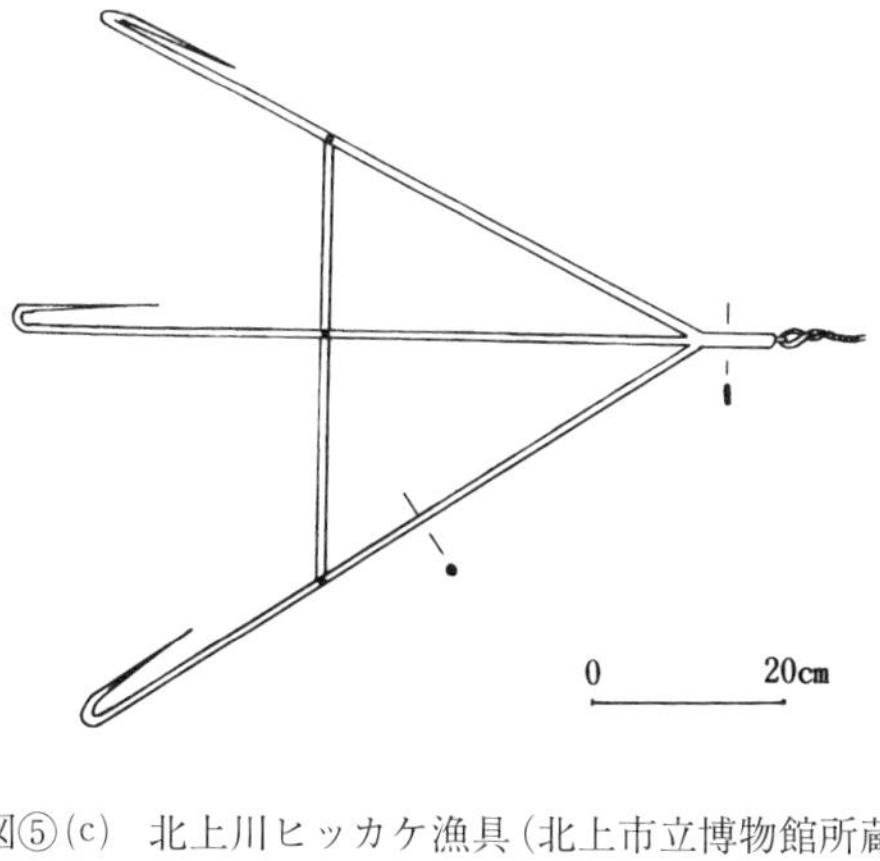

図⑤(c)　北上川ヒッカケ漁具（北上市立博物館所蔵）

り付けた。

図⑤(a)は、江の川水域で使用されていたヒッカケ漁具である。図⑤(b)は山形県の赤川水域、図⑤(c)は北上川で使用されていたヒッカケ漁具である。このようにみると大小はあるにせよ基本的には同じ戦略でサケに対応していた。漁法も全く同じで産卵場所に仕掛けるのである。赤川では最上川より比較的川幅狭く瀬のある中流で使用されていたようである。なお、岩手県北上川と栃木県那可川においても同形の漁具があり、川の中流で使用されていた。以上より、この漁具使用にはやや中流で産卵場所の瀬があることがもっとも適しているといえよう。いずれも鉤に白い布を巻きつけるのだが江の川では目印用であるが、他の河川での使用理由は、川床にぶつかっても音がしないようにするものとされている。

新潟県村上市にある三面川では昔よりサケ漁がさかんであるが、テンカラ［6］と呼ばれる漁法があり、竿に糸を付け錨型の鉤を取り付け鉤を投げて引っかける方法で捕えられる。投げる方法がとられるため鉤はやや小さい。ここでは産卵場所に仕掛ける江の川にみられるようなヒッカケ漁具はない。これは、サケの量が多く、投げて引っかける方法が効率がよいからであろう。

前掲の図④は、江の川のヒッカケ漁具がかつて使用されていた水域を示したものである。使用されていた水域を挙げると、江津市川平（二本鉤）・邑智町港（三本鉤で錨型）・邑智町乙原（一本鉤でその両端二本安定棒）・広島県双三郡作木村（二本鉤）では漁具が採集されている。桜江町（三本鉤）・川本町多田（三本鉤で錨型）・邑智町粟町（三本鉤）・邑智町吾郷（二本鉤）・邑智郡大和村（三本鉤）・羽須美村宇都井（三本鉤）・作木村香淀（二本鉤）ではかつてヒッカケ漁具を使用していたが、現在は使用しないことから漁具はすでに処分されてしまったものが多い。

この調査では、インフォーマントから聞き取りをして確認した地点を地図上に記載した（▲印）。この分布と川漁師の記憶からは次のことが推論できる。

①ヒッカケ漁具は産卵場所で使用していたことから、サケが一〇月より一一月にかけて下流から上流一〇〇kmの広範囲の瀬で産卵していたことがわかる。

②本河川のヒッカケ漁具の形態がほぼ類似しており、かつ産卵場所にしかけ、目印用に白い布を取り付けることと等同じであり、漁具の一元的伝播が考えられる。この漁具は、少なくとも祖父の時代にもあったという漁師もあり、明治二〇年頃にはあったものとされる（それ以前もあったかは、定かでない）。

③ヒッカケ漁具は東北地方では河川の中流で使用されていたが、本河川では、下流の瀬から中流の瀬の広範囲で使用されていた。このことは、先に述べたように江の川が下流域でもサケ産卵に適した瀬が多かったことによると思われる。

このヒッカケ漁具の利点は、簡単な漁具で、漁師は川に入らず産卵場所に鉤をおき川岸より引っかけ、タイミングよくすれば数多くのサケが捕獲できることにある。漁師のなかにはこの漁具によって一日に数十尾も捕獲したものもある。

五　舟

江の川水系における舟は、大きく二つの類型に分けられる。それは、舟に横板を一枚ずつ使用する一枚棚（図⑥ⓐ—1・2）と二枚ずつ使用する二枚棚（図⑥ⓑ）の二類型である。一般に呼ばれる二枚棚は、江津・川本・桜江水域では舟の横板と舟底の板の数より三枚棚といっている漁師もある。さらに細かく区分すると二枚棚には舟の大小がある。まず河川における舟の形態分布の概略を述べてみる。河口域より上流約一〇㎞の江津市川平水域までの舟の形態は、二枚棚で舟の長さ約五m、幅八六・五㎝で主にスズキの捕獲を対象とする舟でアユ釣り舟に比べ小型であり、またこの水域では一枚棚の舟もわずかに使用されている。それらの舟ではかつて櫂を漕ぎ川面を移動し、目的水域では錨を沈め竿釣りが行われていた。しかし、現在では舟外機が取り付けてあり自由に漁場に行くことができる。この舟による漁場での対象魚は先に述べたスズキ・ウナギなどであり、川釣りあるいはハエナワ・ウナギカゴを川に沈めるのに舟が使用される。この水域では、満潮時に塩分遡上がありアユの棲息がなく水深があるため、網による捕獲はなされていない。

江津市川平水域より上流においては、アユが棲息しており、舟は長さ約八二〇cm、幅約一〇三cmで二枚棚を使用する。この水域での舟ではアユ釣りの友釣り・チャグリが行われるが、網による捕獲も行われる。その際には一人が舵をとり、もう一人が網を入れる方法がとられる。なお、浜原粕淵水域まででは一枚棚の舟もわずかにあるが、そこから上流において一枚棚は見られない。江の川水系における一枚棚分布は河口水域より邑智町水域までわずかにあるだけで、その一枚棚の導入は昭和四〇年頃以降に鳥根県益田の高津川より入ったようであり、それまでは全て二枚棚舟であったようである。三次水域においては、アユ釣り用の舟は二枚棚である。ただ三次水域では鵜飼い舟も存在しており、この舟は鵜籠をいれるため舟幅を広くとっている。江の川の最上流域では川幅狭く、舟は使用されていない。

下流・中流での舟の中央にはイケスがもうけてあるものもある。下流域のイケスの使用はスズキ釣りまたはハエナワのための餌であるエビ（テナガエビ・ヌカエビ）を入れるためである。一方、中流域のアユ釣り舟のイケスは、友釣り用のトモ（この地方では友釣りに使うアユをトモ（友）という）や釣ったアユを入れるのが特徴である。

中流の二枚棚と下流河口域の一枚棚を比較してみると、一枚棚は復元力が遅く八～九秒かかるが、二枚棚の復元力は五～六秒ぐらいである。このことから川の流速の速い上流は、下流に比べ復元力の早い二枚棚が適していることになる。浜原ダム上流水域で一枚棚は見受けられない。つまり、下流域に比べ中流域の方は流速が速く一枚棚は不適格である。

舟の材料はスギが用いられ、約二〇尺のスギを買入れ一年くらい陰干し乾燥させてから作られる。最近では浜原ダム下流においてはプラスチック製の舟を使用している漁師もあるし、長い間の木製の舟の使用による腐食から耐久性をよくするため、水を弾くペンキが塗られてあることもある。

櫂の形態は、舟形態の分布に対応している。つまり、下流域の櫂は図⑥(c)で表したが、これは舟の図⑥(a)―1・

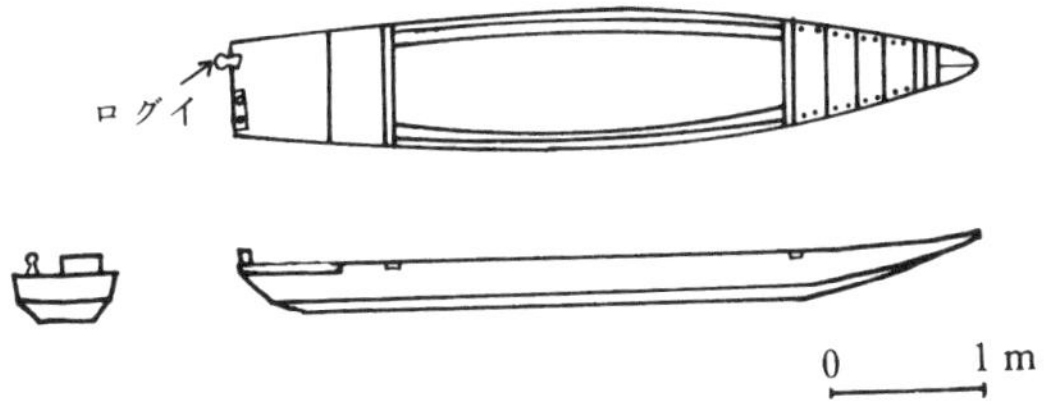

図⑥(a)−1
下流域の舟（二枚棚）

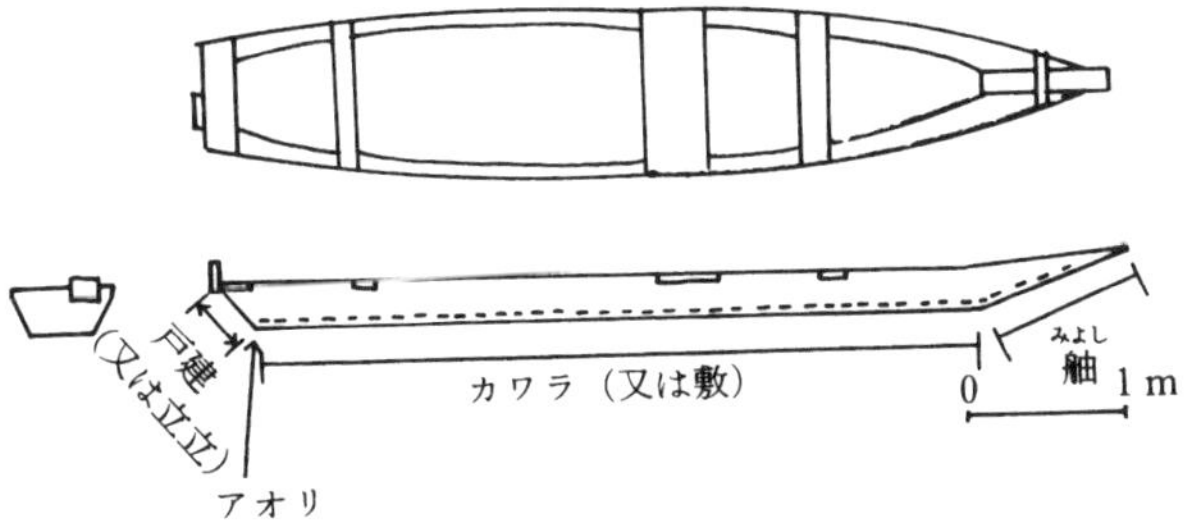

図⑥(a)−2
下流域の舟（一枚棚）

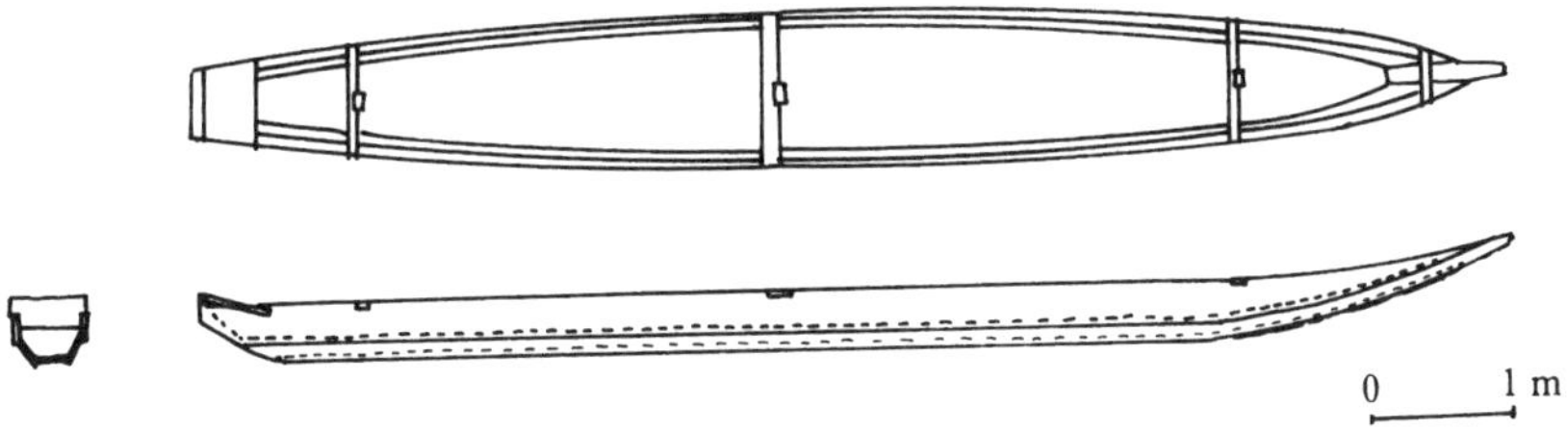

図⑥(b)　中流域のアユ舟（二枚棚）

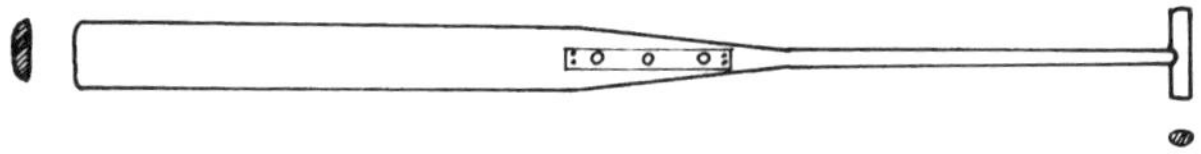

図⑥(c)　下流域の櫂

図⑥(d)　中流域の櫂

0　50cm

2に伴うものである。一方、図⑥(d)の櫂は舟の図⑥(b)に使用されているものである。両者は使用法や用途の点でやや違いがある。図⑥(c)は櫂ではあるが、舟に添えて漕ぎ川面を移動するのに用いる。それに対して図⑥(d)の櫂は舟の向きを変える用途がつよく、中流においては水深が下流域に比べ浅いため主に舟棹で舟操作がなされる。

六　総括

これまでの内水面漁業の研究の中で一河川の全流域を通して漁法・漁具を通覧することは稀であった。また、漁具や漁法が河川の生物の生態との関連から説かれることも同様に少なかったと思われる。筆者の意図は漁具や漁法のその地城における起源や他からの伝播という通時的な問題よりむしろ、魚類の生態や分布との共時的側面から漁具・漁法を見ていこうとするものである。そのためには、漁具・漁法の微細な民俗技術的相異を見出し、そこにいくつかの漁法の民俗生態的な技術差を見ていかなければならない。今回の拙論で必ずしもそれが成功したとは思われないが、いくばくかの河川全般にわたる問題は提出できたのではないかと思う。

ニゴリカキについては、水域により呼称が多少違っているが、用途は増水時に使用することで類似している。形態については大きく二種類があり、全水域に見られるR形態と中流域の三次水域を中心に分布しているV形態である。どうしてそのような分布をしているか明確にはしえないが、河川形態が水域により異なることが第一義的な要因と思われることを示唆しておいた。未解決であり今後の調査で明らかにしたい。

ツケバリについては、ツケバリとハエナワを同一的なものとするとほぼ全水域で行われており、河川流域においてあまり変異をもたずに行われる漁法である。ただ対象魚の相違点があったり、餌にも差異があることがわかった。

ヒッカケについては、まず今回の調査から本河川におけるサケの遡上範囲が明らかになり、かつ産卵場所が広範囲であることがわかった。サケのヒッカケ漁具形態・漁法が全流域でほぼ同一であることもわかった。加えていえば、同一形態が岩手県の北上川と山形県の赤川、栃木県の那珂川の中流でもあり、漁法が同じであることは興味深く思える。ただ下流のサケのヒッカケ漁具の存在は江の川の特徴なのか、あるいは他県からの伝来のものなのかわからない。この点も今後の問題であろう。

舟形態は、一枚棚と二枚棚があり、一枚棚は下流域にのみ分布しており、下流域以外はほとんど二枚棚である。下流域の舟の長さは短く、ここに棲息するスズキ・ウナギを釣るために使用される。一方、中流は舟が長く、アユ捕獲用に使用される。舟の形態差は魚と河川形態、とくに流速と深い関係があることがわかった。

今回一つの河川における河川形態とそれに強く関連すると思われる漁具をとりあげ、また対象となる魚の生態も考慮に入れながら、全流域のなかでの漁具・漁法の特質に焦点をあててきた。その結果、漁具・漁法は魚の習性また地形的要因あるいは水温などに大きく左右され、歴史的な伝播・変遷よりむしろ共時的な存在、つまり生態学的要因によって限定されていることがわかった。そのことは漁師自身も経験的に熟知しており、その知識を背景にして漁具に創意工夫がほどこされている。とくに魚の道筋というような今まであまり報告されていないような経験的知識が重要であることは特筆に値する。

［1］宅野幸徳「江の川水系における魚類の生態と漁撈—江津水域を中心に—」『江の川の漁撈』広島県歴史民俗資料館、一九八五年、一三六〜一四九頁。
［2］可児藤吉「渓流棲昆虫の生態」（一九四四年初出）『可児藤吉全集』思索社、一九七〇年。
［3］市川健夫『日本のサケ—その文化誌と漁—』ＮＨＫブックス、一九七七年。

［4］北上市立博物館『北上川の魚とり』一九八二年。
［5］栃木県教育委員会『下野の漁撈習俗』一九七五年。
［6］須藤和夫『三面川のサケ物語』塑風社、一九八五年。

＊謝辞――最後にこの論文をまとめるにあたって、最上川水系のサケのヒッカケ漁具について丁寧に説明いただいた山形県の到道博物館の犬塚幹士先生、岩手県の北上市立博物館の本堂寿一先生に記して感謝の意を表したい。この論文に目を通していただきご教示いただいた国立歴史民俗博物館の篠原徹先生にも謝辞を述べたい。さらにとりわけ江の川水系の魚と漁具・漁法について調査に協力いただいた多くの川漁師の方々にお礼を申し上げたい。

第二章　西中国山地における伝統的養蜂

一　はじめに

ミツバチは、一匹の女王バチを中心として数千から数万匹の働きバチ・雄バチからなる集団である。女王バチはもっぱら卵を産み、働きバチは、花と巣を行ったり来たりして蜜や花粉を運ぶ。雄バチは女王バチと交尾を行う。ミツバチの個体群は、それぞれの役割を分担しあう分業社会である。そのミツバチと関わりをもちつづけている代表的な人々が、養蜂家といわれる人々である。彼らはセイヨウミツバチの習性を利用し、南から北へと季節の移り変わりによって移動する。セイヨウミツバチについては、いろいろな書物で紹介がなされている。ところが、日本には、セイヨウミツバチより古くから生息していたニホンミツバチがいる。ニホンミツバチの伝統的養蜂については文献資料も少なくあまり紹介されていない。

現在でもニホンミツバチを飼養している地域は、長崎県対馬地方、和歌山県熊野地方［1］、奈良県十津川地方［2］、四国地方とされている。筆者は長崎県対馬のニホンミツバチの調査を現在行っているが、最近、今まであまり注目されていなかった西中国山地にもニホンミツバチの飼養を行っている地域があることがわかってきた。それも局所的に点在するのではなく、広範囲に伝統的養蜂が存在することがわかってきた。この報告ではまず分布を中心に、西中国山地におけるニホンミツバチの養蜂をフォークエソロジーの観点を意識しつつ、民俗学の立場から報告してみたいと思う。

二　調査対象と方法

(1)ミツバチについて

日本における養蜂史を文献からまず簡単にみてみたい。『日本書紀』には養蜂に関係すると思われる蜜蜂という言葉があらわれる。「この年百済の太子余豊が、蜜蜂の巣四枚をもって、三輪山に放ち飼にしたが、うまく繁殖しなかった」[3]と記載されている。これは、皇極天皇二年の六四三年に、百済の太子余豊が蜂蜜の房四枚を持ち帰り、奈良県(大和)の三輪山に放養したが、繁殖にはいたらなかったというのである。これが養蜂の起源とされている。だが、それ以後の養蜂の確かな記録はないと思われる。時代はずっと降って、寛政一〇年(一七九八)の『日本山海名産図会』には、熊野地方の採蜜の様子が描かれている[4]。これによれば、軒下に木箱や樽を横に向けて吊るし、横蓋を外して採蜜している。横蓋には、ミツバチが出入りできる穴が何か所かあけてある。また、傍らでは、釜の中に蜜を絞った残りかすを入れ、水と一緒に沸かしている姿もみられる。一度、蜜を採った後に、絞りかすを釜に入れ、水と一緒に沸かし採る方法は、現在でも行われている。なお、安政六年(一八五九)刊の大倉永常著の『広益国産考』第七巻に描かれている養蜂図[5]も『日本山海名産図会』の「熊野蜂蜜」の絵柄とほぼ同じである。享和三年(一八〇三)に小野蘭山は、『本草綱目啓蒙』[6]の中で、蜜の採れた場所ごとに、木蜜・石蜜・かい蜜（家蜜）と分類して述べている。これまで述べてきた文献資料のミツバチは、和蜂とか地蜂とか呼ばれているニホンミツバチ（*Apis cerana*）のことである。

一方、セイヨウミツバチ（*Apis mellifera*）は、改良養蜂として明治八年（一八七五）に紹介され、明治一〇年（一八七七）にアメリカより輸入されたのが最初である。大正一〇年（一九二一）頃より専業的な養蜂業が確立されていったと思われる［7］。今日では、セイヨウミツバチは専業の養蜂家により各地で数多く飼養されている。ニホンミツバチの養蜂では専業者は少なく、自家消費用の供給源として飼養している程度である。ニホンミツバチの生息が確認されている地域は、北は青森県の下北半島から、南は鹿児島県の大隅半島・薩馬半島までである［8］。ニホンミツバチは、トウヨウミツバチの一亜種と考えられている。

ではミツバチの観察と養蜂家からの聞き書きから、この二種のミツバチはどのように違うのだろうか。ニホンミツバチとセイヨウミツバチは形態的には、働きバチでは前者がやや小さく、ニホンミツバチの体色は黒褐色であるのに対し、セイヨウミツバチの体色は赤褐色に黒色の模様があるのが特徴である。二種のミツバチの性質は異なり、ニホンミツバチは温順であるのに対し、セイヨウミツバチは攻撃的な活動をする。しかし、管理する側からいうと、ニホンミツバチはハチが気にいった巣箱でないと逃げてしまうことが多く、巣箱とともに遠距離に移動させることは困難である。セイヨウミツバチは多少移動させても逃げだすこともなく、管理しやすい。ニホンミツバチの女王バチは、体長約一・三〜一・七㎝、働きバチ（雌）は体長約一・三㎝、雄バチは体長約一・七㎝である。雄バチは、からだの色が黒色で腹部はやや丸くなっており、針をもっていないのが特徴である。交尾のみを行い、巣の中ではいっさい他にはなにもしないとされている。以下記載のミツバチは、ニホンミツバチのこととする。

⑵調査概要

西中国山地は、島根・広島・山口の三県にまたがっている。この山地には、標高一三四六mの恐羅漢山をはじめ一〇〇〇m以上の山々が連なっている。植生から西中国山地をみると、スギ・ヒノキ植林地帯にクリ―ミズナラ群集とアベマキ―コナラ群集、コバノミツバツツジ―アカマツ群集が点々と入り込んでいる〔9〕。この人工林以外の植生が蜜源植物を保証しているという意味で、ニホンミツバチの伝統的養蜂という民俗を可能ならしめている。西中国山地周辺では、一戸あたりの飼育するニホンミツバチの群の数は少ないが、飼養している戸数は比較的多くて広範囲に散在している。西中国山地を含む八町村とその周辺の市町村におけるニホンミツバチの飼養分布と伝統的養蜂を明確にするために、一九九〇年六月より一九九一年六月までの一年間随時調査を行ってきた。調査方法は、筆者が直接歩き、軒下や家周辺に据え付けてあるニホンミツバチの巣箱（ミツドウ）〔10〕をみつけだすことから始めた。また、市町村の役場や郵便局で情報を得ることにも努めた。所有者がわかれば、ミツドウについて聞き書きをするとともにニホンミツバチの観察を行うことにした。

三　訪花植物とニホンミツバチの外敵

表①は、ニホンミツバチの訪花植物とニホンミツバチの外敵を、養蜂家からの聞き書きを中心にまとめたものである。ここに表した訪花植物は、養蜂家が挙げたものに筆者のニホンミツバチの観察からハチがよく訪れる植物を加えてある。養蜂家にとっては、ニホンミツバチの訪花植物がこれであると断定するのはかなり難しいようである。ニホンミツバチでは特定の訪花植物があるわけではないようである。今回挙げたのは、主として長年の養蜂家の観察によるものである。

表①　蜜源植物とニホンミツバチの外敵（養蜂家からの聞き書き）

	1月	2月	3月	4月	5月	6月	7月	8月	9月	10月	11月	12月
蜜源植物			ウメ アセビ	**レンゲ** ヤマザクラ フジ ツバキ ナタネ	**トチノキ** ナシ ウツギ ベニシタン	**クリ** カキ シイ サカキ	クズバカズラ カボチャ	ダイズ トウモロコシ アズキ	**ソバ** **ハギ類**		**ビワ**	

外敵

太字：ニホンミツバチの採蜜の多い植物

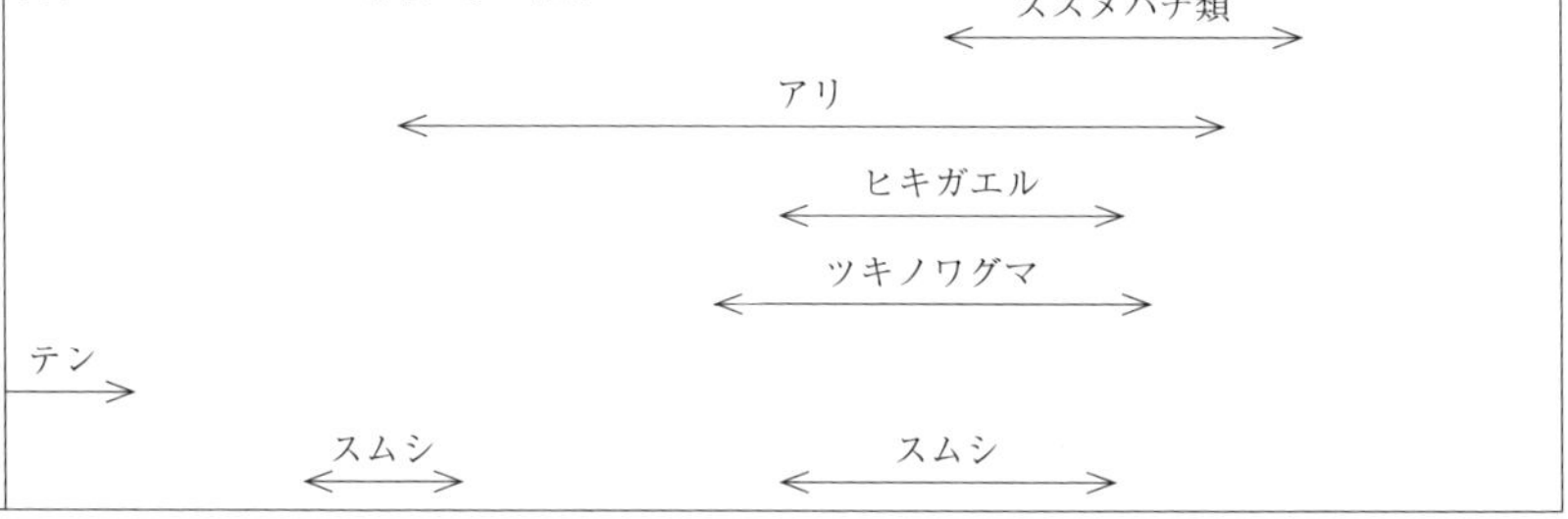

　主要蜜源植物は、四月のレンゲソウ、五月のトチノキ、六月のクリ、九月のソバ、ハギ類、一一月のビワが挙げられる。ある養蜂家は、クリの木の近くにミツドウを置いたことがあり、ニホンミツバチは、クリの木の花から蜜をよく集めたが、蜜の色がやや黒くてあまりおいしくないと指摘している。そのため、ミツドウの置き場所を変えたという人もある。蜜の収量は、その年の天候によって違い、よく採れる年もあれば、あまり採れない年もある。蜜源は、耕作地の減反、肥料の改良、山林の伐採などにともない、レンゲソウ・ナタネ・樹木の花も少なくなり減少しているようである。

　ニホンミツバチの養蜂にとって外敵は、大きな障害である。季節によってその外敵にもいろいろある。外敵の多くは、八月から一〇月に集中している。秋の外敵の中心は、オオスズメバチ（*Vespa mandarinia*）・キイロスズメバチ（*Vespa xanthoptera*）である。この二つのハチは、八月から一〇月にかけてニホンミツバチを襲うようになる。島根県弥栄村ではオオスズメバチを「シシバチ」とか「クマバチ」といっている。キイロスズメバチは、「アカバチ」といっている

［11］。大きさは前者が約三・八cmで、巣の入り口に飛来し、一匹ずつミツバチをとらえて飛び去る。後者がやや小さく約二・五cmであり、ニホンミツバチをその場で咬み殺してしまうのである。そこで養蜂家たちは、ニホンミツバチをスズメバチ類（*Vespa spp*）から守るためスズメバチが襲撃してくる時期には、ミツドウの入り口を小さくしたり、入り口部分にニホンミツバチだけが出入りできる金網をおいたりする。また、ミツドウの見張りをし、攻撃しているスズメバチをみつけしだい、平たい棒切れでたたき落として殺す方法もとられる。

ツキノワグマは、西中国山地一帯に生息しており、時々人家近くに出没する。養蜂家によれば、クマは強力な前足でミツドウを倒し、中の蜜や幼虫・巣板を食べたり、秋にはクリの木の枝を折り、実を食べたりするようだ。クマの被害は、匹見町三葛・匹見町石谷・六日市町初見などでみられる。匹見町三葛では、ミツドウを所有している家が五軒ある。ここでは、毎年夏にクマの被害を受けている。家に犬を飼っているため、ミツドウがクマの被害からのがれた家もある。一九九〇年七月下旬の夜にも、二軒の家でクマによりミツドウが倒され、ミツドウ中の蜜や幼虫や巣板が食べられたようである。被害の後、ある養蜂家は、倉の周辺に置いてあるミツドウの近くに電球をつけて、夜はミツドウに電球の光を照らすようにしたら、クマは出没しなくなったようである。また、養蜂家によっては、ミツドウの周りにおどし用に空き缶を紐でぶらさげたり、ミツドウのニホンミツバチの出入り口以外をトタンで覆ってしまい、ミツドウとわからないようにしているものもある。

広島県吉和村では、家周辺においてあるミツドウをねらってクマが何度となく出没し被害が多いため、村内でわずか数軒の養蜂家の大半はやめたようである。山間地帯では、クマの被害のほかにイタチ科のテンの被害もある。テンの被害がある地域は、匹見町三葛・匹見町内石・匹見町内谷などである。

ニホンミツバチの外敵には、これまで述べたもの以外にもクロオオアリ・クロヤマアリ・ヒキガエル・クモなどもある。アリ被害には細心の注意がはらわれ、アリがミツドウとウッポウ（後述）の隙間から入るため、ウッポウの上に布をかぶせたり、赤土をぬったりして隙き間をなくすようにする。また、ミツドウを置く石台を少し高くしたり、ミツドウと石台のニホンミツバチの出入り口以外のミツドウの周りに石灰をまいたりする養蜂家もある。地域によっては、アリの害をさけるために、ミツドウを地面に置かずに軒下にぶら下げる方法をとっているところもあり、島根県旭町本郷、島根県佐田町（図⑤b）、広島県布野村・広島県作木村（図④b）などである。

その他目でなかなか見つけにくい外敵に、ハチノスツヅリガの幼虫であるスムシがある。このガは、春から秋に何回か発生し、ミツロウ（巣）を荒らすことがある。

四　ミツドウ

(1)ミツドウの分布状況

西中国山地周辺のミツドウは、何種類かに分類ができるのがわかった。それ以外に設置方法・分封《ぶんぽう》（巣分かれ）時のニホンミツバチの採取道具、ミツドウの使用材質など、地域により相違がみられることもわかった。ミツドウの形態に注目して分類してみると、次のようになる。大木をくりぬき、中を空《から》ドウにした筒型のもの、これには、空ドウの下方部分にニホンミツバチの出入り口を一か所、ないし二～三か所作る人もある。また、ドウの下方部分に出入り口を作らず、ミツドウを石台や平らな板に設置するときに、小石か木切れを入れる方法によって、ニホンミツバチの出入り口としている人もある。このミツドウを便宜上A型として図①で示した。次に、長方形の板を四枚つなぎあわせ、長方体の箱型にしたものもある（図④）。これをB_1型とする。第三は、ほぼ立方体型の箱を上段として、その下に底のない箱筒を入れていき、積み重ねる方法をとるミツドウがある（図⑤）。これをB_2型とすることにする。このB_2型の利点は、養蜂家が採蜜する際に上一段の箱、上二段の箱ごと、ミツドウを切り取り、簡単に蜜を取り出すことができる点である。ミツドウについて簡単に述べたが詳細は後述する。

ニホンミツバチが飼養されている場所を図⑥〔12〕で示し、調査地点とミツドウの形態も示した。表②は図⑥の中で典型的なものの詳細を示したものである。断っておかねばならないが、西中国山地周辺のニホンミツバチの養蜂は、専業者がひとりもなく、他の職業に従事しながら飼養を行っている。

ミツドウの形態については、円筒型（A型）、長方体の板使用型（B_1型）、立方体の箱筒積み重ね型（B_2型）の三型式がある。設置方法には、石台や平らな板の上にのせる方法と軒下にぶら下げる方法の二つの方法がある。ミツドウを下に置く方法をP、ぶら下げる方法をhとし、A－P（A型のミツドウを下に置く方法）、B_1－h（B_1型のミツドウをぶら下げる方法）のように表す。ミツドウをぶら下げるのは、アリ対策のためと述べる養蜂家が多い。次に分封時のニホンミツバチの採取には、ウッポウ〔13〕（匹見町三葛ではシブタと呼ぶ）と呼ばれる藁で編んだおわん型のものを使用する場合が多い（図②）。ニホンミツバチの採取後は、A型とB_1型では、そのままドウの上にのせて使用する。B_2型ではウッポウは使わずに、立方体型の箱を使い、採取した箱は石台の上に設置し、ニホンミツバチが出入りできるように小石を間にはさみ込む。

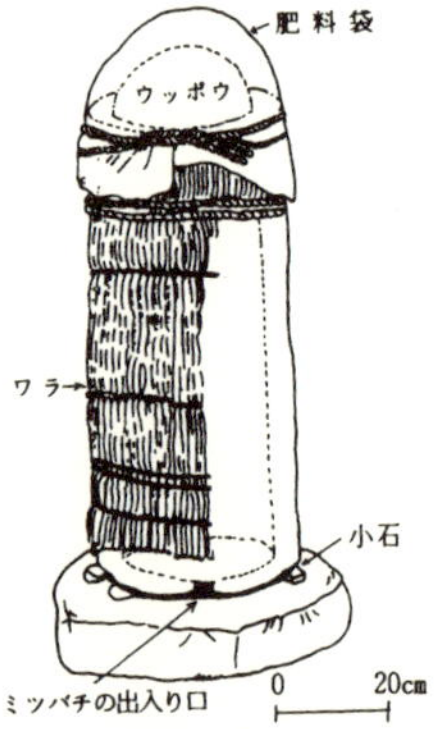

図①　A－P 円筒形のミツドウ（島根県柿木村下須）

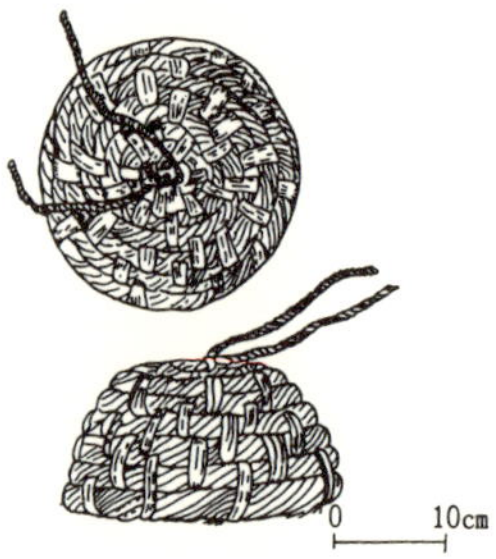

図②　ウッポウまたはシブタ（島根県柿木村、匹見町）

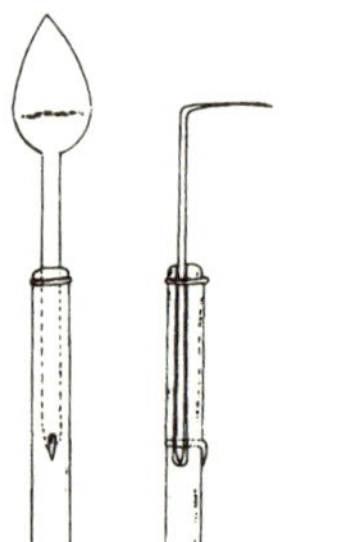

図③　ミツトリ道具（島根県柿木村下須）

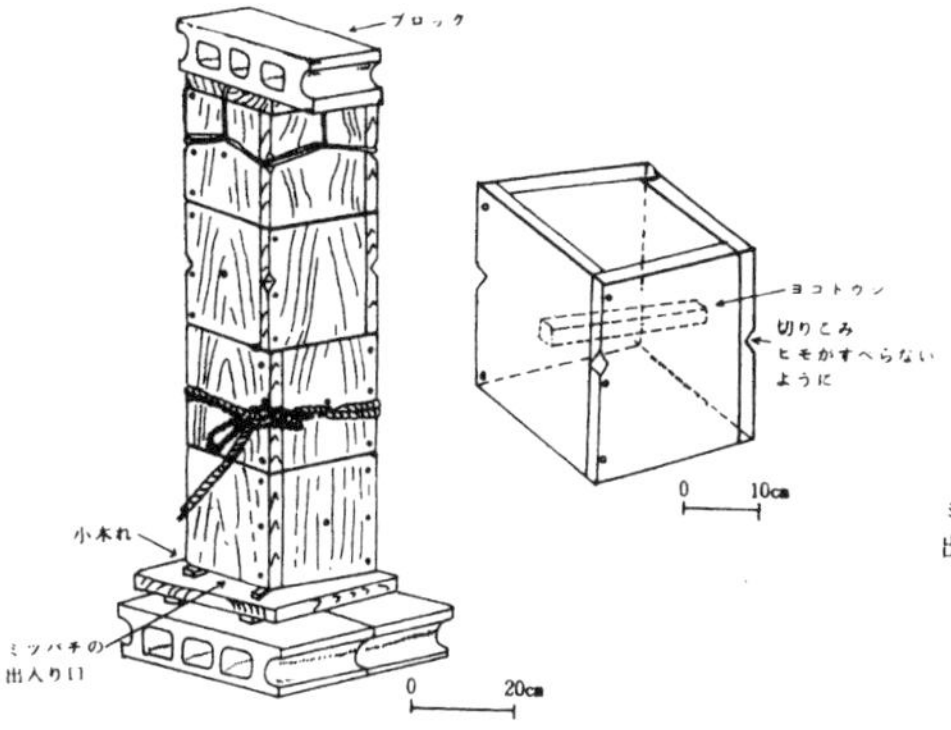

図⑤(a)　B₂−P 箱筒積み重ね型のミツドウ（島根県弥栄村）

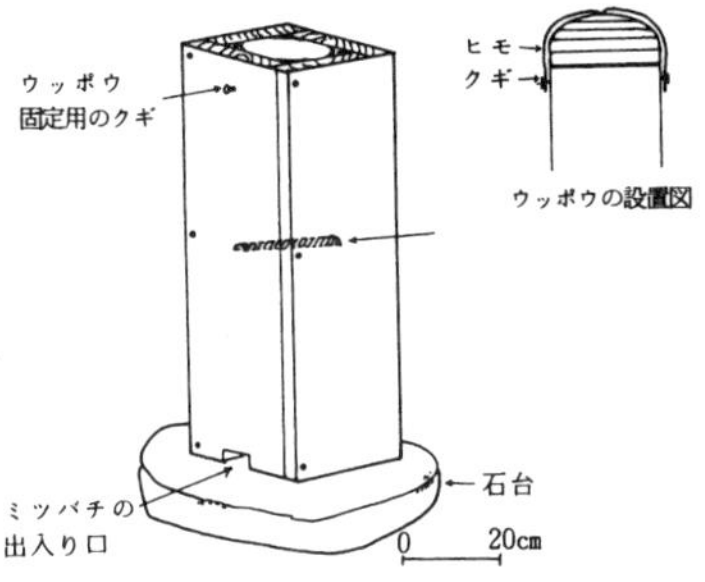

図④(a)　B₁−P 長方体型のミツドウ（島根県柿木村）

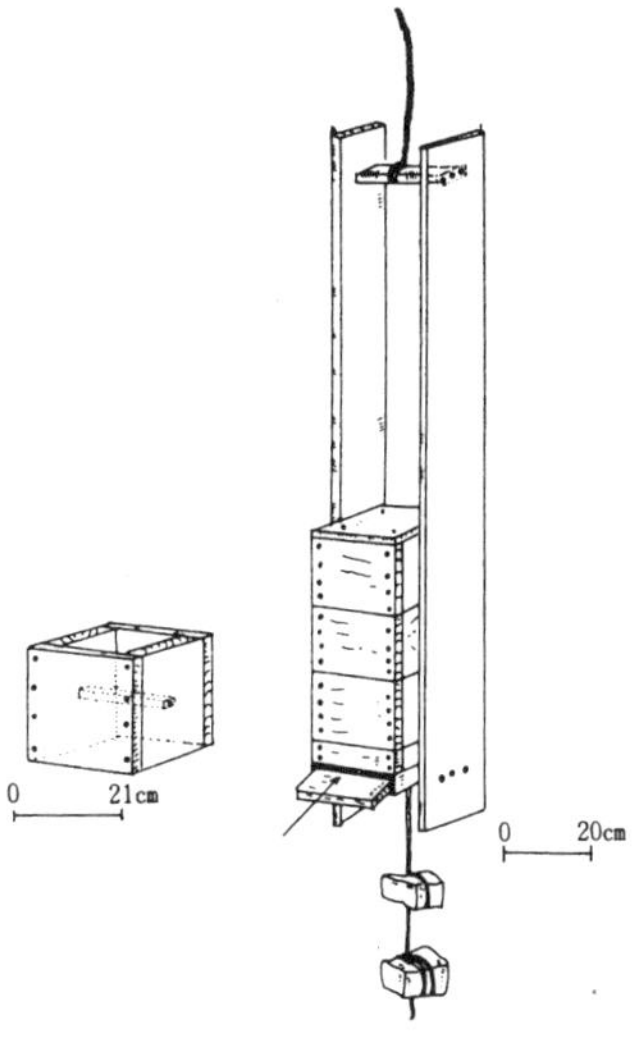

図⑤(b)　B₂−h 箱筒積み重ね型のミツドウ（島根県佐田村）

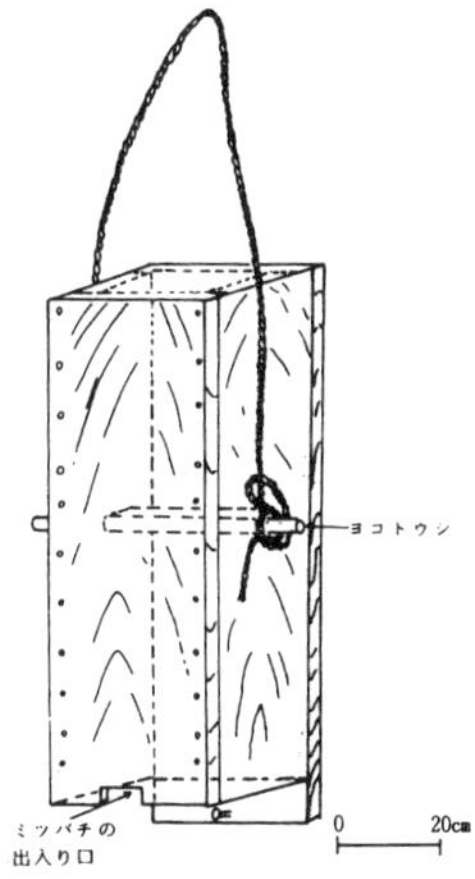

図④(b)　B₁−h 長方体型のミツドウ（広島県作木村、布野村）

図⑥　西中国山地のミツドウの分布

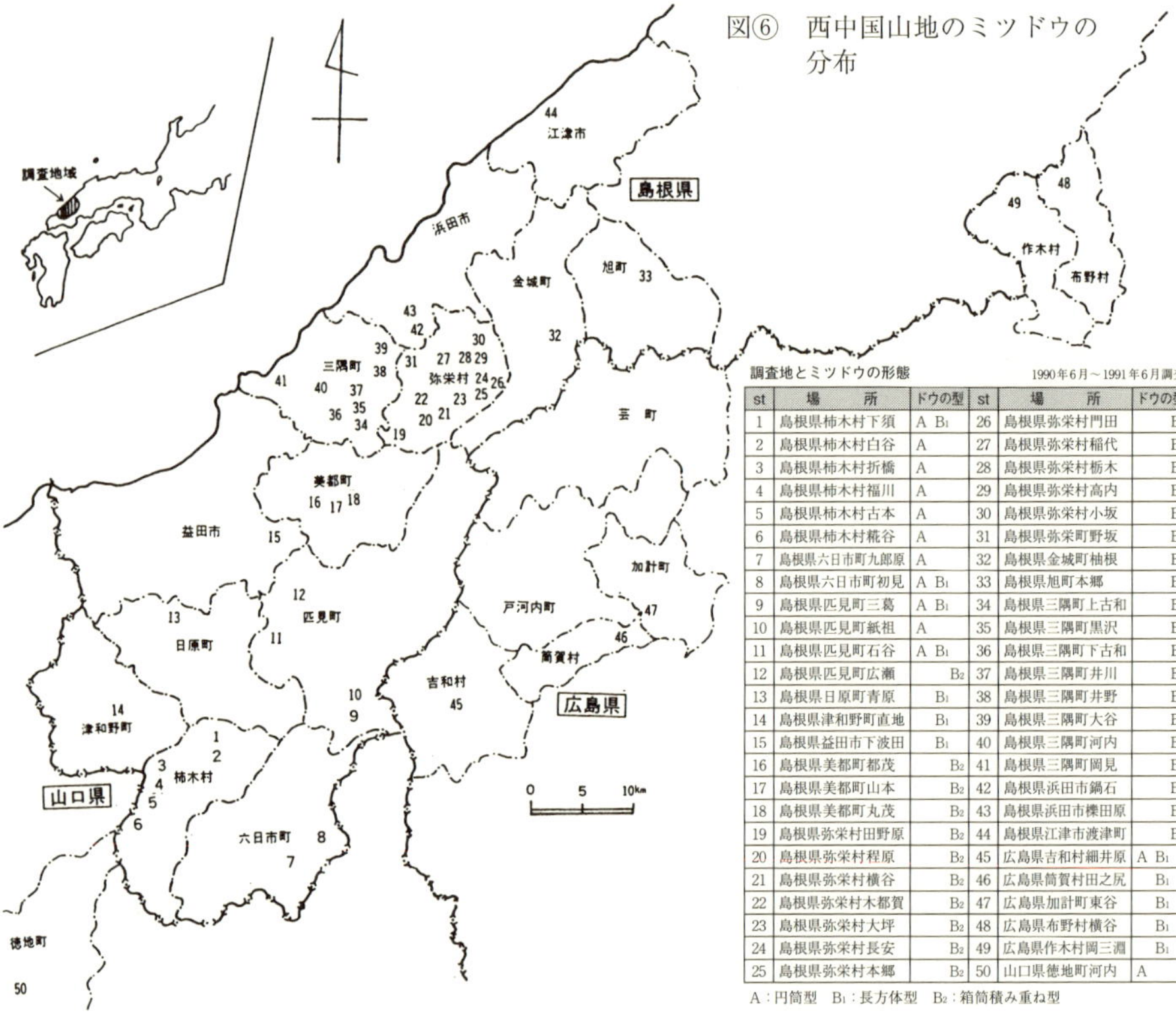

調査地とミツドウの形態　　1990年6月～1991年6月調査

st	場　所	ドウの型	st	場　所	ドウの型
1	島根県柿木村下須	A B_1	26	島根県弥栄村門田	B_2
2	島根県柿木村白谷	A	27	島根県弥栄村稲代	B_2
3	島根県柿木村折橋	A	28	島根県弥栄村栃木	B_2
4	島根県柿木村福川	A	29	島根県弥栄村高内	B_2
5	島根県柿木村古本	A	30	島根県弥栄村小坂	B_2
6	島根県柿木村椛谷	A	31	島根県弥栄町野坂	B_2
7	島根県六日市町九郎原	A	32	島根県金城町柚根	B_2
8	島根県六日市町初見	A B_1	33	島根県旭町本郷	B_2
9	島根県匹見町三葛	A B_1	34	島根県三隅町上古和	B_2
10	島根県匹見町紙祖	A	35	島根県三隅町黒沢	B_2
11	島根県匹見町石谷	A B_1	36	島根県三隅町下古和	B_2
12	島根県匹見町広瀬	B_2	37	島根県三隅町井川	B_2
13	島根県日原町青原	B_1	38	島根県三隅町井野	B_2
14	島根県津和野町直地	B_1	39	島根県三隅町大谷	B_2
15	島根県益田市下波田	B_1	40	島根県三隅町河内	B_2
16	島根県美都町都茂	B_2	41	島根県三隅町岡見	B_2
17	島根県美都町山本	B_2	42	島根県浜田市鍋石	B_2
18	島根県美都町丸茂	B_2	43	島根県浜田市櫟田原	B_2
19	島根県弥栄村田野原	B_2	44	島根県江津市渡津町	B_2
20	島根県弥栄村程原	B_2	45	広島県吉和村細井原	A B_1
21	島根県弥栄村横谷	B_2	46	広島県筒賀村田之尻	B_1
22	島根県弥栄村木都賀	B_2	47	広島県加計町東谷	B_1
23	島根県弥栄村大坪	B_2	48	広島県布野村横谷	B_1
24	島根県弥栄村長安	B_2	49	広島県作木村岡三淵	B_1
25	島根県弥栄村本郷	B_2	50	山口県徳地町河内	A

A：円筒型　B_1：長方体型　B_2：箱筒積み重ね型

ミツドウの設置方向については、今回調査したミツドウ所有者八三戸のミツドウ二四〇本の方位からその傾向をみてみた。南方向設置のミツドウが多く、次に南西方向が多かった。数は少ないが、中には北方向の設置もみうけられた。養蜂家は、ミツドウの設置を陽がよくあたる南方向を理想としているが、実際には自宅周辺に置くため、すべて南方向でもないようである。

ミツドウの材料については、A型ではスギ・クリ・アカマツなどが使用されている。B_1型では、スギがほとんどであり、アカマツの使用者もわずかにあった。B_2型では、スギが主に使用されているが、地域によってはアカマツでなければならないという人もいる。スギ使用の養蜂家は、アカマツはヤニがでることや、木が古くなると腐りやすく、虫がつきやすい

表② ニホンミツバチ飼育状況

No.	場所	氏名	ドウの型	数	ミツドウ材質	ミツドウの大きさ	分封時期	蜜採取時期	分封時の採集具
1	柿木村下須	a	A	14	スギ8 ヒノキ2 モミ4	33×75	4月中～5月末	9月21日前後	ウッポウ(ワラ使用)
2	柿木村下須	b	A	12	モミ6 スギ3 クリ2 リョウボ1	31×82	4月初～5月末	9月下旬～10月末	ウッポウ(ワラ使用)
3	柿木村福川字折橋	c	A	1	クリ	38×88	5～6月	10～11月	ウッポウ(ワラ使用)
4	柿木村桃谷字桃谷	d	A	2	ヒノキ	40×89	4月末まで	9月20日以後	ウッポウ(ワラ使用)
5	六日市町九郎原	e	A	3	クリ2 スギ1	33×86、45×69、40×88	4月中～5月末	10月	ウッポウ(ワラ使用)
6	六日市町九郎原	f	A	5	スギ3 クリ3	40×86、38×92、30×103	4月中～5月末	10月	ウッポウ(ワラ使用)
7	益田市下波田	g	B_1	10	アカマツ	24×24×47の上13cmの箱	5月初旬	10月初旬	箱で捕る
8	匹見町大字神祖三葛	h	A	2	スギ	38×87	5月中旬	10月	シブタ(ワラ使用)
9	匹見町大字神祖三葛	i	A	3	スギ	40×90	5月中旬	10月下旬	シブタ(ワラ使用)
10	匹見町大野原	j	B_2	2	アカマツ1 外材1	21×21×21	5月	8月中～9月中旬	箱で捕る
11	匹見町程原	k	B_2	1	クリ タブ ケヤキ	16.5×16.5×31	5月	9月	箱で捕る
12	匹見町大字石谷	l	A	3	スギ	30×77、31.5×75	5月	9月20日前後	ウッポウ(ワラ使用)
13	匹見町大笹石谷内石	m	B_1	5	スギ	7寸×7寸×2尺5寸	5月	9月中旬	ウッポウ(ワラ使用)
14	匹見町広瀬	n	B_2	3	アカマツ	23×23×20.5	4月下旬～5月	9月	箱で捕る
15	浜田市鍋石	o	B_2	3	外材	19.9×19.9×24	5月初旬	9月中旬	箱で捕る
16	三隅町岡見	p	B_2	4	スギ	20×20×20(立方体)	4月20日～5月	10月	箱で捕る 軒下につる
17	三隅町向野田	q	B_2	1	アカマツ	24.5×24.5×24.5(立方体)	5月	6月/10月(2回)	箱で捕る
18	三隅町上古和	r	B_2	8	ベニヤ板 以前マツ板	22×22×22(立方体)	5月	9月中旬～10月	箱で捕る
19	津和野町直地(たたち)	s	B_1	14	アカマツ 他にキリ	24.5×24.5×78	4月下旬～5月	10月	ウッポウ(ワラ使用)
20	山口県徳地町柚木	t	A	1	クリ	24×77	5月	9月彼岸後	ウッポウ(ワラ使用)
21	広島県加計町東谷	u	B_1	1	スギ	27×27×50	5月初旬	1月初旬～2月	箱で捕る 軒下につる

＊番号は図⑥とは対応していない。　＊20・21以外の場所はすべて島根県。
＊ミツドウの大きさは所有ミツドウからの1本のみを記入。
記入の数値：Aはドウの幅×高さ、B_1は横×縦×高さ、B_2は横×縦×高さ(cm)を示す。

ことを挙げている。さらには、陽にあたると割れやすいので使用しないとしている人もいる。一方、三隅町のアカマツ使用者は、アカマツはスギより硬い点と材料となるアカマツ材が入手しやすいためとしている。養蜂家の中にはベニヤ板の使用者もあり、採蜜の成績は、ベニヤ板でも悪くないようである。

ニホンミツバチの分封時期は、四月下旬から六月である。これは、地域によって多少違うし、その年の天候状況によっても違いがでる。冬がやや暖かいと分封時期が早く、冬が遅いと分封時期がずれ込むようである。巣分かれ〔14〕の時間は、昼頃がほとんどであり、遅くとも二時頃までに分封が行われる。巣分かれする日は、雨降りの日の翌日の快晴日に多いようである。巣分かれする前日には、働きバチが何度か巣門の前を活発に出入りする行動をとる。この行動は、ニホンミツバチが巣分かれするための練習であり、巣分かれの場所を探すためのものでもあると養蜂家は考えている。巣分かれしたニホンミツバチは、ミツドウの近くの木の枝〔15〕に塊となって止まる。それを養蜂家は採取して、新たなミツドウに入れて増やしていく。

採蜜時期〔16〕は、九月から一〇月下旬までである。九月二〇日までに蜜を採ることはひかえるようである。その理由として、早い時期の採蜜は蜜が軟らかく流れやすく、採取しにくいことを挙げている。また、ニホンミツバチは、冬期は蜜が少ないために気性が荒く攻撃的な行動をするため、養蜂家はミツドウを動かさず、採蜜も行わないようである。

図⑥で示したが、西中国山地周辺でニホンミツバチを多く飼養している地域は、島根県側の弥栄村・三隅町・匹見町・柿木村に集中している。これらの地域に共通していえるのは、山肌がせまり変化にとんだ地形で、なによりもニホンミツバチの蜜源である植物が多いことである。それに対して山口県側は、内陸部は盆地をなしていることが多く、また盆地をとりまく山はスギ・ヒノキの造林地帯が比較的多いので、蜜源植物が少なく、相対的にニホンミツバチの養蜂家は少ないのではなかろうか。山口県阿東町にはリンゴ園・ナシ園・ミカン園があり、花の受粉のためにセイヨウミツバチが使われている。島根県の美都町、匹見町、弥栄村の町境の人家の少ないところでは、スギ・ヒノキの造林地帯があり、ニホンミツバチの生息は、今のところ確認できない。広島県側の標高の高い地帯である芸北町・吉和村は、ニホンミツバチ飼養者は今のところ確認できないが、少ないと思われる。広島県加計町東谷・戸河内町田尻・戸河内町打梨では、ニホンミツバチの飼養が確認できた。

分布図に示していない場所においても、かつて昭和二〇～三〇年頃までニホンミツバチを飼養していたところがあったようである。この分布図は一九九〇年現在のものであり、以前にはもう少し広い範囲に分布していたものと思われる。分布の縮小にはさまざまな理由が考えられる。まず第一に挙げられる理由として、農薬使用があり、その有毒性のためニホンミツバチの飼養者が飼養をやめていったと思われる。また、レンゲ畑・ナノハナ畑が少なくなったこともある。セイヨウミツバチがニホンミツバチより強く、セイヨウミツバチの分布拡大によってニホンミツバチの生息域が縮小したことも挙げられる。山野の道路建設・造林により自然破壊されたことなども挙げられる。

ミツドウの形態とその分布に関連して、A型のミツドウの分布は、昭和二五～二六年頃まで、焼畑がなされていた地域と重複するように思われる。焼畑とは、山の斜面の山林や原野を焼き、その後に作物を栽培する農業である。匹見町大字紙祖三葛では、一年目にソバ、二年目にアズキ、三年目にダイズ、四年目にミツマタ、その後はスギ・ヒノキを植えていた。また、柿木村大字福川では、一年目にソバ、二年目にダイコン・ナタネ・ミツマタ、何年か後にスギ・ヒノキを植えていたようである。そのほかに三隅町程原、三隅町栃木、三隅町大野原でも焼畑がなされ、「ハタヲキル」といわれていた。栽培作物は先に述べたものと同じである。焼畑の作物の中で、ソバ・ナタネ（ナノハナ）・アズキなどは、ニホンミツバチにとって恰好の蜜源である。セイヨウミツバチが、水田のレンゲソウの花を蜜源の中心とするのに対して、ニホンミツバチは、焼畑で植えるソバ・アズキ・ナノハナ・

さらには、トチノキ・クリといった山間地帯で卓越する植物の花を蜜源とする。

⑵円筒型ミツドウ（A型）

島根県日原町・柿木村・六日市町でのミツドウ[17]は、同じ型式であり、そのうち日原町のものは縦横の幅七寸（二一・二一㎝）、高さ二尺五寸（七五・七五㎝）の木幹をくりぬいたドウ（A型、図①）を使用している。ドウの材料は、スギ・クリ・ヒノキ・モミの木が使われる。ドウはかつてノミを使用してくりぬいていたが、現在はチェーンソウを使ってくりぬいている。ドウの中は、さらに虫よけのために焼けた木切れを入れて軽く焼く方法がとられる。養蜂家の中には、ドウにニホンミツバチの出入り口の穴をつくる人もいる。その穴は、ミツドウを立てた時の土台との接触面に一か所、あるいは、さらにもう一か所として立てたミツドウの真ん中の高さに直径一～二㎝の穴をもうける人もある。しかし、多くの養蜂家は穴を作らず、ドウと土台の石との間に小石を挟んで出入り口とする方法をとる。

島根県柿木村福川から椛谷地域でのミツドウは、クリ・ヒノキの幹をくりぬき石台の上に据え付ける。冬はテンの被害が多い。テンがウッポウの上にのせてある肥料袋のビニールを破ってしまい、ミツドウ中のニホンミツバチとミツロウを食いつぶしてしまったケースもある。そのため、ウッポウの上に鍋釜をのせている人もある。また、人家裏の近くの山においたミツドウをツキノワグマに荒らされた話も聞かれる。

柿木村福川では、昭和三〇年頃までミツドウを多く所有していた人があったようだ。だが、農薬を使用するようになり、またレンゲ畑が少なくなり、ニホンミツバチを飼育する人は減ったようだ。昭和三〇年頃までハタまたはヤマバタ（焼畑のこと）が行われていた。ハタには、クヌギ・ナラの木がないクマザサが茂る山肌が選ばれる。それは、クヌギ・ナラの木の生えている土地は根がはっており、開墾に手間がかかるからである。

八月一五日の盆前までにハタを行うために山を伐採する。一年目にソバを播き、二年目にダイコン・ナタネを播く。ナタネは九月に種を播く。二年目は、畑に播いておいた、やや大きくなったミツマタを植える。そして、何年か後に、スギ・ヒノキを植える。焼畑を行っていた時代には、レンゲ花は三月終わりより四月、ナタネ（ナノハナ）は四月終わりより五月、ソバの花は九月、シバグリの花は七月などと蜜源植物は豊富であり、ニホンミツバチの飼養には適していたことがわかる。

(3)長方体の板使用型ミツドウ（B_1型）

広島県布野村横田・作木村森山は、中国山地の島根県との県境に位置している。あるサンプルを測定すると、ミツドウは横二七・七cm×縦二四・五cm、高さ九八cmの長方体である（B_1型、図④(b)）。この地域のミツドウの大きさはほぼ同じである。材質はアカマツで、箱の中の中央に横木が差し込まれ、巣がずり落ちないようにしてある。ミツドウはコモで包む。これは、直射日光がミツドウに当たると、ドウの板が反り、ミツドウに隙き間ができるためである。また、冬の寒さからの保温のためなどから、年中コモをミツドウに巻いている。ミツドウは、軒下に吊り下げる。ミツドウを地面に置かないのは、アリやヒキガエルといった外敵から避けるためである。他に外敵としては、テンゴー（和名テン）がいる。テンは、冬に蜜を取りにミツドウをねらってくる。イヌを飼っている家では、テンの被害にあわなかったことが多いようである。

布野村と作木村で、この型式のミツドウを使った場合のニホンミツバチの飼養について概要を述べてみる。春五月頃にニホンミツバチは巣分かれをする。空のミツドウの内側に蜜を吹き付けておく。養蜂家は、巣分かれで飛ぶニホンミツバチに水をヒシャクでまき、カネをたたくと木の低い位置に止まると述べている。これは、ニホンミツバチは雨が降ると思い、木の低い所に止まるのだと養蜂家は考えている。巣分かれして、木についたニホンミツバチの一群の近くに空のミツドウを持っていき、シバの葉やヨモギの葉でミツバチを空のドウの中に入れ込む。ニホンミツバチを入れ込んだドウは、そのまま夕方まで大きな木にぶらさげておく。蜜や花粉を求めて遠くまで飛んでいったニホンミツバチが夕方までに帰ってくることを考えて、そのままの状態にしておくのである。

蜜の採取は、田植え休みの六月の夕方に一回行う。最初にミツドウの入り口も含め、下方の部分をフロシキで包み、ひもで結ぶ。次に、ぶら下げてあるミツドウを外し下に置き、寝かせてから、上の蓋板を外し、タバコの煙をふきかける。タバコの煙でニホンミツバチはおとなしくなり、ミツドウの下方にさがっていく。しばらくしてから、包丁をドウの中に入れ、上部から三分の一の蜜を採取する。採取した蜜は、フロシキの中に入れ絞る。絞りかすは水を入れ、再度絞る。二回目の水を入れて絞った蜜は、「センジミツ」といってすぐに飲んでいた。それは、水を入れているので腐りやすく長持ちがしないためである。さらに、絞りかすに水を入れ、煮詰めて冷すとロウができる。かつては、そのロウを買いに来る人があり、ロウは、何かを混ぜることで膏薬として使われたり、ロウソクの材料としても使用されていたようである。採蜜量は、多い時は一回に二升も採れる。

八月から九月頃まで、ニホンミツバチをワサバチ（和名キイロスズメバチ）・クマバチ（和名オオスズメバチ）が襲う。そこでニホンミツバチのミツドウの出入り口にニホンミツバチだけが通ることができる網をかける。

⑷箱筒積み重ね型ミツドウ（B$_2$型）

島根県浜田市鍋石のある養蜂家は、箱を何段か積み重ね式のミツドウによる養蜂を行っている。ミツドウは、アカマツと外材が使われ、一つの箱の大きさは、幅約一八㎝、高さ約二五㎝の長方体の箱筒で、これを積み重ねるのである。巣分かれしたハチを蓋付きの一段目の箱の中に入れ、庭先あるいは、軒の下の平担な石の上に置く。箱と石の間に小石をはさみ、ニホンミツバチの出入りができるようにする。箱の上には雨除けに瓦をのせる。何週間か後、その箱にニホンミツバチがいつも出入りしているような状態がみられ、箱の外から小指で軽く叩いてみて鈍い音がしたら、ミツロウが一杯になったと判断し、二段目の底のない箱を下に入れ重ねる。同じ方法がみられる地域には三隅町がある。ここでも、短箱を積み重ねたミツドウである。三隅町上古和において、三代つづいた養蜂家の話によれば、昭和二〇年頃の祖父の時の採蜜時期は、ニホンミツバチが巣分かれする五月より前に行っていたという。ここでは、ニホンミツバチがミツドウの中の冬越の蜜を消費した後に、養蜂家が残りの蜜を採蜜する習慣があったようである。ところが、春に養蜂家が採蜜すると、ニホンミツバチは荒々しく飛びまわる。ニホンミツバチが落ち着いている時期は、ミツドウに蜜がたくさん貯められた秋であり、やがて採蜜時期を秋に変更したようである。現在の採蜜は、九月中旬から一〇月である。時間は、ニホンミツバチがミツドウに帰ってしまう午後七時頃に採蜜を行うようである。

上古和の養蜂家のミツドウは、二二cm×二二cm×二二cmの立方体の底なしの箱を積み重ねて作ったものである。最初の一段の箱に巣分かれしたミツバチを入れる。そのミツドウは、平たい石または板の上に据える。ミツバチの巣分かれは、四月下旬から五月初旬の晴れた日の午前中に起こる。巣分かれの一群は、女王バチと働きバチ、雄バチが一緒に木の枝の下にぶら下がる。巣分かれの時期を予想するには、ミツドウの下の石に巣の蓋の一部が落ちているかいないかであり、蓋が落ちていれば、三〜四日以内で起こるとされている。これを「コブタをキル」（ハチの子が入っている巣の蓋を切り落とす）といわれている。木に巣分かれしている一群には、昨年採蜜した蜜を箱の内側に少し塗った箱を木の枝に結ぶ。そして、束ねたヨモギで巣分かれしたニホンミツバチの一群を箱の中に入れ込む。一群が箱に入れば、箱を石の上に据え付ける。箱と石との間にニホンミツバチの出入り口をつくるため、前方の二つの角に小石をはさむ。ミツドウの設置場所は、家の軒下や家の裏山の見晴らしのよい場所が選ばれる。また、朝日があたり、南向きが適しているようである。あまり遠方では管理が大変であり設置しない。巣分かれが遅い時、または天候が悪く花の蜜があまりないときは、ミツドウの箱の中の石台の上に砂糖水や残りかすの蜜を入れる。ミツバチの外敵は、ミツロウにつく虫とアリ、アカンバチ（和名キイロスズメバチ）、シシバチ（和名オオスズメバチ）である。

島根県弥栄村栃木でも、同様の方法がとられている。ミツドウは、箱を何段か重ねたものを使う（B2型、図⑤ⓐ）。幅二一cm四方で、高さ二八cmのカラドウ（ニホンミツバチが入っていない巣箱をこう呼ぶ）は、ドウの中に二センチ幅の横木を付ける。これは、「ヨコトウシ」または「ワタシ」と呼ばれ、ロウ（巣）が大きくなり、巣が重くてずれ落ちるのを防ぐために設けてある。

ミツドウは、最初は巣分かれで入れた箱一段から始める。その箱は、石台の上にのせ、前二か所の隅に小石をはさみ、ニホンミツバチの出入り口を設ける。ミツロウ〔18〕が大きくなり、一段目の箱の外に多くのニホンミツバチがあふれ出た状態がみられ、箱を外から軽く指でたたいてみて重い音がすれば、二段目の底のない箱を下に入れ継ぎ足す。箱の材質はスギかアカマツが使われるが、アカマツの方が硬くてよいとしている。だが、ベニヤ板を使用している養蜂家もある。ベニヤ板でも、清掃などの管理を十分に行いさえすれば、さしつかえないとしている。

弥栄村栃木では、ニホンミツバチの巣分かれは、四月二〇日頃から五月二〇日頃までにおこる。快晴の一一時頃巣分かれはおこり、庭の木に大群が群がる。養蜂家が、これをどのように採取するのか。上蓋をのせた幅二一cm四方で、高さ二八cmの箱を紐でしばり、持てるようにする。昨年収納した蜜を箱の内に塗り付ける。ニホンミツバチの大群が庭の木の低い所に止まった時は、手で箱を持ち片方の手で追い込む。高い木に止まった時は竹竿に箱をくくりつけ、もう一本の竹竿に草を結んでニホンミツバチを追い込む。

ニホンミツバチは、一つのミツドウから多いものは三回も巣分かれをする。初めて巣分かれしたミツバチを

「一番コ」といい、二回目に巣分かれしたものを「二番コ」といっている。巣分かれしたミツバチを通称「ワカレコ」といっている。養蜂家の中には二回以上の巣分かれを嫌い、「一番コ」で終わらせるように工夫している養蜂家もある。何回も巣分かれすればモトドウのミツバチの数が減り、活動が不活発になり、時にはモトドウを駄目にすることがあるからである。こうした養蜂家の観察により、彼らはモトドウを駄目にしないために次のような方法を工夫している。「一番コ」の出た後、その日か翌日に、養蜂家が中腰になり、ミツドウを傾け下からミツドウの中をのぞき、ハチ群に息を吹き付けながら、突き出ているやや大きな巣を見つけだし、それをひねりつぶす方法をとる。それが発見できないときは、そのままにしておく。モトドウを長く維持するためには、巣分かれをあまりさせないように調節を行うのである。

ニホンミツバチは、女王バチ〔19〕・働きバチ・雄バチがいる。巣分かれの時は、女王バチ〔20〕と新しいハチとマモリバチと呼ばれる、もともといた古いハチの一部が一緒にモトドウを出て分かれる。新しいハチは全体に赤みをおびており、古いハチは全体に黒く、古いハチがやや気性が荒いが、分封時には、ミツバチが刺すことはないようである。

次に弥栄村栃木での採蜜について述べてみよう。これは一九九〇年八月一九日、ある養蜂家の採蜜を直接観察したものと、彼の話を整理したものである。たばこ三〜四本（各三cmずつ切ったもの）、きせる・菜切り包丁・網袋・タライ・籠・うちわ・ミツドウ一個（紐でしばってある）、塩などが必要である。手順は次のとおりである。

①養蜂家は頭から網袋をかぶる。ニホンミツバチの入っている箱三段を移動させ、空の箱筒一段の上にのせて継ぎ足す。最上段の箱の一段の紐をほどく。

②一番上の箱の上蓋に菜切り包丁を入れ、ロウ（巣板）と上蓋の板とを切り離す。

③採蜜以外の箱はもとと同じ向きに置くために、二番目の箱を結んである紐の間に近くに生えている草をむし

写真① 伝統的養蜂の採蜜風景（島根県弥栄村、1990年8月19日、筆者撮影）

1 ミツドウを固定している紐をほどく

2 4段目に空筒箱を入れ込み、上段の箱を取る準備をする

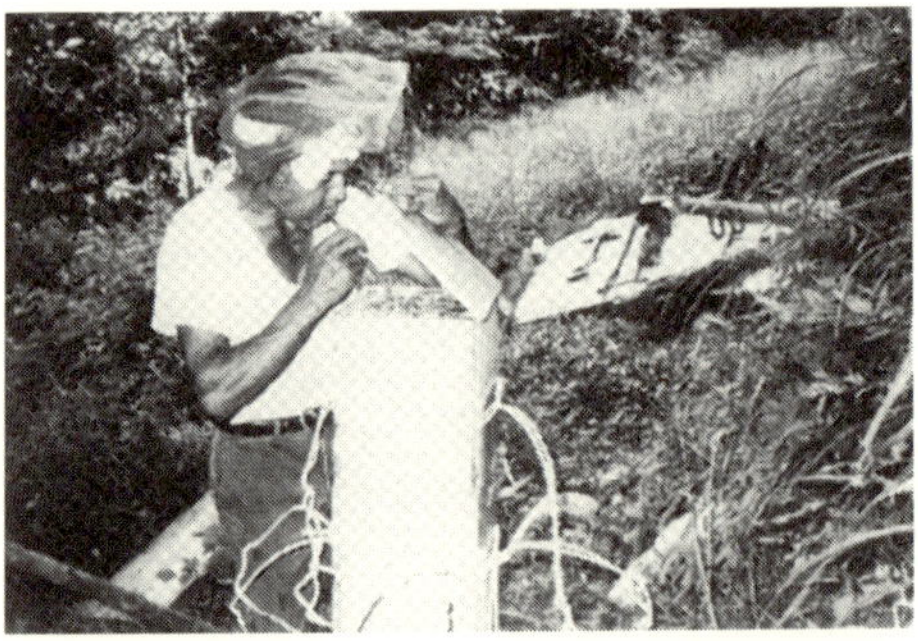

3 ミツドウの中にきせるでタバコの煙を吹き込む

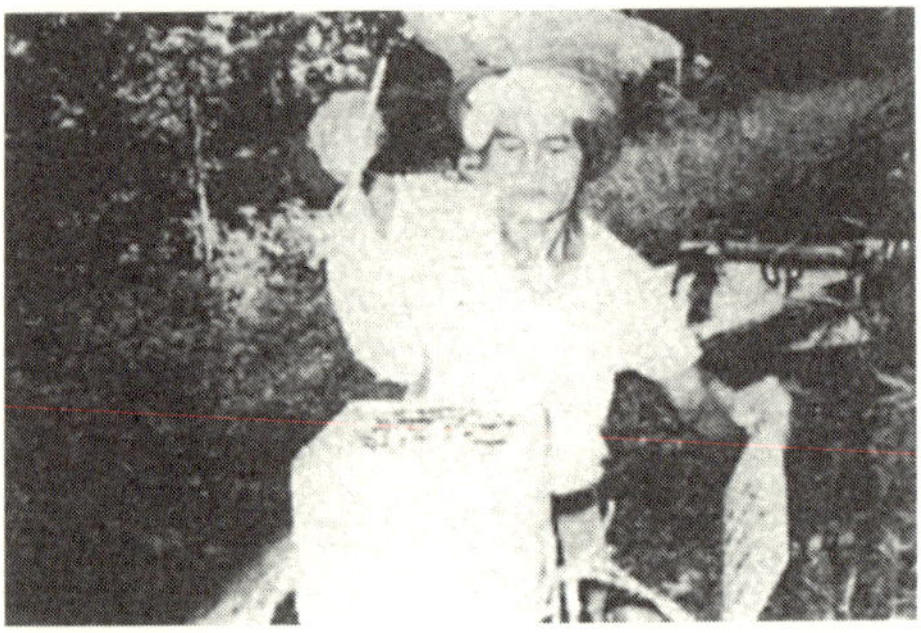

4 うちわでタバコの煙と風をミツドウの下の方へ入れ込む

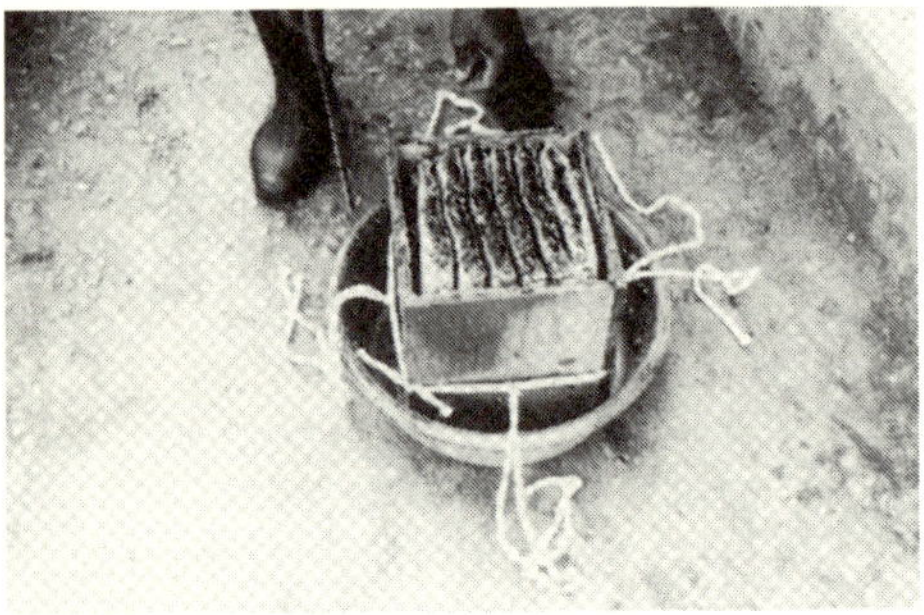

5 最上段の1箱を切り取り、タライに入れる。箱筒の中は6層の巣板があり、これを包丁で箱から切り離す

り取って差し込む。草を入れた面がどの方向にむいていたか覚えておく。きせるにタバコをいれ、火をつけ、きせるを逆にし、上蓋の板を少しはぎ、煙を吹き付ける。うちわで扇ぎ、煙を箱に入れ込む。タバコの煙を吹きつける時だけ上蓋の板を少し持ち上げる。これを五回ぐらい繰り返す（ニホンミツバチは煙のために下におりる）。養蜂家はタバコの煙がニホンミツバチをおとなしくさせる最上のものと考えている。

④箱一段目と箱二段目の繋ぎ目に菜切り包丁を入れる。

⑤一番上の箱をたらいの上にのせ、上蓋の板をとり、ニホンミツバチが来ないように籠をかぶせる。上蓋の板は二段目の箱の上にのせ、二段目の箱の紐を結ぶ。

⑥ミツドウを置いてあった場所には、虫の予防（とくにアリ）のため、塩をまく。そこへ箱三段のミツドウを置く。

⑦持ち帰った箱の内に付いているミツロウに包丁を入れ込み、箱の板とミツロウを切り離す。たらいに入れたミツロウは、包丁で小さくする。

⑧小さくしたミツロウは、網袋に入れる。それを倉庫の中に持っていき、ミツロウを入れた網袋を天井よりぶら下げる。下には大型のプラスチックの入れものを置き、蜜を受けるようにする。

養蜂家の採蜜は、八月初旬から末に盛んに行われる。ニホンミツバチは九月頃から気性が荒くなり、花の蜜はあまり集めなくなるようである。九月に採蜜するときは、快晴の温かい日に行われる。これは天候のよい日は、ニホンミツバチもおだやかであるためである。

島根県弥栄村に近い浜田市櫟田原に住む森昌昭さんは、箱を積み重ねる方法のミツドウを二つ所有している。底がない箱を積み重ねる方法は、すでに述べたように弥栄村・美都町・三隅町・匹見町などでも見うけられる。森さんの場合は、箱の材料としてコンパネと呼ばれる市販のベニヤ板を使用している。ベニヤ板使用の理由は、べニヤ板の方がスギ・アカマツ材より入手しやすく、箱の製作後ずれがなく、年月がたっても板が陽により反れることがないということからである。

森さんは養蜂について記録していたので、それをもとに森さんの養蜂について再現してみたい。森さんの自宅は、山々に囲まれた裾野にあり、ミツドウは自宅の前においてある。自宅に向かって右のミツドウは、朝日が早くあたる（このミツドウをSaとする）。もう一方のミツドウは、自宅の左側にあり、朝日が当たりにくく、西日が当たる位置に据え付けてある（これをSbとする）。いずれも、南西方向にミツドウの入り口が向いている。石台に箱を置き、前方二か所にスレート板の小切れを差し入れることで、ニホンミツバチの出入り口としている。ミツドウの大きさは、二二cm×二二cmで、高さは二五cmである。箱の中の巣が重みで下に落ちないように、支えとなるアカマツの細木か、ヒノキの細木を取り付ける。

森さんの場合は、父親の代からニホンミツバチを飼養している。勤務の関係でニホンミツバチの管理ができかねることもあり、ミツドウは増えたり、減ったりの繰り返しであったようである。一九九〇年には、これまで所有していたミツドウすべてが虫にやられてしまった。一九九〇年春に二つのニホンミツバチ群を近所の友人からもらい受けた。それが現在のミツドウである。

Saのミツドウ内のニホンミツバチは、一九九〇年四月二二日（一段目）に分封したのを友人からもらい、現在の場所に据え付けたのである。その後、一段目のニホンミツバチの状況を観察し、五月二〇日に三段目、八月一四日に四段目、九月二七日に五段目の箱筒を入れる。九月二七日の午後には、上段二段の採蜜を行ったようである。下三段はミツバチの冬越し用の蜜として残した。Sbのミツドウのニホンミツバチは、一九九〇年四月二八日に同じ友人からもらい受ける。以下箱筒の継ぎ足しは、Saのミツドウと同じ日に行ったようである。

これまで述べたことを、ニホンミツバチの一群の成長日数で表してみる。すると一段目―三七日、二段目―二二日、三段目―五五日、四段目―四三日かけて成長することになる。二段目の五月、六月にとくに成長が早いのは採蜜する花が多いことに由来すると思われる。三段目の六月、七月、八月は、梅雨の時期と夏季で、意外に開花する花が少なく採蜜が少なかったのではないかと思われる。

森さんのところの、その年の一箱での採蜜量は、一升八合（三・二四ℓ、四・五kg）から二升（三・六ℓ、五kg）である。したがって、一九九〇年は一本のミツドウから二箱の採蜜により約二倍の三升六合（六・四八ℓ）から四升（七・二ℓ）の収量があったことになる。しかし、実際にはSbのミツドウの方が採蜜量がわずかに多かったようである。

島根県三隅町岡見ではミツドウは二〇cm四方の立方体の底のない短箱を重ねあわせて、箱を軒下にぶら下げる方法がとられている。箱の一面を壁に付けて軒下にぶら下げる。これは、アリがミツドウに入らないようにである。それぞれの箱の中には、ミツロウがずり落ちないように一本、ないしは二本の横木を十文字に入れる。横木は、外板より釘でとめる。箱にミツバチの出入り口を作る。スギ材が使われるのは、ぶら下げたとき軽い材質の方がいいからである。コワカレ（分封）で得たミツバチは、箱一つの中に入れ、それを軒の上から吊るす。一段目の箱の中のミツロウが大きくなり、ニホンミツバチがあふれでるようになれば、二段目の短箱を継ぎ足す方法をとる。箱の中が一杯になるごとに下に箱筒を足していくのである。ハリガネで箱を繋ぎ、固定していく。そして、五段になれば上二段の箱の蜜をとる。採蜜時期は一〇月頃で、昼間はニホンミツバチの活動が盛んであるため、午後八時から九時頃のニホンミツバチの行動が静かな時に行われる。採蜜方法は、上段の箱の上からタバコの煙を吹きかけ、ニホンミツバチを下の段の箱に降ろしてから箱と箱の繋ぎ目に包丁を入れ、とり外す方法をとる。これらの方法は、これまで述べた方法と同じであるため省くことにする。

五　村上習二さんの養蜂

柿木村下須の村上習二さん（七六歳）は、一九九一年五月一一日現在でミツドウを一八本所有している。そのうち、ニホンミツバチが入っているミツドウは一三本、マチドウ（これもミツドウであるが、巣分かれの時にそのドウにニホンミツバチが入ってくることを期待して設置されたドウなので、このようにも呼ぶ）は一本、予備のドウは四本である。村上さんは筆者のミツドウの分類によるA型とB_1型の両者を使って養蜂を行っている。

図⑦は、村上さん宅のミツドウの配置図である。筆者は、村上さん所有のすべてのミツドウに便宜的に、筆者自身が確認できるように1号から18号まで番号〔21〕をつけた。当初、ミツドウの設置順に番号を設定しようとしたが、すべてのミツドウの設置年月日が同定できず、適当に定めることにした。●■は、ニホンミツバチが入っているドウを示している。○□は、カラドウ（これもミツドウであるが、ニホンミツバチが入っていない空のドウをこのように呼ぶ）であり、14号はマチドウである。15号、16号、17号、18号は、予備のカラドウである。●○は木の幹をくり抜いたもの、つまりA型を表し、■□は板で長方体にしたハコドウ、つまりB_1型である。村上さんは、ハコドウのことを、カクドウとも呼んでいる（図④ⓐ）。

ミツドウは、家の裏山を中心に据えてあり、平たい自然石の上に置かれる。ミツドウの設置場所は、近いものでも約二mの間隔をあけている。ミツドウには、ニホンミツバチの出入りできる大きさの入り口が設けられている。さらに、ミツドウと石台の間に小石を挟み、多くのニホンミツバチが出入りできるようにしてある。1号から18号のうち1号、2号、3号、4号、6号、7号のミツドウには、ひびわれもあり藁で包み保温をしている。また、ミツドウは、雨によって倒れないように細竹、細い木で支える。ミツドウの上にはトタンやブリキカンをの

図⑦　村上習二さん宅のミツドウの位置（1991年5月11日現在）

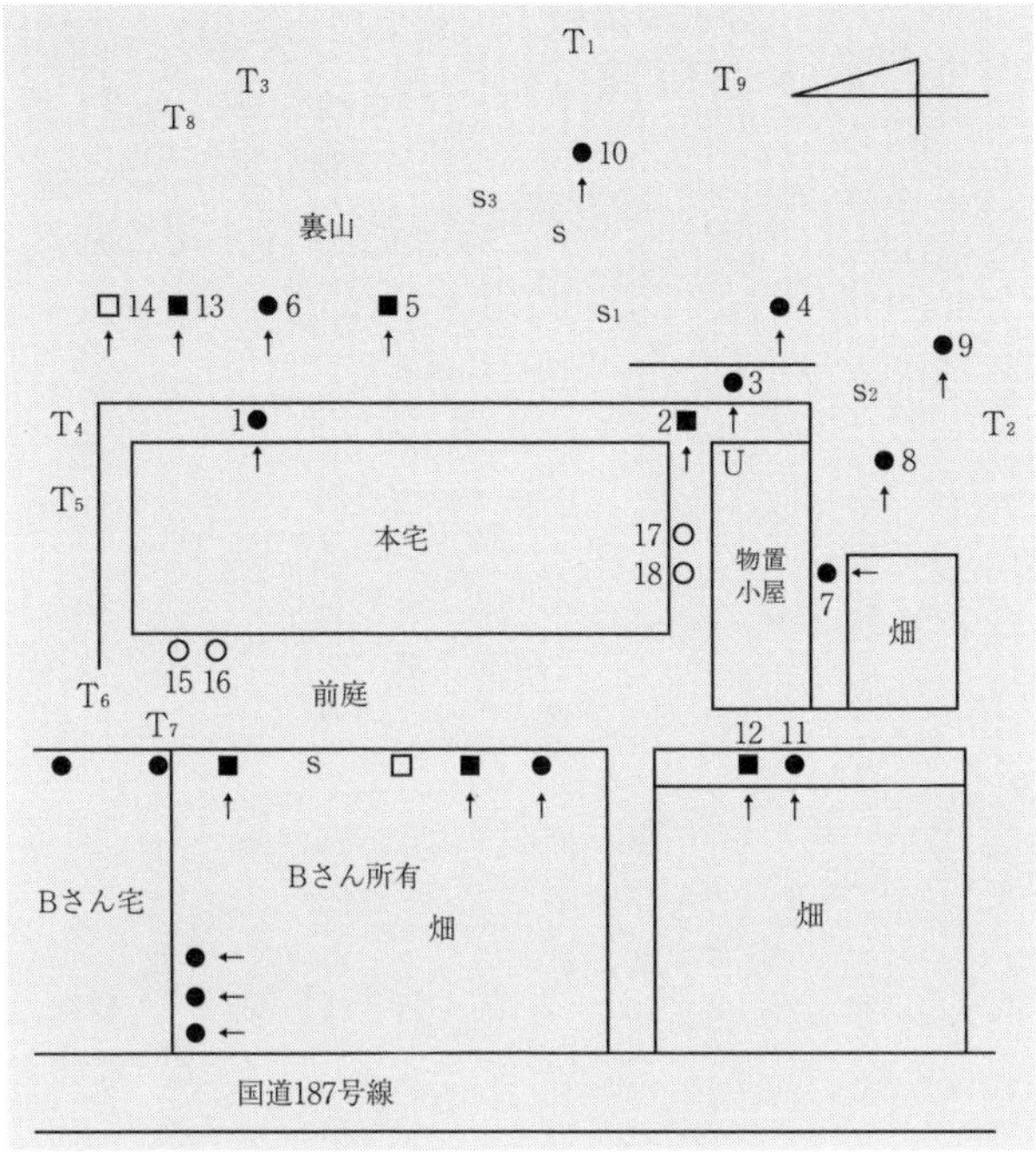

●：ミツドウ（木をくり抜いたドウ）
○：カラドウ（木をくり抜いたドウ）
■：ミツドウ（ハコドウ）
□：カラドウ（ハコドウ）
↑：ドウの入口

U：ウッポウの置き場所
S：使用前の石台
S_1～S_3：使用済の石台

T_1：シイタケの木（ナラノキ）
T_2：ナツグミ
T_3／T_8：ヒノキ

T_4／T_5：ウメの木
T_6／T_7：ヒムロ
T_9：シュロ

表③(a)　村上さんのミツドウ

No.	型	大きさ（cm）	材質
1	A	34×85	クリ
2	B_1	23.5×24.5×88	スギ
3	A	32×84	クリ
4	A	31×80	クリ
5	B_1	24.5×24.8×88	スギ
6	A	29×72	スギ
7	A	32×77	クリ
8	A	35×86	スギ
9	A	32×83	スギ
10	A	36×86	スギ
11	A	32×82	サルスベリ
12	B_1	24×25×78	スギ
13	B_1	24×24.5×80	スギ
14	B_1	24×24.5×82	スギ
15	A s_1	32×72.2	スギ
16	A s_{13}	31.5×72	スギ
17	A s_{12}	33×75	スギ
18	A	27.5×77.5	スギ

A：円筒型
B_1：長方体の板使用型

表③(b)　ニホンミツバチの分封記録（1990～1991年）

年	月日	分封ドウ/時間	採集後入れたドウ・分封状況・その他	所有
1990年	4月19日	不明	どのドウに入れたか、不明確。	○
	4月25日	不明	17号のドウに入れ、図の12号の位置に据える。1991年4月22日駄目になる。	×
	4月26日	9号	8号のドウに入れる。	○
	4月29日	2号	15号のドウに入れ、s_1の位置に据える。1991年4月25日駄目になる。	×
	5月1日	2号	知人に譲る。現在も知人宅にて生存している。	△
	5月3日	4号	18号のドウに入れ、s_2の位置に据える。1991年3月駄目になる。	×
1991年	5月5日	不明/12時	13号のドウに入れる。	○
	5月14日	10号	逃げる。	×
	5月16日	不明/11時30分	12号のドウに入れる。墓地の柿木の低いところに止まる。	○
	6月4日	6号/11時30分	14号のドウに入れる。T_8（ヒノキ）に止まる。	○
	6月5日	7号/10時	16号のドウに入れ、s_1の位置に据える。Bさん宅前の桐の木に止まる。	○
	6月11日	3号/7時30分	Bさんに譲る。Bさん宅の鶏小屋の桁に止まる。	△

※1991年5月14日以降の情報は、後日村上さんよりいただいた連絡による　△：知人所有

せ、ハリガネで固定する。16号のカラドウの中には上から一五・五㎝の位置に割竹の横木が入れてある。巣が重みでずり落ちないための対策である。ニホンミツバチの活動がもっとも活発にみられるミツドウは、1号、2号、3号である。一九九一年四月二一日観察時には、2号のミツドウのニホンミツバチの活動が活発であり、その2号周辺に働きバチの死蜂が観察できた。これはミツバチ同士の闘争であり、他のミツドウのニホンミツバチが蜜をとりに飛来し闘争となり、死蜂が生じたのだと村上さんはいう。筆者のこの時の観察でもしばしば一対一、一対二、一対三のニホンミツバチ同士の闘争がみられた。

村上さんが、ニホンミツバチの飼養を始めたのは昭和五五年頃であり、隣家のBさんよりミツドウを一本譲り受けたのが最初である。そのミツドウは現存しており、図の中の1号である。この一本のミツドウが、数年後には分封し六本のミツドウになったようである。そのうちの三本を1号の近くに等間隔に据え付けたが、どういうわけか、その三本のドウのニホンミツバチが喧嘩しあうことが多く、ドウとドウの間にベニヤ板で仕切りを入れたこともあったようである。仕切りをもうけたことにより、ミツバチ同士の喧嘩はなくなったようである。現在でも、ミツドウを等間隔に据えることがあるが、当時のようなミツバチ同士の大きな喧嘩〔22〕はない。虫がつき、駄目になるミツドウもあり、必ずしも順調にミツドウは増えるとはいえない。

村上さんは、一九九〇年のニホンミツバチの分封日・清掃日・採蜜日を記録されていたので、ここで紹介してみる。春は、ドウをのせてある石台の上の清掃を欠かさず行うようである。これは、ニホンミツバチは冬から春にかけて、空の巣をドウの下に落とし、その落とした巣に虫が付くことがあり、ミツドウを駄目にしてしまうからである。一九九〇年には三回清掃を行ったようである。一回目の清掃は、所有ドウ数が多いため二日間に分けて行ったようである。三月一六日に所有ドウ数の半分の清掃を行った。三月二〇日に残りの半分のドウを清掃した。清掃は、据え付けてあるドウを斜めにして、下の口径よりドウの下の部分の空の巣を落とす。さらに、石台の上をきれいにする。二回目は、五月一日に清掃を行ったようである。村上さんの話によれば、今年の場合は、二回目の清掃がやや遅すぎたようである。ドウを斜めにして中を見ると下方部分の巣をニホンミツバチがおおっているので、ニホンミツバチを手で軽くわけて息を吹きかけ、下方の巣を落とす作業を行った。

一九九〇年の分封は、六回あった。村上さんによれば、六回のうち三回はどのミツドウからの分封なのか判明したが、他は判明しなかったようである。分封日は、記録していたのでここに述べてみる。一回目は、一九九〇年四月一九日（木曜日）にニホンミツバチの群が一本のニシキ（和名ニシキギ）の木の二か所につき、下方の群が大きく、これをウッポウでとり、ドウの中に入れる。一m上に止まった群は、湯のみ茶碗ぐらいの大きさで小さく、少ない群は、飼育できかねるために、ウッポウだけ木にくくりつけておくと、少しずつウッポウ内の群が大きくなる。これは、最初に入れたニホンミツバチが戻ってきたのかもしれないと、村上さんは思ったようである。ふくれあがったその群れは、ウッポウごとどこかのドウに入れたようである。

二回目は、一九九〇年四月二五日（水曜日）の昼過ぎ、自宅横のウメの木T_4とT_5の二本にそれぞれ分封する。T_4のミツバチは、隣家Bさん宅のミツドウより巣分かれしたと考え、Bさんが採取、T_5のニホンミツバチは、村上さん宅のドウから巣分かれしたとして採取する。

採取したT_5のニホンミツバチは、17号にいれる。17号は、その後の一九九一年春、ドウのニホンミツバチの出入りがほとんどなく、一九九一年四月二一日の筆者の観察の際、ミツドウの石台の周りに多く働きバチが死んでいるのがみられた。これについて村上さんは、人間の採蜜が多すぎたため、冬越しの蜜不足からニホンミツバチ自身が蜂削減を行ったのではないかと考えた。村上さんは17号のミツドウは、駄目になるだろうと予測していた。数日後、村上さんの考えていたとおりになり、一九九一年四月二二日に排除する結果となる。その後、一九九一年五月五日に、その位置に12号を置く。

三回目は、一九九〇年四月二六日（木曜日）に9号より巣分かれし、T_3のカシの木に付く。それをウッポウで採取し、8号に入れる。四回目は、一九九〇年四月二九日（日曜日）の昼過ぎ2号より巣分かれして、T_2のナツグミにつく。これをS_1の位置にあった15号に入れる。五回目は一九九〇年五月一日（火曜日）の昼過ぎ2号からT_2のナツグミにつき、分封のミツバチは、ウッポウで採り、これを近所の人にあげたという。その群れは、現存している。今回は2号からの二回目の巣分かれなので、これを「二番子」という人もある。分封は、その年に同じドウからの一回目の巣分かれしたニホンミツバチを「一番子」といい、二回目に巣分かれしたニホンミツバチを「二番子」といい、以下同様に「三番子」、「四番子」という。六回目は一九九〇年五月三日（木曜日）に4号からT_2のナツグミにつき、このニホンミツバチ群をウッポウで採取してS_2にあった18号のドウに入れるが、一九九一年三月、ニホンミツバチの出入りがなくなり駄目になり、中をきれいに処理して図に示してある本宅横においておく。

一九九一年の一回目の分封は、五月五日（日曜日）の昼過ぎにおきた。T_9のシュロの木にニホンミツバチが群をなして飛び廻っており、T_9の横のT_1のシイタケ木の積んである一本の横木の下についた。この一群は、10号の巣分かれであり、採取して入れたドウは13号である。

二回目は、一九九一年五月一四日（火曜日）の午前一〇時頃、1号からの巣分かれがあった。村上さんは巣分かれの状況を見続けたが、一群は西方向へ飛び去ってしまったとのことである。三回目は一九九一年五月一六日（木曜日）一二時前で、どのミツドウから巣分かれしたか不明であるが、巣分かれしたニホンミツバチの一群は、南西方向の墓地近くのカキの木につき、採集後、新しいドウ（12号）に入れて設置する。

15号のドウは、一九九一年五月一〇日頃までS_1の位置に置かれており、ミツバチの出入りが徐々に少なくなったため、その場でミツドウを寝かして、中を見るとアリがついており、ミツドウごと自宅の軒下に放置しておいた。筆者が、五月一一日村上さん宅へ訪問した際に、そのドウとウッポウを切り離し、中を観察できた。ミツドウ中は、巣板が五層になっており、一層の巣板の厚さは二・五cmで、巣板は両面に六角形の部屋が並べられて作られている。また、巣は、蜜がこぼれないようにやや上向きに傾いて作られている。高さ七二・二cm、ドウの内の口径約一七cm、ドウの厚さ約二・五cmの15号のミツドウ内に、ウッポウの裏から垂直に五層の巣板が下方に降り、ミツドウ上端から先端まで長さ約六〇cmに伸びて止まっていた。巣板を取りだし巣を崩すと、中からアリや白いウジムシのようなもの（スムシでは？）が観察された。

村上さんの家の採蜜は、近所の養蜂を行っているTさんに依頼している。採蜜には、ニホンミツバチをドウの下に降ろすのにタバコの煙が必要であり、村上さんはタバコを吸わないからである。一九九〇年は、一五本のドウのうち一三本のドウの蜜を採る。sにあった18号のドウと、13号のドウの位置にあった16号のドウの二本のドウの蜜は、蜜の集まり具合が悪いため採蜜しなかった。一三本のドウから採蜜した蜜量は、一斗七升（三〇・六ℓ）であった。一本のドウから平均二・三五ℓ（三・二七五kg）の収量があったことになる[23]。なお、一本の同じドウからその年に何回も巣分かれすることはあるが、巣分かれで新たにできた巣から分封したことは、これまで一度もなかったようである。

六　まとめ

今回の調査から、西中国山地周辺に分布するミツドウの形態を三つに分類できることが判明した。大木をくりぬいたドウ（A型）と、長方形の板をはりあわせた箱のドウ（B_1型）とほぼ立方体型の箱を積み重ねていくドウ（B_2型）である。なかでもA型の分布は、西中国山地の山間地帯のみに分布し、やや平坦な地ではB_1型とB_2型の板箱の形態が卓越して分布していることがわかった。A型は、長崎県対馬地方にも多く存在〔24〕し、さらには、韓国にも同じ形態のミツドウが存在〔25〕することは、興味深いことである。A型のミツドウでは大木をくりぬいてつくることから、身近な所にスギやクリの存在が不可欠である。A型が山間部に集中して分布するのはドウの素材のスギやクリが豊富に存在しているからであろう。そのことが民俗的技術として現在まで残ってきた大きな理由であろう。

それに対して、やや平担な地においては、短箱式が主流である。これは、大木より板の方が入手しやすいからではなかろうか。結論として、ミツドウの分布は、広範囲にB_1型やB_2型が分布し、標高の高い山間地帯にA型が分布しているといえる。民俗的な技術のレベルからみると、A型の方がより古い形態であると思われる。いずれにせよ、西中国山地周辺におけるA、B_1、B_2の三型式のミツドウの間の変遷過程は今後の課題としておきたい。

ただし、A型の存在地域は、焼畑地帯とほぼ重なりあい、焼畑と養蜂との密接な関連があるようにも思われる。焼畑ではソバ栽培で蜜源植物のソバの花を咲かせる。また、山間地帯ではニホンミツバチの蜜源である植物も多い。ニホンミツバチの飼養には、最適の場所だったのである。その点から考えてもA型のミツドウは、古い形態を保存している可能性が高い。かりにA型からB_1型、B_2型が派生したとすれば、どこでどういう背景が考えられるか、これも重要な課題として指摘しておきたい。

今一つ注意しておきたいのは、対馬のニホンミツバチの養蜂と西中国山地の養蜂との大きな相違である。それは、対馬においては、分封したニホンミツバチに効率よく別のカラドウ（対馬では空のドウをこう呼ぶ）に巣をつくらせるため、家の周りは言うに及ばず、山の中にも多くのカラドウを設置する。それは、山の中では他の家でとり逃した分封も入る可能性があるからである。西中国山地でこういう方法がとられない根本的な原因は、ニホンミツバチの蜜を狙うツキノワグマの存在である。対馬にはツキノワグマは生息しない。こうした自然環境の相違も、今後考えていかなければならないだろう。対馬のニホンミツバチの伝統的養蜂については、別のところで論ずるつもりである。

西中国山地周辺のニホンミツバチの飼養を要約すると、次のようになる。ミツドウは、日当たりのよい南方向におくことが望ましいとされている。採蜜時期は、九月下旬から一〇月末ぐらいとしている。ただし、広島県作木村、布野村では、田植休みの五月、六月に採るところもある。巣分かれ時に、養蜂家が飛び去るニホンミツバチに向けて、水を柄杓でまき[26]、バケツをたたく方法をとれば、ニホンミツバチが低いところに止まるというい伝えがあり、一部の養蜂家は行っている。

養蜂家は、ミツドウの清掃、分封群の採集、採蜜といった管理を行う。伝統的養蜂家は、ニホンミツバチを絶やさないためにさまざまな民俗的な技術を駆使してきたし、現在でも続けている。こうした姿勢が、B_1型やまた積み重ね短箱（B_2型）という独創的なものを生み出してきたといえるであろう。ニホンミツバチの飼養が、『日本書紀』の時代までさかのぼり、今日まで伝統的養蜂が受け継がれてきたことは、興味深い。明治時代に入り、セイヨウミツバチによる養蜂業が導入され、ニホンミツバチの養蜂が衰退したと思われるが、意外に西中国山地周辺においても絶えることなく、今日まで養蜂が受け継がれてきている。

[1] 澤田昌人「ヒト―ハチ関係の諸類型―ニホンミツバチの伝統的養蜂―」『季刊人類学』17巻2号、講談社、一九八六年、六一〜一二五頁。
[2] 原道徳「十勝川村のニホンミツバチ」『ミツバチ科学』8巻1号、玉川大学ミツバチ科学研究所、一九八七年、一一〜一六頁。
[3] 「巻二十四・皇極天皇」宇治谷孟『全現代語訳 日本書紀』下巻、講談社学術文庫、一九八八年。

[4] 原淳「蜜蜂今昔」『虫の日本史』新人物往来社、一九九〇年、一四三頁。
[5] 向山雅重「信州の養蜂」『日本民俗文化大系13 技術と民俗（上）』小学館、一九八五年、一〇九頁。
[6] 井上丹治『これからの養蜂』アゾミ書房、一九七二年、八頁。
[7] 中野茂『ミツバチ―生態と飼い方―』農山漁村文化協会、一九六七年、一四頁。
[8] 岡田一次『ニホンミツバチ誌』私家版、一九九一年、三頁。
[9]「中国地方現存植生図」『日本植生誌・中国』至文堂、一九八三年、四〇四～四四三頁。
[10] 長崎県対馬地方では「ハチドウ」という。西中国山地周辺では、ニホンミツバチの入っているドウを「ミツドウ」といい、入っていないドウを「カラドウ」といっている。巣分かれしたニホンミツバチが入るのを期待し、設置しておくドウを「マチドウ」という。
[11] 島根県旭町本郷、広島県作木村・広島県布野村ではキイロスズメバチを「シシバチ」といっている。
[12] 今回の調査で筆者が確認できたミツドウは、次の通りである。島根県は、弥栄村六七戸、三隅町二二戸、美都町二三戸、柿木村六戸、匹見町八戸、六日市町三戸、金城町一戸、旭町一戸、浜田市二戸、江津市一戸、津和野町三戸、佐田町三戸である。広島県は、吉和村一戸、筒賀村一戸、加計町一戸、作木村一戸、布野村一戸である。山口県は徳地町一戸である。
[13] 長崎県対馬地方ではA型が主流であり、B_1型が極めて少ない。長崎県対馬地方では、分封時にハチトリテボ（竹籠）の中にニホンミツバチを入れ込む。ニホンミツバチは、ドウの下よりしゃもじで入れ込む方法がとられる。一方、西中国山地周辺では、分封時のニホンミツバチの採取は、藁で編んだおわん形のウッポウが使われる。ドウにニホンミツバチを入れる方法は、ドウの上の部分の口にウッポウごと伏せて置かれる。
[14] 巣分かれを島根県柿木村では「コガエシ」、島根県六日市町では「コワカレ」といっている人もある。
[15] 今回の調査で、分封（巣分かれ）でよく止まる木は、グミ（ナツグミ）であることを聞く。
[16] 広島県津浪字東谷では、一月より二月初旬に採蜜が行われる。これは、ニホンミツバチが寒くて動きが鈍いためとしている。また、広島県筒賀村田之尻でも、二月から三月のニホンミツバチの分封前に行われる。島根県三隅町においても、一部の養蜂家は、三月から四月に行っている。冬の寒い時期はニホンミツバチの気性が荒く、ミツドウをいじるべきではないとするのが通説であるが、実際には採蜜を行っており、今後の調査が必要となる。

[17] 原淳「蜜蜂今昔」『虫の日本史』新人物往来社、一九九〇年。この中で、韓国にも対馬にあるハチドウと同じ形態のものがあることを写真入りで紹介している。

[18] 養蜂家の中には、巣板のことをミツロウというものもいる。

[19] 山口県徳地町柚木・島根県柿木村では、女王バチを「タイショウバチ」（大将バチの意）といっている人もいる。

[20] 養蜂家は、分封で出ていくハチを旧女王バチと考えている。

[21] 筆者は村上さんの所有するドウを便宜的に号数で表した。これは、長崎県対馬のある養蜂家が行っていた方法である。

[22] この状況は、「盗蜂」といって、蜜不足から他の巣の貯蜜を吸うためにミツバチ同士がトラブルをおこしたのではないかと推測する。

[23] 村上さん宅では、一九九〇年の一本のミツドウの採蜜量は、平均二・三五ℓ（A型とB_1型のミツドウの合わせた収量の平均）であった。B_2型のミツドウでは、一箱が三・二四〜三・六ℓであり、その年に一つのミツドウから二箱採れば、六・四八〜七・二ℓである。結果、A型ミツドウよりB_2型ミツドウの収量が多いことになる。広島県布野村の一本のミツドウからは、多いときは二升（三・六ℓ）の収量がある。これらのデータを、大坪藤代・宮川金二郎「対馬におけるニホンミツバチの養蜂とその蜂蜜」（『伝統的食品の研究』№6、日本伝統食品研究会、一九八八年、二〇〜二七頁）の中で報告しているデータと比較する。データによれば、対馬では、山間部の採蜜量は七・五〜一〇kg、家周りでは、一群あたり三〜四kgとある。村上さん宅の一個のドウの採蜜量は、二・三五ℓであり、キログラムに直すと三・二七五kgとなる。ほぼ対馬地方の家の周りに置くハチドウの採蜜量と等しいことがわかる。

[24] 筆者は、一九九一年五月、長崎県対馬での調査で相当数のハチドウを確認している。また、大坪藤代・宮川金二郎「対馬におけるニホンミツバチの養蜂とその蜂蜜」（注［23］前掲論文）によれば対馬の養蜂者数約二〇〇〇戸、蜂群数を二七〇〇〜四〇〇〇群と推定している。

[25] 原注17前掲書、一四六頁。

[26] 島根県柿木村下須、島根県匹見町石松、広島県布野村で同じことを聞く。

＊謝辞――今回のニホンミツバチの調査では、多くの養蜂家の方々にお世話になった。この場をかりて深く感謝する次第である。

とりわけ、浜田市の森昌昭さん、弥栄村の岩田竹士さん、柿木村の村上習二夫妻には、多くのことを教えていただいた。お礼を申し上げたい。また、「日本在来種みつばちの会」の藤原誠太氏には、文献資料を一部お送りいただき、ニホンミツバチに関して多くのことを知ることができた。国立歴史民俗博物館の篠原徹先生には、一九九〇年五月の長崎県対馬のニホンミツバチの調査に同行していただき、ご助言をいただいた。それが、今回の論文をまとめる上での基礎となった。また、草稿をお読みいただき多くの指摘を受けた。深く感謝する次第である。

第三章 **対馬の伝統的養蜂**

一 はじめに

人間はさまざまな動物とかかわりをもって生きている。小さな昆虫ミツバチとのかかわりもその一つであり、ミツバチの集めた蜜からは食用の蜜、栄養剤のローヤルゼリーを得ている。また、ミツバチは農作物の花粉媒介としても利用されており、人間に役立っている。日本で最初にミツバチが登場する文献は『日本書紀』である。この中の皇極天皇二年（六四三）の条に「百済の太子余豊が、蜜蜂の巣四枚をもって、三輪山に放ち飼にしたが、うまく繁殖しなかった」と記載されている[1]。これが養蜂の起源であるが、うまく飼養できなかったとある。平安時代の『延喜式』（九七二年）には国内産の蜂蜜を朝廷に献上したという記録がある。また、『日本山海名産図会』（一七九八年）には、熊野地方の採蜜の様子が描かれている。これらが在来ニホンミツバチである。いっぽう、セイヨウミツバチは明治一〇年（一八七七）アメリカから輸入されたのが最初である。その後はセイヨウミツバチの養蜂が盛んに行われるようになる。

ミツバチの種類は大別すると、四群あり、東南アジアからインドにかけてのオオミツバチ、ヒメミツバチ、東南アジアから中国・日本にかけてのアジアミツバチ、アフリカとヨーロッパを中心に広く生息するセイヨウミツバチがある。日本で生息するミツバチはセイヨウミツバチとアジアミツバチの一亜種とされるニホンミツバチである［2］。つぎに筆者のミツバチの観察から、ニホンミツバチとセイヨウミツバチの色と大きさ、性質の特徴を述べることにする。ニホンミツバチの働きバチは、腹部が黒褐色であり、やや小型である。一方のセイヨウミツバチの働きバチは、腹部が茶褐色で、腹部の先端部が黒いのが特徴である。ニホンミツバチとセイヨウミツバチは性質も異なり、前者が温順なのに対し、後者は攻撃的な活動をする。ニホンミツバチは巣箱が気にいらないと容易に逃げ出す習性があるのに対して、セイヨウミツバチは容易に逃げ出すことはない。

ミツバチの蜜を採取する職業は、養蜂業といわれているが、養蜂業者はミツバチの生態・習性をよく知りミツバチを飼育して蜜を採る。養蜂業者はセイヨウミツバチを用いて南から北へ花前線を追って移動するのである。こうした転飼養蜂によるセイヨウミツバチの養蜂はよく知られている。いっぽう、ニホンミツバチの養蜂は日本の一部の山村で巣箱を移動せずに行っているが、あまり知られていない。ニホンミツバチを飼養している地域は、長崎県対馬地方・西中国山地周辺［3］、和歌山県熊野地方［4］、奈良県十津川地方［5］、四国地方［6］とされている。なかでも長崎県対馬は島の全域で飼養が行われており、養蜂業者は多い。そこで、本稿では対馬の全域がどうしてニホンミツバチの生息に適しているか、どのような方法により養蜂が行われているのかを述べることにする。そして、ニホンミツバチの生態と民俗の関係という観点から、対馬の伝統的な養蜂を明らかにしたいと思う。

二　対馬

長崎県対馬は、福岡県博多より厳原まで一三二㎞の位置にあり、フェリーで福岡より対馬厳原まで四時間である。小倉より比田勝まで一六一㎞の海上にあり、対馬の鰐浦より韓国の釜山までは約五三㎞である。北端から南端までの全長約八二㎞、東西一八㎞の細長い島である〔7〕。島は山岳地帯で豊かな原生林にめぐまれ、またスギ・ヒノキの植林地も多い。この対馬には、島内各地でニホンミツバチの飼育が行われている。ミツバチ研究者・大坪藤代は、対馬全島での養蜂業者数を約二〇〇〇戸、蜂群数は二七〇〇〜四〇〇〇群と推定している〔8〕。

対馬の養蜂についての記録は、『津嶋紀畧（乾）』〔9〕がある。その中に、「継体天皇時に大田宿禰《すくね》が蜜蜂を養う術を村里の民家に伝える」とある。また、『増訂　對馬島誌』〔10〕の中には、「本島に於ける養蜂は最も古き歴史を有し、皇紀千百年代　繼體天皇の朝　木坂八幡宮鎭座の頃　大田宿禰始めて蜜蜂を養ふと傳ふ。其後聯綿として飼養を絶えしめざるが、大正十三年の飼養戸數三六〇戶箱數一、三八五なり。種類は總て在來種なり」とあるが、これらの二つの記録は、各地に伝わる伝説・伝承に基づいていると思われる。したがって、これらの記録で対馬の養蜂の始めを継体天皇のＡＤ五〇〇年頃ときめることはできないと思われる。

時代が下り、江戸時代になると、蜂蜜が対馬藩から幕府執権衆などへの貴重な進物品として送られていることが『対馬藩政日記』〔11〕の記載からわかる。対馬の養蜂は江戸時代には確実に行われていたようである。

長崎県対馬のニホンミツバチの予備調査は、上県郡鹿見を中心に一九九〇年五月一日より五日までの五日間行った。厳原から鹿見までのバスの中からは、木をくり抜いたハチドウと長方体型のハチドウの巣箱が家々の周辺や山の岩場に設置してあるのを見ることができた。養蜂家によれば、ハチドウを山に設置する場合は、岩肌の崖で直射日光のあまり当たらない場所が適している。また、山の中腹までが適しており、山頂付近は風当りが強く適さない。ハチドウは南方向へ向け設置しているものが多い。

その後筆者は対馬各地で養蜂について聞き書きをした結果、飼養には若干の差異は認められるが、対馬では、ほぼ同じように養蜂がなされていることがわかった。そのため、調査は一か所に絞り、継続的な調査を行うことにした。調査地を上県郡佐須奈として一九九一年八月五日より八日まで、一九九二年五月二日より三日までの調査を行った。筆者は、これまで対馬を四回訪れ、延べ一六日間の春と夏の調査から、養蜂家の技術、知識を習得することにつとめ、さらには実際のニホンミツバチの観察よりニホンミツバチの習性と民俗生態学の視点から伝統的養蜂を明らかにすることを行った。

これまでに対馬地方のニホンミツバチについて発表されている論文には、「対馬におけるニホンミツバチの養蜂とその蜂蜜」、「対馬の和蜂の養蜂今昔」[12] などがある。しかし、継続的な調査論文はない。今回、筆者はひとりの養蜂家に対し継続的な追跡調査をすることでニホンミツバチの養蜂民俗の経年像を明確にすることができると考えた。

三　小茂田勝實さんの養蜂

(1)ハチドウ

一九九一年五月一日厳原から比田勝までのバスに乗った。昨年の調査範囲より広げ、上県町と上対馬町のなかで調査にふさわしい場所を探してまわった。一日目の宿泊先を上県町佐須奈とし、バス便が少ないため厳原から佐須奈に午後二時頃到着するバスに乗った。到着後、佐須奈内のハチドウを見て廻った。ある場所で筆者は、家の軒下に等間隔に置いてある数本のハチドウから勢いよくニホンミツバチが飛び交う現象を観察できた。そのハチドウを注意深く観察すると、ハチドウの表面にはマジックで番号が書かれていた。この興味ある養蜂を行っていた人が小茂田勝實さん（七五歳）であった。もうすでに会社は退職しており、町内会の仕事や畑仕事を行いながら、仕事の合間に養蜂を行っている。

小茂田さん宅は、上県町佐須奈の町並みのほぼ中央にある。町は港に近く、背後は山が迫っている。小茂田さんがニホンミツバチを飼い始めたのは、一九七五年からである。父親から山に置いてある二本のニホンミツバチの入っているハチドウを譲り受け庭に置いたのが最初である。一九七五年から約一〇年間は、ハチドウの数が増えたり減ったりをくり返したようである。特に「フクロムシ」[13]と呼ばれる害虫にハチドウの中の巣がやられたり、分封で採取したニホンミツバチをドウに入れたが、ニホンミツバチはハチドウが気にいらなくて、数日後には逃げてしまったこともあったようである。

小茂田さんは、長年の経験から、「ハチは八である（ハチドウ数を八本以上にするのはなかなか容易ではない意味）」と述べる。また、ハチドウ八本を越すと徐々に増えるが、次の山は一八であり、ハチドウ一八本がなかなか越せないようである。ニホンミツバチの入っているハチドウは、毎年何本か分封するのでハチドウ数は順調に増えそうであるが、実際には、駄目になるハチドウもあり、なかなかその数を増やすことは難しいようである。養蜂は自然まかせのところもあり、その年の気候にも影響されやすく、雨が多く気温が低いと、ミツバチの蜜の採集量も少ない。そのような年は、分封もなく、ハチドウ数は増やせないのである。

図①は、小茂田勝實さん宅のハチドウの配置図である。一九九一年五月一日より五日まで筆者が小茂田さん宅で調査観察を行ったものを示した。家周辺に置いているハチドウの総数は、二二本である。●○はスギをくり抜いたハチドウ、■□印は長方体の箱のハチドウを示している。また、●■はニホンミツバチが実際に入っている

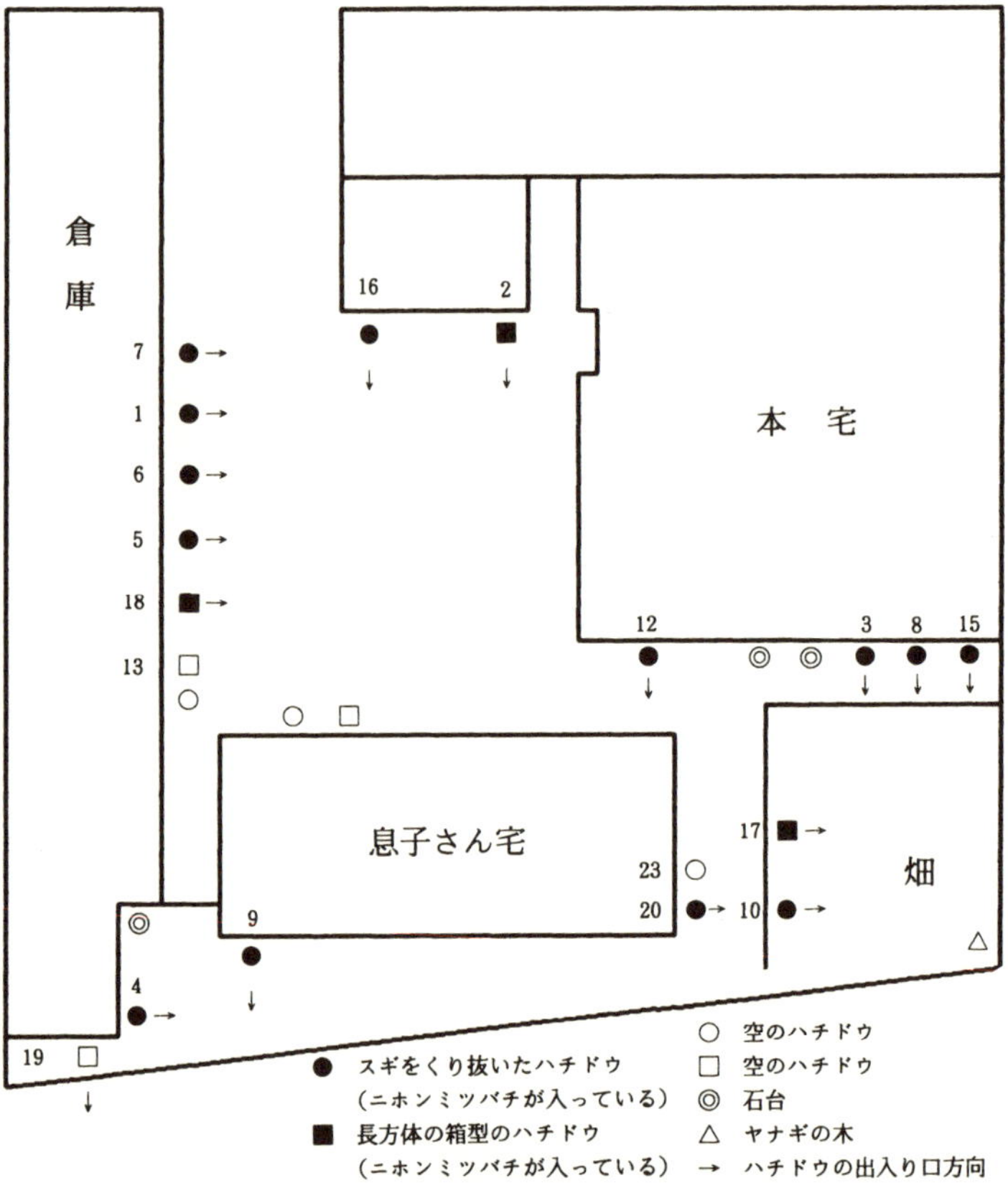

図①　小茂田勝實さん宅のドウの配置図（1991年5月現在）

写真②　17号のハチドウ

写真①　山に置いてあるハチドウ

写真③　左より18号、5号、6号のハチドウ

写真④　左より3号、8号、15号のハチドウ
（写真①～④筆者撮影）

ハチドウを示し、◯□は空のハチドウを示している。一九九一年五月五日現在、ニホンミツバチの入っているハチドウは一六本である。家周辺に設置しているハチドウは、コンクリート台の上に置かれ、ドウの上には雨よけのためのトタン屋根をのせ、その上に重しのブロックがのせてある。ニホンミツバチの出入り口は、ドウの下方部分に切り込みの出入り口を設けている。さらに、ニホンミツバチが出入りしやすいようにハチドウとコンクリート台との間に小木片をはさみ、出入り口としている。そのすき間は夏には広くとるが、秋は外敵のオオススメバチやキイロスズメバチが襲撃してくるので、狭くするようである。

小茂田さん所有のハチドウは、すべてスギ材が用いられている。対馬ではスギ材が豊富にあり手に入れやすく、材質が比較的柔らかくくり抜きやすいためである。スギ材は、自分の山のスギを伐採し、適当な大きさにとる。養蜂家によっては、ハチドウの材料には、スギ以外にケヤキ・タブ・ハゼノキ・ヒノキなどを使う人もいる。対馬でのハチドウは、木をくり抜いたドウが比較的多いが、最近は大工さんに注文製作した箱のドウもみられるようになった。小茂田さんの家の周りには、木をくり抜いたハチドウ（A型）が一五本、ハコドウ（B_1型）が六本置いてある。また、自宅より自動車で約八分の畑に隣接した山にも、ハチドウを置いている。ここには木をくり抜いいたハチドウが三本、ハコドウが一本である（写真①）。それらは、設置していたカラドウに自然にニホンミツバチが入り込んだものである。現在、設置してあるカラドウは、巣分かれ時にニホンミツバチが入ってくれることを期待して置いてある。山に設置するカラドウの管理は、ニホンミツバチの分封時期である四月から六月に行われる。その間は、二週間に一回程度ほどドウの点検と清掃を行う。この時期を過ぎれば、ニホンミツバチは分封することなくカラドウに入ることはないので、そのドウは来年までそのまま置きっぱなしにしておく。

(2) 分封

小茂田さんは、一九八一年より、所有しているハチドウを把握しやすいようにハチドウの表面にドウ番号、分封年月日、巣分かれしたハチドウの番号と何番目に巣分かれしたのか等をマジックで記入している。たとえば、3号のハチドウから分封が初めて行われた時、「一番分け」といっている。ハチドウの表面に3―1と書き込む方法をとっている。以下、次々とニホンミツバチが分封することを、小茂田さんは「二番分け」「三番分け」といっている。筆者は、小茂田さん所有のハチドウの表面に記載してある年月日の記録を書き写し、わかりやすいように図式化した。それが図②である。この図によって、小茂田さん所有のハチドウの過去一〇年間のニホンミツバチの分封状況を知ることができる。ニホンミツバチをドウに入れた順に番号を打ち、ニホンミツバチが入っているハチドウが駄目になった場合は、その番号は空き番号にし、分封で新たにニホンミツバチの一群を採取できたときは、その空き番号のハチドウに入れ込む方法をとっている。小茂田さんは長年の経験から、家周辺、山のどの場所に何番のハチドウを設置したか、いつ分封したのか、各ハチドウの状況などを番号をつけることですべて頭の中で整理して把握している。

一九八九年、小茂田さん宅の周辺に置いてあるハチドウからニホンミツバチが分封したのは二回である。一九八九年五月三日午前一〇時三〇分頃に7号より巣分かれした。巣分かれしたニホンミツバチはハチトリテボ（竹籠）で採集する。それをハチドウに入れ、18号と記載する。これを7号の「一番分け」とする。そのハチドウは、図に示した位置に設置する。その後、一九八九年五月一三日に7号よりまた巣分かれする。その「一番分け」を7号の「二番分け」とする。新たに設けたドウに「二番分け」したニホンミツバチの一群を入れて17号とする。これこの結果から一九八九年は、7号一本のハチドウより二回巣分かれしたことになる。「一番分け」から「二番分け」まで一〇日間かかっている。小茂田さんは、これは天候が悪い日が続いたためと考えている。天候がよければ、数日中に分封したであろうと述べている。

一九九〇年の分封は四回である。一九九〇年四月二七日午前一一時頃、7号のハチドウより巣分かれする（7号の「一番分け」）。採取したニホンミツバチをドウに入れる。このハチドウを10号とする。一九九〇年四月二七日午後一時、16号より巣分かれする（16号の「一番分け」）。採取したニホンミツバチをドウに入れ19号として据え付けたが、一九九〇年秋に19号のニホンミツバチは逃げてしまったようである。一九九〇年五月五日午後一二時頃に4号のハチドウより巣分かれする（4号の「一番分け」）。一九九〇年五月六日に7号のハチドウより巣分かれする（7号の「二番分け」）。

一九九一年に分封したハチドウは三本である。一本は、一九九一年五月二九日、1号のハチドウの「一番分け」で自宅の畑の隅のヤナギの木に止まったのを採取し、23号とした。他の二本の分封は、どのハチドウから巣分かれしたのか不明であるが、一群は山の方へ逃げてしまったようである。

分封がいつ行われるのかについては、小茂田さんによれば、雨上がりの晴れた日の無風状態の日が多く、午後一時頃までに行われるようである。分封の前の特徴は、ハチドウの下に巣の蓋（厚さ約〇・一五〜〇・二㎝）が落ちていることが多いようである。また、分封の数日前からニホンミツバチは、一日に数回ハチドウの入り口を活発に出入りするようになる。このような状況が見受けられれば分封は近いと養蜂家は判断する。小茂田さんはニホンミツバチが活発にハチドウを出入りする現象は、巣分かれで止まるところをみつけるための出入りとみており、集団での「分封訓練」といっている。

小茂田さんは、ニホンミツバチが分封して木の枝などに止まった時にニホンミツバチを採取する道具のハチトリテボ（竹籠）を五つ所有している（図③(2)）。ハチトリテボは単にテボともいわれている。ハチトリテボの表面はカヤで包み、さらに黒い布でおおっている。布の裾はやや長めにとってある。それは、分封時にハチトリテボの中にニホンミツバチを入れた後に裾をしぼり結ぶためである。巣分かれによって木に止まったニホンミツバチの一群を、素手でハチトリテボに入れ込む養蜂家もあるが、ハチトリテボの中にシャモジでゆっくりと入れ込む人が多い。ニホンミツバチを入れ込み、布の裾を結んだハチトリテボは、木陰になる枝に結わえぶら下げておく。夕方にカラドウを斜めにして、ドウの下の部分に紙箱をつぶした台紙を敷き、ハチトリテボに入っているニホンミツバチをカラドウの中にシャモジで入れ込む方法を行う。養蜂家の中には、カラドウが大きいとドウを容易に傾けるのが難しいので、ドウを斜めに傾けずにドウの上の口に直接ニホンミツバチの入っているテボをかぶせ、ハチトリテボの表面を掌で二〜三回たたいて、ニホンミツバチをドウの中に入れ込む人もあるようである。これは、険しい山の岩場などに据え付けてある大きなドウの場合であり、ドウを横に傾けるスペースがないために行われるようである。ハチドウには、ニホンミツバチの出入り口を下方部分に設けてあるが、さらに多くのニホンミツバチが出入りしやすいようにハチドウと石台の間に小木片か小石をはさんでニホンミツバチの出入り口をこしらえる人もいる。

小茂田さん所有の五つのハチトリテボは、一九八〇年から一九八三年までに製作したもので、その大きさは異なり、テボは分封の大きさに応じて使い分けされる。重量は五〇〇g、四五〇g、四〇〇gである。その重量は籠のふちにマジックで書かれている。ハチトリテボの重量を測定しておくのは、分封のニホンミツバチを採取後、テボに入っているニホンミツバチと一緒に測定し、総重量からハチトリテボを差し引いてニホンミツバチ群の重量をだすためであったらしい。そうした方法によって、巣分かれしたニホンミツバチの一群の測定を何回か行っている。長年の測定の結果では、「一番分け」のミツバチ群の重さは、一kgであり、「二番分け」のニホンミツバチ群の重さは、〇・五kgであった[14]。「三番分け」のニホンミツバチ群の重さは〇・二五kgから〇・三kgであった。かつては、分封の採集群の重量をノートに記載していたが、毎年測定しても、先に述べた値に大きな差がないためノートに記載しなくなったようである。これらのことから、巣分かれでは、同じハチドウから「一番分け」「二番分け」「三番分け」と分封の回数が増えるにしたがい、ニホンミツバチ群が小さくなることがわかる。小茂田さんは、「二番分け」の巣分かれをしたハチドウは、細心の注意で観察・管理をするようである。これは、一つのハチドウから何回も巣分かれすることは、ハチドウを絶やすことになるためで、分封後はハチドウを斜めに傾けて、巣の中を観察して、下方に小指大の巣（これは王台のことと思われる）があれば、つぶして殺してしまう方法をとるようである。

図②は、小茂田さん所有の家の周りに置かれているハチドウの関係を示すもので、いわばニホンミツバチの系図である。小茂田さんは、一九八一年よりハチドウの表面に号数を記入した。所有する二二本のハチドウの中で、長年を経て現存しているのは、一九九一年より設置している3号と5号の二本である（一九九一年現在）。しかし、一九九一年八月七日に調査した際には、5号のハチドウのニホンミツバチの出入りは少なく、小茂田さんは「フクロムシ」にやられたと推測している。3号、5号のように一一年間保持されているハチドウもあるので、いったいどれだけの寿命があるのか疑問に思われるが、このことについては、小茂田さんもわからないようだ。年に

図②　小茂田勝實さん所有のハチドウ数と分封状況

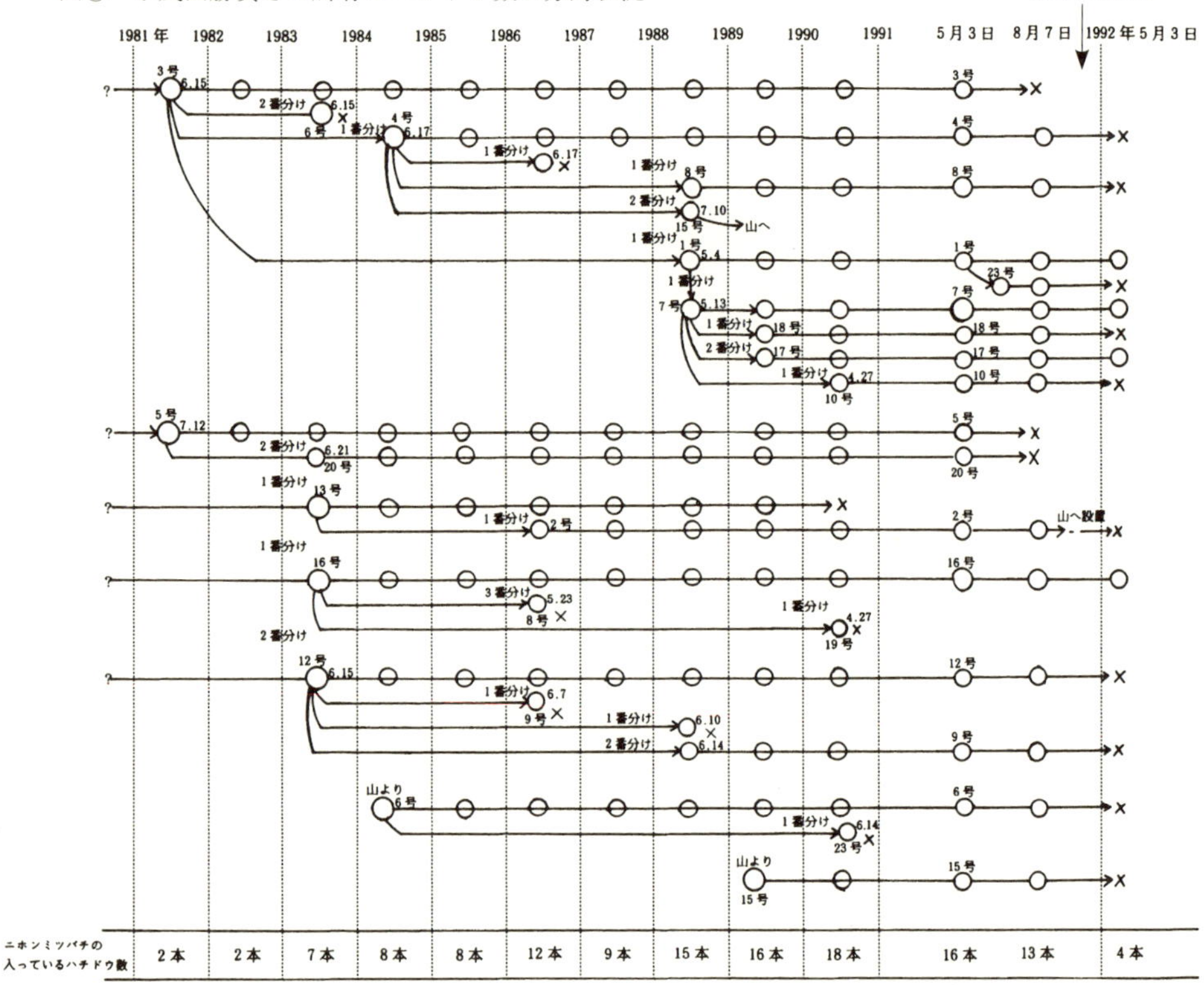

○：　ニホンミツバチの活動のあるハチドウ
×：　ニホンミツバチの活動がなくなったハチドウ

よっては、一つのハチドウから巣分かれが三回行われたケースもある。いっぽう、分封をしないハチドウもある。また、フクロムシと呼ばれる外敵にやられることもあるようである。このようなことから、ハチドウ数は必ずしも着実に増加するものでもない。図②の関係図の中で示してあるように、一九八八年の分封で1号（3号の「一番分け」）、7号（1号の「一番分け」）のように連続して巣分かれすることがあり、これを小茂田さんは「孫分け」といっている。これは巣分かれの際に女王バチがもう一匹混じっていて、一度入れ込んだハチドウから、もう一匹の女王バチが九日後に巣分かれしたのであろうと小茂田さんは推測している。「孫分け」の現象は比較的少ないようである。

分封は、図②からわかるように五月から六月を中心におこる。小茂田さん所有のハチドウの、一九九一年五月現在に生息するニホンミツバチ群の出自関係は、以下のとおりである。1号、10号、18号、17号、7号、8号、4号、3号は出自を同じくするという意味で類縁関係にあることがわかる。他には16号、12号、9号も一つのグル

表①　小茂田勝實さん所有の
ハチドウ形態(1)

自宅の周辺に設置したドウ

番号	直径／高さ(cm)	形　態	方向
1号	49／75	○ A型	東
2号	42×40／70	□ B_1型	南
3号	48×35／74	⬭ A型	南
4号	46×38／76	⬭ A型	東
5号	44×40／74	⬭ A型	東
6号	45×40／64	⬭ A型	東
7号	40／75	○ A型	東
8号	42×42／73	□ B_1型	南
9号	38／75	○ A型	南
10号	42／76	○ A型	東
11号	該当なし		
12号	44×28／70	⬭ A型	南
13号	45×45／84	□ B_1型	
14号	該当なし		
15号	38×34／73	⬭ A型	南
16号	上37・下44／77	○ A型	南
17号	27×27／75	□ B_1型	東
18号	43×46／71	□ B_1型	東
19号	41×41／74	□ B_1型	南
20号	28／73	○ A型	東
21号	該当なし		
22号	該当なし		
23号	41／76	○ A型	東
外	24／72	○ A型	

山に設置したドウ（古屋原）

番号	直径／高さ(cm)	形　態	方向
①	26.8×26.8／74	□ B_1型	南
②	29×29.3／75	□ B_1型	南
③	32／76	○ A型	南
④	44×40／69	⬭ A型	南
⑤	26.4×27／74	□ B_1型	南
⑥	40／62	○ A型	南
⑦	23×29.5／74	□ B_1型	南
⑧	23×29.2／74	□ B_1型	南
⑨	23×27／74	□ B_1型	南
14号	32／74	○ A型	南
15号	45／66	○ A型	南
21号	27×27／74	□ B_1型	南
?号	43×47／68	⬭ A型	南
⑩	33／74	○ A型	南西
⑪	35.5×33／74	□ B_1型	南西

※カラドウには号番号は書き入れないが、
①～⑪は便宜上番号を記載した

表②　小茂田勝實さん所有のハチドウ形態(2)

自宅の周辺に設置したドウ　　　　**山に設置したドウ（古屋原）**

	番号	使用年月日／分封ドウ（番分け）			番号	使用年月日／分封ドウ（番分け）
◎	1号	1988.5.4／3-1（3号の一番分け）				
○	2号	1986.5.9／13-1（13号の一番分け）				
○	3号	1981.6.15				
○	4号	1984.6.17／3-1（3号の一番分け）				
○	5号	1981.7.12				
○	6号	11号 1983.6.15／3-2（3号の二番分け）×になりドウを山に 1984.5.22 古屋原の山で入り持ち帰る				
◎	7号	1988.5.13／（佐伯）1-1（1号の一番分け）	⇐	×	7号	1986.6.17／4-1（4号の一番分け）1キロ（ミツバチ）
○	8号	1988.5.4／4-1（4号の一番分け）				
◎	9号	1988.6.14／（佐伯）12-2（12号の二番分け）				
○	10号	1990.4.27／7-1（7号の一番分け）				
	11号	空番号		×	11号	1982.5／4-2（4号の二番分け）虫にやられる
				×	11号	1988.6.10／12-1（12号の一番分け）虫にやられる
◎	12号	1983.6.7／7-2（7号の二番分け）				
×	13号	空番号（1990年春に虫にやられ現在使用せず）				
	14号	空番号	⇒	○	14号	1988.6.6／当場所で自然に入る
○	15号	1989年春 山に置きドウに入れる →自宅に持ち帰る		◎	15号	1988.7.10／3-2（3号の二番分け）
○	16号	1983.5.31入れ、6.5に逃げる／7-1（7号の一番分け）				
○	17号	1989.5.13／7-2（7号の二番分け）				
○	18号	1989.5.3／7-1（7号の一番分け）				
×	19号	1990.4.27／16-1（16号の一番分け）逃飛				
○	20号	1983.6.21／5-3（5号の三番分け）				
	21号	空番号	⇒	×	8号	?年5.23／16-3（16号の三番分け）0.7キロ（ミツバチ）
				○	21号	1990年春 当場所で自然に入る
	22号	空番号	⇒	×	22号	1983.6.22／10-1（10号の一番分け）
				○	22号	1989年春 当場所で自然に入る
×	23号	1990.6.14／6-1（6号の一番分け）その日逃飛				

ミツバチの活動状況　◎：活動活発　○：活動あり　× 活動なし　　　1991年5月5日現在

ープになる。20号、5号も一つとなる。15号、2号、6号は単独グループとなる〔15〕。ただ、これらグループの当初の蜂群の間に出自を同じくするものがあったのか、もともと別の蜂群であったのかは小茂田さんも記憶していない。

(3) 採蜜

採蜜は一〇月中旬の朝から夕方のミツバチの活動が不活発な時間に行われる。ハチドウの上蓋をとり、タバコの煙を吹きかけハチドウの下方にミツバチを降ろしミツトリの道具（図③）で巣を切り取り、ハチドウの中の上から約三分の一の巣板から採蜜する。残りの蜜はニホンミツバチの越冬のために残す方法がとられる。蜜を採取するハチドウの本数は一日に三～四本であり、小茂田さん所有のハチドウのすべてを採蜜するのに約五日間かかるようである。小茂田さんは、どのドウでどれだけ採蜜量があったか記録していないが、総採蜜量は記録しており、一九八九年は約二斗（ハチドウ二〇本分）、一九九〇年は一斗九升六合（ハチドウ一三本分）であり、一九八九年と一九九〇年では、採蜜量はわずかに異なるが、ほぼ等量を採蜜している。一九九〇年の内訳は以下のとおりである。一九九〇年一〇月一四日の家の周りの採蜜量は四升六合（ハチドウ四本分）、一九九〇年一〇月一五日の採蜜量は五升（ハチドウ四本分）である。一〇月一六日の山（古屋原）に設置しているハチドウからの採蜜量は、八升（ハチドウ四本分）である。また、自宅の14号一本のハチドウの採蜜量は、二升である。

小茂田さん宅では採蜜をこれまで毎年行ってきたが、一九九一年の秋の採蜜は行わなかった。それは一九九一年は長雨が続いて、天候の悪い日が続いたためである。なかでも九月二七日から二八日には台風第19号が九州・中国地方を襲い、大きな被害をもたらした。このため、ハチドウの表面を叩いたとき、その音が軽く、各ドウともニホンミツバチの採蜜状況が悪かったため採蜜を見合わせたのである。

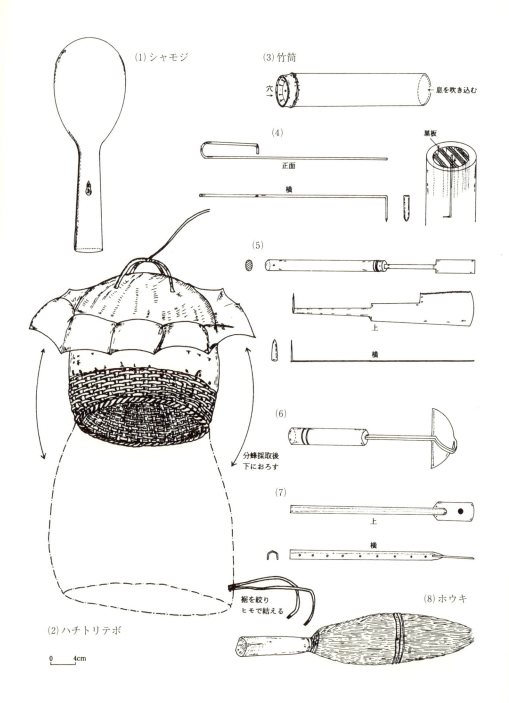

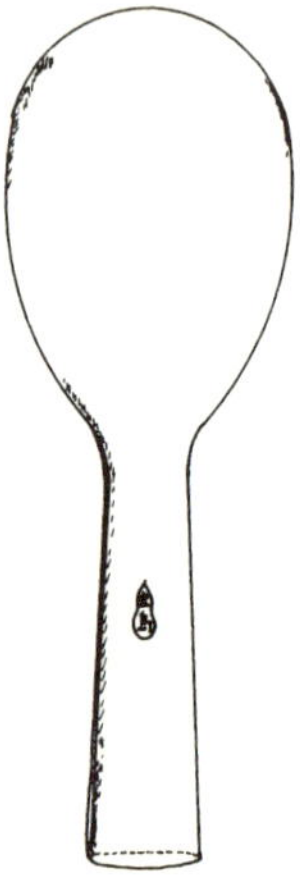

(1) シャモジ

(3) 竹筒

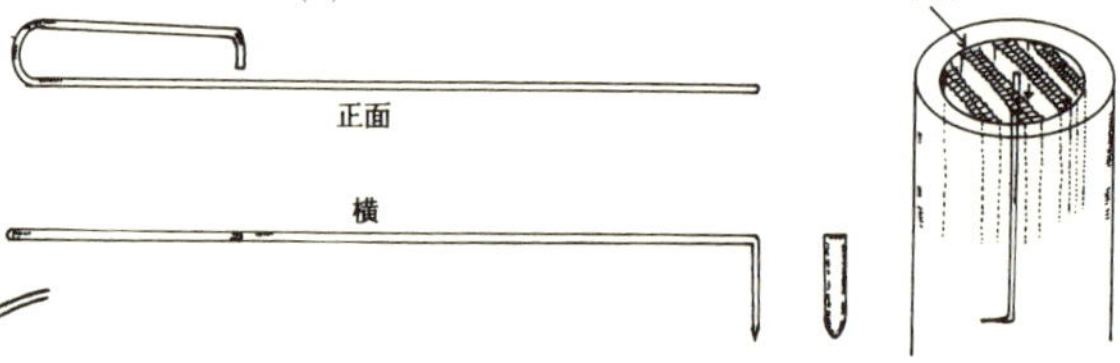

(4)

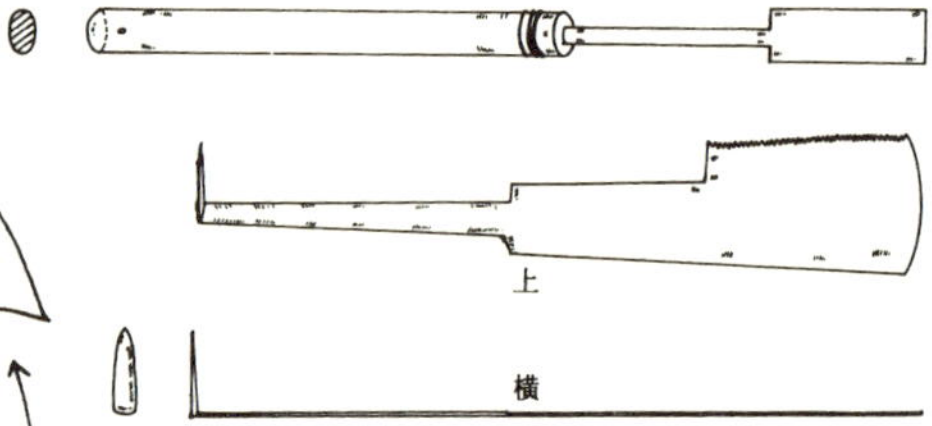

(5)

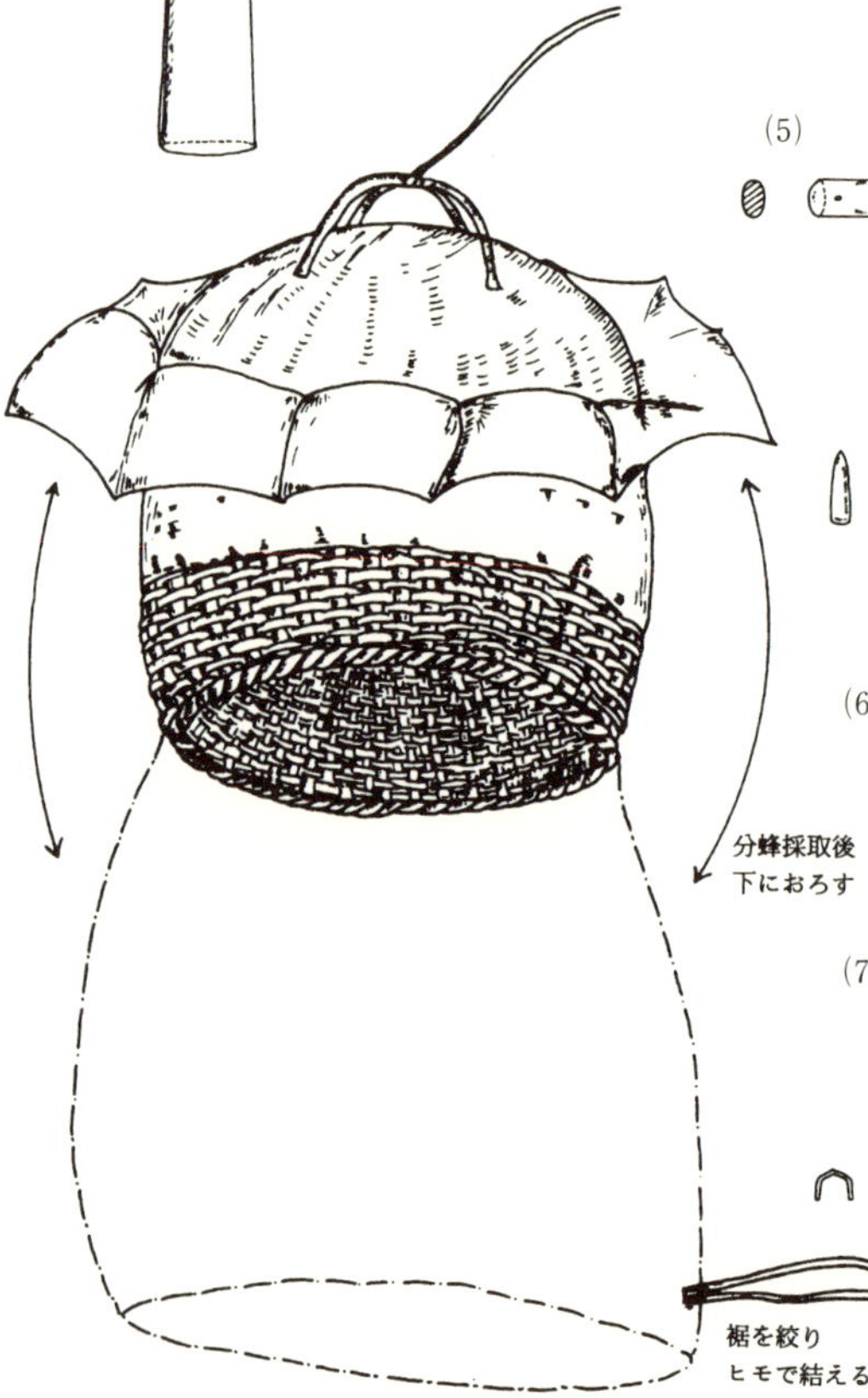

(2) ハチトリテボ

0 4cm

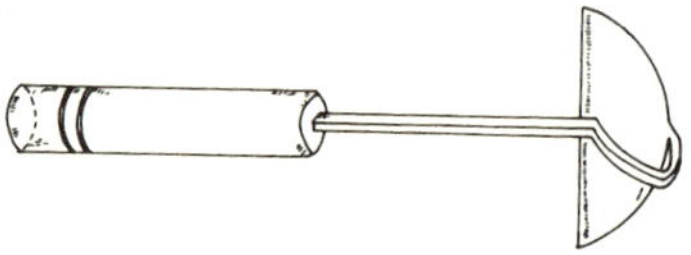

(6)

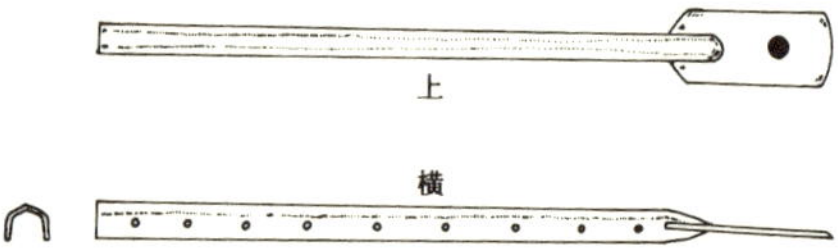

(7)

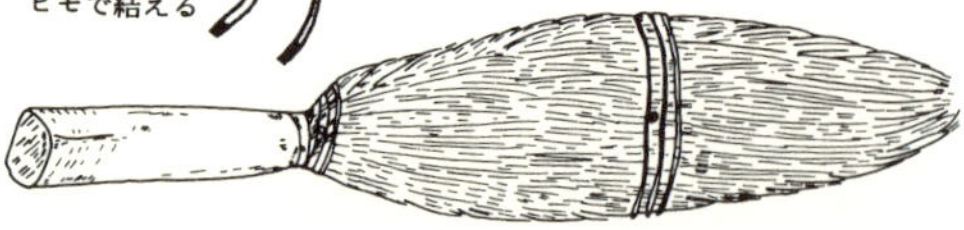

(8) ホウキ

四　長崎県対馬地方と中国山地の養蜂の比較

長崎県対馬と西中国山地地方では、ニホンミツバチの伝統的な養蜂が行われている。二つの地域の養蜂をドウの形態、分封時のニホンミツバチの採取方法、ドウの設置場所などから比較してみたい。両者の養蜂には共通点と相違点がある。養蜂に使用する巣箱の呼称が異なり、対馬ではニホンミツバチの巣箱をハチドウと呼び、西中国山地はミツドウと呼んでいる。

ドウの形態は、西中国山地地方の山地帯は対馬地方と同じくスギ材をくり抜いた円筒型が主流である（A型）。西中国山地地方の低地帯では、板材を使用した箱型を積み重ねたドウ（B2型）が広く使われており、長方体型（B1型）のドウも一部にみられる。詳細に分類すると、長方体型のドウは、石台に設置したものや、アリ対策で軒下にぶら下げたものもある。一方、対馬ではスギ材をくり抜いたドウ（A型）がいたるところで使われており、最近になって長方体型も見られるようになったようである。ただし、軒下にぶら下げる方法をとっている養蜂家はいないようである。また、筆者は対馬で箱筒積み重ね式のハチドウ（B2型）をみることはなかったが、ある養蜂家の情報によれば、最近はこの型のドウを使用する人が何人かあらわれたようである［16］。ハチドウの大きさは、養蜂家によって個人差がある。

つぎに対馬のハチドウと西中国山地地方のミツドウの典型的なものを挙げると、対馬のハチドウ（A型）は、直径約四五cm×高さ約六六・七～七五・八cmである。その木をくり抜く部分の大きさは、内径約一八・二～二一・二cmである。長方体型のハチドウ（B1型）は横約二三cm×縦約二九cm×高さ約七四cmである。いっぽう、西中国

図③　小茂田さんが養蜂で使用する道具
(1) 分封時にハチトリテボにニホンミツバチを入れる際や、ハチトリテボよりハチドウにニホンミツバチを入れる際に使用する道具
(2) 分封のニホンミツバチの一群を採取する道具
(3) 採蜜時にハチドウの中に息を吹き込む道具
(4) 採蜜時に巣を切り取る道具
(5) ドウの内側に付いている巣を切り離す道具
(6) ハチドウの下を清掃する道具
(7) ハチドウを駄目にした時、巣、蜜をこすり落とす道具
(8) ニホンミツバチをドウの下から中へ入れる際に使用する道具（材料はシュロの木の皮）

山地地方のミツドウ（A型）は直径約三一cm×高さ約七五cm、内径は約二〇cm前後である。カクドウ（B_1型）は横二四cm×縦二四・五cmである[17]。このことから、A型のドウでは、対馬が原木の大きいものを使用しているが、木をくり抜く内径の部分の大きさは、両地方ともほぼ同じであることがわかる。B_1型は西中国山地地方のドウの高さはやや高いが、ドウの大きさには大小あり、両地方ともほぼ同じ大きさであることがわかる。両地方の養蜂家によれば、ドウの中の空間があまり大きいと一年間では巣板をドウの中一杯につくることができなく適さないとしている。

分封時のニホンミツバチを採取する道具にも相違がみられる。対馬では巣分かれしたニホンミツバチの一群を入れ込む道具にハチトリテボと呼ばれる竹で編んだカゴが使用される。採取したニホンミツバチをドウの中に入れる時は、ドウの下方よりシャモジで入れる方法がとられる。西中国山地地方では、ウッポウと呼ばれる藁で編んだオワン型の入れ物に、巣分かれしたニホンミツバチの一群をヨモギなどの植物を使って入れ込む。それをそのままドウの上にかぶせ、そのままの状態にしておく。また、箱筒の積み重ね式のハチドウでは、上段の立方体型の箱に分封したニホンミツバチを入れ込み、その入れ込んだ箱を一段目として石台の上に設置し、一段目の箱の蜜が一杯になれば箱筒を下に入れ込んで足していく方法がとられる。

ドウの設置場所については、対馬では家の周りはもちろんのこと遠方の山奥やけわしい岩場にも設置する。西中国山地地方では自宅から離れた山に置くことはない。それは西中国山地にはツキノワグマ・テンが生息しており、それら動物がミツドウを襲うからである。だから家周辺にしか置かない。西中国山地の広島県側ではよくツキノワグマが出没するため、養蜂をやめる人も現れた。対馬では一軒あたりの所有するハチドウが多く、養蜂家によっては数十本も持ち、家周辺や遠方の山に置いている人もいる。ハチドウを遠方の山に置くときは、盗難のおそれもあるので、ハチドウの表面に屋号を書く人もある。西中国山地では、一軒あたりの所有するミツドウ数がわずかであり、管理しやすい家周辺にしか置かないのが特徴である。

対馬、西中国山地地方の伝統的養蜂の共通点は、ニホンミツバチの分封時期で、その年の天候状況により若干違うが、春先の五月から六月に集中している。また、採蜜時期は中国山地の広島県双三郡作木村では六月に採蜜を行うが、西中国山地地方、対馬ともに九月から一〇月である[18]。両方ともハチドウの上三分の一をとり、三分の二はニホンミツバチの冬越しの食物として残す方法がとられる。

ここで両地方での採蜜量の比較をしてみることにする。拙論「西中国山地における伝統的養蜂」（本書第二章）で述べた島根県鹿足郡柿木村の村上さんのデータで比べることにする。村上さんは、一九九〇年、一三本の採蜜を行い採蜜量は一斗七升（三〇・六ℓ）であった。ミツドウ一本あたりの平均は二・三五ℓ（A型とB1型のミツドウの合わせた収量の平均）であった。対馬の小茂田さんの場合の採蜜量は先にデータを報告したが、一九九〇年は一斗九升六合（三五・二八ℓでハチドウ一三本分）であり、一本のハチドウの採蜜量は、平均二・七ℓとなる。対馬地方の採蜜量は西中国山地地方と比べてやや多いが、採蜜量は養蜂家の裁量によって違いがでるため、ここでは一般的な多少を判定することはできない。しかし、両地方とも、好条件であれば相当量の採蜜が可能であるといえる。小茂田さん宅の14号一本のハチドウの採蜜量は二升もあり、採蜜量が多いハチドウもあることがわかる。

対馬、西中国山地の両地方では、分封の際には巣分かれしたニホンミツバチの群れに水をまき、バケツをたたけば群れは低いところに止まるとされている。水をまくことは、現在でも両地方で行われている。対馬の仁田のある養蜂家は家の裏山に大きなハチドウを置いている。ハチドウの最も大きいものは、ドウの直径約五〇cm、高さ七四・五cm、穴の直径約二四・五cmである。ハチドウの近くにはいつでも水をまけるようにホースを用意している。

対馬でのニホンミツバチの訪花植物を筆者のニホンミツバチの観察と聞き書きから報告すると、次のようになる。一九九二年五月三日対馬の佐護のバス停近くに植えてあるツツジ類（キリシマと思われる）に、多くのニホンミツバチが採蜜を行っているのが観察できた。さらに、主要な訪花植物を直接の観察から述べると、ネギ坊主、ナノハナ、カラスノエンドウ、ゲンゲなどである。わずかに、ダイコンの花、シロツメクサから採蜜しているのが観察できた。また、水田の岸に生えていたギシギシの葉にニホンミツバチが何匹もついていて、葉をかじるのが観察できた。対馬には蜜源植物が豊富にあり、蜜源が多いことからニホンミツバチの養蜂に適しているといえる。

五　まとめ

長崎県対馬のニホンミツバチの生息状況は、養蜂業者への聞き書きと訪花植物にくるミツバチの観察から知ることができた。その結果、対馬はニホンミツバチの生息が多くみられたが、セイヨウミツバチの生息は確認できなかった。このことからニホンミツバチだけの生息であると断言はできないが、相当数のニホンミツバチが生息していることはいえる。そこで筆者は、対馬近くにある壱岐島にニホンミツバチがどのくらい生息しているか、また、ニホンミツバチの養蜂家がいるのかといったことを明らかにするために、一九九二年五月四日より二日間、壱岐島でも調査を行った。

壱岐島は、福岡より壱岐郷ノ浦まで七六㎞の玄界灘に浮かぶ島である。総面積一四〇㎢で四か町からなる。筆者は訪花植物であるゲンゲにくるミツバチの観察からはじめた。ゲンゲ畑には、セイヨウミツバチが多く観察され、数匹のハナアブ類・ニホンヒゲナガハナバチ〔19〕も観察できた。しかし、今回の調査で壱岐島では、ニホンミツバチが一匹も確認できなかった。また、ニホンミツバチの養蜂家はひとりもいなかった。壱岐島ではイチゴとメロンの温室栽培が盛んであり、その栽培受粉にはセイヨウミツバチが利用されている。壱岐島の国分というところで温室栽培を行っている人から、温室栽培で利用するセイヨウミツバチについての聞き書きと、イチゴのハウス栽培を見学できた。また、壱岐農業協同組合からもミツバチについての情報を得た。

壱岐島でのイチゴ栽培農家は五〇戸、メロン栽培農家は一一七戸である（一九九二年現在）。その栽培農家は長崎県佐世保の養蜂業者よりセイヨウミツバチを箱ごと借り受けている。セイヨウミツバチはメロンの交配のために五月から二週間借り受けられ、温室面積一〇アールに一群（一箱）を入れる。また、イチゴの交配では、セイヨウミツバチを一一月より三月まで借り受け、一〇アールに二群（二箱）を基準に入れている。セイヨウミツバチをメロンとイチゴの温室に入れる期間の違いは、イチゴの方が開花する花の数が多く期間が長いことから長期間となるのである。養蜂業者からのミツバチの借り受けは、昭和六〇年頃から水田転作でイチゴやメロンの温室栽培が始まったことで行われるようになったようである。このことから少なくとも温室栽培戸数だけのセイヨウミツバチ群が、壱岐島に生息することになる。農家によっては一軒で四箱も借りる人もある。壱岐では予想以上にセイヨウミツバチの生息数が多いことになる。セイヨウミツバチの方がニホンミツバチより強いので、壱岐島ではニホンミツバチの入り込む余地がないと考えられる。

今回、対馬の養蜂について、小茂田さんから多くの知識を得ることができた。まず、伝統的な養蜂の全体を把握することができた。また、過去一〇年間の分封状況も知ることができた。小茂田さんは、父から得た昔ながらの伝統的な養蜂技術に、ハチドウを把握するためハチドウの表面への番号記入、分封日などの記入といった自ら考えた新しい方法を加えていて、伝統技術というものが日々更新するということを示していて実に興味深い。さらに、細かくいえば、小茂田さんはよくニホンミツバチを観察しており、ハチトリテボにより分封したニホンミツバチの一群の重量を測定していた。また、ハチドウの下の石台の上に巣の蓋が落ちていれば分封が近いといったことなども、ニホンミツバチの民俗と生態をめぐる興味深い観察である。長年のニホンミツバチの飼育によりニホンミツバチの習性・生態を知り尽くしているといえる。どの時期に分封するのかや、同じ年に一つのハチドウから二回分封することもわかった。

長崎の対馬に多くの養蜂がみられるのは、島でありながら豊富な訪花植物があるからにほかならない。対馬は島でありながら森林地帯を形成し、スギ材が容易に入手できる点も見逃せない。また、対馬と同じ形態のハチドウが韓国［20］にも存在しており、かつては韓国との交流があったことからも韓国からの養蜂の伝播も今後想定しなければならないかもしれない。対馬と壱岐島が異なる点も興味深い。

　西中国山地地方の木をくり抜いたA型のミツドウの形態は、対馬の木をくり抜いたハチドウの形態と同じであるが、前者ではミツドウを山へ設置するのはツキノワグマやテンという外敵があり、難しい。後者では山へのハチドウの設置が多くなされ、蜜をねらう外敵の動物がみられないことからも、対馬がニホンミツバチの養蜂に適しているといえる。

ミツドウの変遷過程を考えるとき、養蜂と焼畑とは密接な関連があるようにも思われる。西中国山地地方で、ミツドウの最も古いタイプと思われるA型の分布地域と焼畑が行われていた地帯とが重なりあうことは、拙論「西中国山地における伝統的養蜂」（本書第二章）ですでに指摘した。対馬での養蜂と焼畑の関連は、今回の調査では明らかにすることができなかったが、城田吉六は『対馬の庶民誌』の中で、対馬では水田・畑が少なく、焼畑農耕の木庭（コバ）づくりが広く行われていたことを述べている［21］。焼畑ではソバがつくられている。対馬でも養蜂と焼畑との密接な関連があるように思われる。これについては、今後は、対馬、西中国山地地方の継続した調査と他の地域との比較が必要となる。また、韓国の伝統的養蜂との関係も明らかにしたい。

［1］「巻二十四・皇極天皇」宇治谷孟『全現代語訳 日本書紀』下巻、講談社学術文庫、一九八八年。

［2］坂上昭一『ミツバチのたどったみち』思索社、一九七〇年、二四〇〜二四三頁。

［3］宅野幸徳「西中国山地における伝統的養蜂」『民具研究』96号、日本民具学会、一九九一年、一〜一六頁（本書第二章）。

［4］澤田昌人「ヒト―ハチ関係の諸類型―ニホンミツバチの伝統的養蜂―」『季刊人類学』17巻2号、講談社、一九八六年、六一〜一二五頁。

［5］原道徳「十津川村のニホンミツバチ」『ミツバチ科学』8巻1号、玉川大学ミツバチ科学研究所、一九七八年、一一〜一六頁。

［6］越智孝「愛媛のニホンミツバチ」『ミツバチ科学』6巻1号、玉川大学ミツバチ科学研究所、一九八五年、三一〜三八頁。

［7］対馬自治連絡協議会『つしま百科』一九八七年。

［8］大坪藤代「対馬の和蜂の養蜂今昔」『ミツバチ科学』11巻2号、玉川大学ミツバチ科学研究所、一九九〇年、五九頁。

［9］陶山訥庵『津嶋紀畧（乾）』元禄年間（長崎県立図書館蔵）。

［10］『増訂 對馬島誌』名著出版、一九七三年、三〇〇頁。

［11］大坪藤代・宮川金二郎「対馬におけるニホンミツバチの養蜂とその蜜蜂」『伝統食品の研究』№6、日本伝統食品研究会、一九八八年、二〇〜二八頁。大坪藤代「対馬の和蜂の養蜂今昔」（注［8］前掲論文）五九〜六二頁。

［12］同右。

［13］フクロムシとはスムシのことでハチノスツヅリガの幼虫である。

［14］ニホンミツバチの働きバチ一匹の平均重量が約九〇mgである。この数値から一群当たりのニホンミツバチの数を算出すると以下の数値となる。一番分けが一kgで、一群当たりのニホンミツバチの数は約一万一〇〇〇匹となる。二番分けが〇・五kgで、約五五〇〇匹となる。岡田一次は、『ニホンミツバチ誌』（私家版、一九九〇年、三三頁）のなかでニホンミツバチの一群あたりの蜂群数を五〇〇〇〜二万匹として記載している。

［15］岡田一次は『ニホンミツバチ誌』（私家版、一九九〇年、四一頁）の中で「親子二代の同型分蜂」として親子二代の分蜂が、蜂球のつく位置、行動の諸点において「瓜二つ」であったとして写真入りで紹介している。

［16］杉本和永「対馬の蜂洞」『ミツバチ科学』10巻3号、玉川大学ミツバチ科学研究所、一九八九年、一二一〜一二四頁。吉田忠晴「対馬におけるニホンミツバチの採蜜」『ミツバチ科学』11巻2号、玉川大学ミツバチ科学研究所、一九九〇年、六三

〜六六頁。上記二編の論文の中で、箱筒を積み重ねた「角重箱型」を写真入りで紹介している。

[17] ハチドウの大きさは、対馬は小茂田さん所有のハチドウ、西中国山地地方は、筆者がすでに発表している「西中国山地における伝統的養蜂」（本書第二章）の中で述べている柿木村の村上さん所有のハチドウのデータを使った。

[18] 筆者の調査によれば採取時期は、西中国山地周辺の島根県柿木村、三隅町、弥栄村では九月から一〇月である。広島県作木村では六月に採蜜を行っている。奈良県十津川村では六月から七月に採蜜を行う。熊野地方は六月から八月初旬までに採蜜を行う。地域により採蜜時期が異なる。

[19] サンプルは玉川大学ミツバチ研究所の吉田忠晴先生により同定していただいた。同定の結果はニホンヒゲナガハナバチであった。筆者の調査によれば、壱岐島のゲンゲ畑では主にセイヨウミツバチが観察でき、わずかにニホンヒゲナガハナバチも観察できた。ニホンヒゲナガハナバチは、体長一・三〜一・四cmで胴体が丸く、全体が黒色である。静止状態では、羽根を重ね合わせるのが特徴である。ニホンヒゲナガハナバチは警戒心が強く、ゲンゲ畑での採蜜時に偶然にニホンミツバチと出会うとすぐ逃げる。また、人間がカメラのレンズを近づけて撮影を行おうとするとすぐに逃げてしまう。

[20] 原淳「蜜蜂今昔」『虫の日本史』新人物往来社、一九九〇年。この中で対馬のハチドウが韓国にもあることを写真入りで紹介している。一四六頁参照のこと。

[21] 城田吉六『対馬の庶民誌』葦書房、一九八三年。

＊謝辞――長崎県対馬のニホンミツバチの調査では多くの養蜂家の方々にお世話になった。なかでも小茂田勝實さんには養蜂の調査において面倒な質問にも快く答えていただいた。また、小茂田さんの家族の方々にも大変お世話になった。お礼を申し上げる次第である。玉川大学のミツバチ研究所の吉田忠晴先生には壱岐島で採取したニホンヒゲナガハナバチを同定していただき、さらにはニホンミツバチに関する資料をお送りいただいた。心からお礼申し上げる。国立歴史民俗博物館の篠原徹先生には、草稿に目を通していただき、数多くのご助言をいただいた。ここに深く感謝の意を表す。

第四章　紀伊山地地方の伝統的養蜂

一　はじめに

日本に生息するミツバチには二種ある。和蜂といわれる在来のニホンミツバチと洋蜂といわれるセイヨウミツバチである。二種のミツバチはどちらも社会性昆虫であり高度な分業化した社会を作っていて、女王バチ、働きバチ、雄バチからなっている。セイヨウミツバチは一般にテレビなどで採蜜風景がよく紹介されることで知られている。セイヨウミツバチは明治一〇年（一八八七）にアメリカから日本に導入され管理しやすいことから主流となった。セイヨウミツバチの導入以前はニホンミツバチの養蜂が西日本を中心に各地で行われていた。在来のニホンミツバチは、今日でも長崎県対馬、中国地方、四国地方および紀伊半島の山間地帯で盛んに飼養されている。

紀伊山地地方は、ニホンミツバチの伝統的養蜂が広く行われている。筆者は一九九三年から一九九五年の三年間奈良県十津川村を中心としてニホンミツバチの伝統的養蜂調査を行い、さらに調査範囲を広げて、和歌山県東牟婁郡本宮町・熊野川町・新宮市・那智勝浦町・古座川町・古座町・串本町、西牟婁郡中辺路町・すさみ町・大

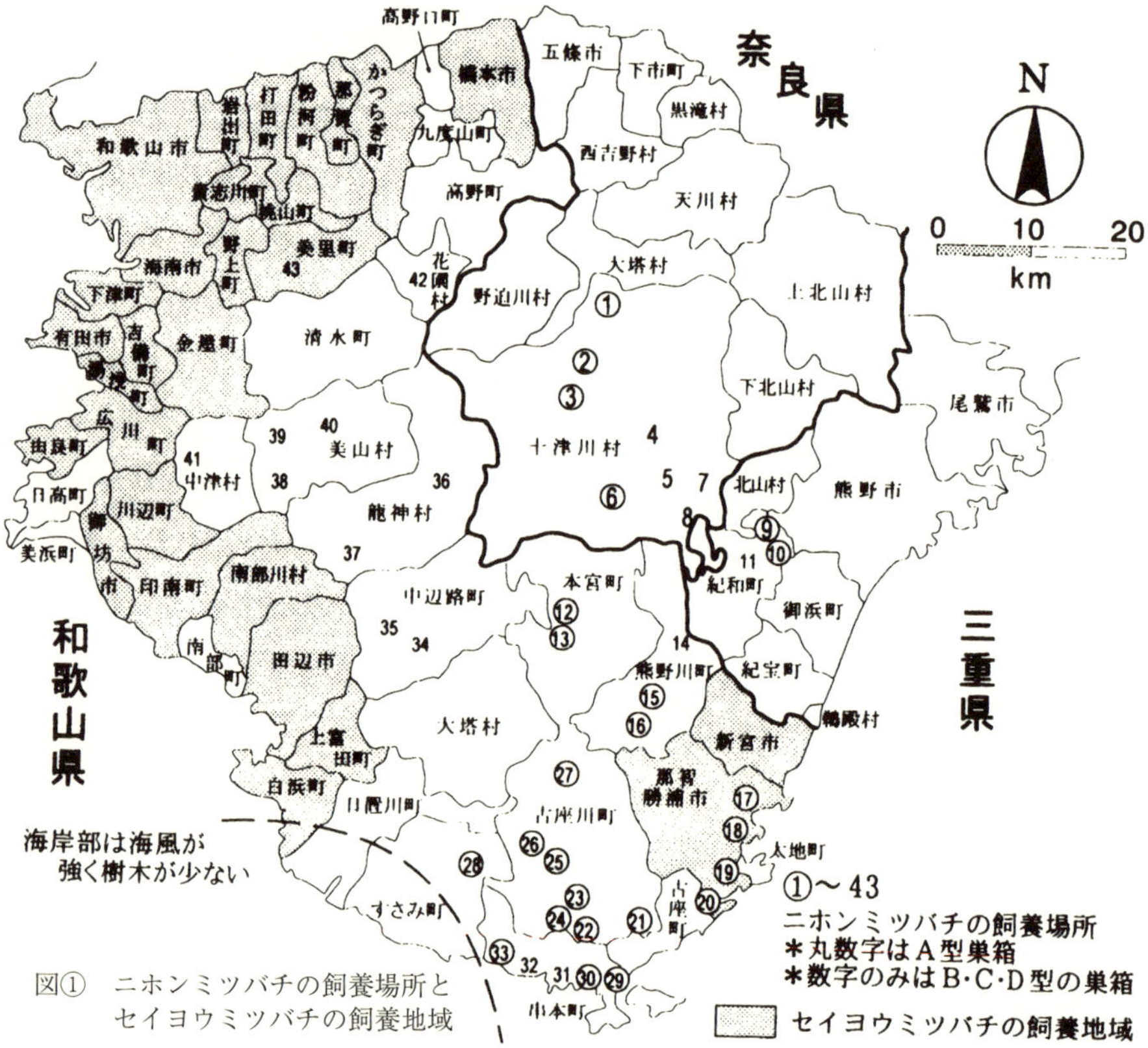

図①　ニホンミツバチの飼養場所と
セイヨウミツバチの飼養地域

塔村・田辺市、日高郡美山村・龍神村・中津村・御坊市、有田郡清水町、伊都郡花園村、海草郡美里町・野上町などの紀伊山地全域の調査を行った。調査内容は在来のニホンミツバチの養蜂家の飼養群数、巣箱の形態の種類と材質、巣箱の名称、分封時期、ニホンミツバチの採取方法、採蜜時期、採蜜量、ニホンミツバチの外敵であるスズメバチの名称、蜜源植物、清掃時期、ミツバチに関する俗信などである。また、筆者は合わせて和歌山市周辺のセイヨウミツバチの養蜂についてもニホンミツバチと対比しながら調査を行ってきた。

筆者は現地に直接に出向き聞き取り調査と実際の観察による方法によって養蜂の全体像を明らかにしたいと思った。図①は紀伊山地全域のニホンミツバチとセイヨウミツバチの飼養分布をまとめたものである。ニホンミツバチの飼養は筆者が直接見て確認して記録したものである。一方、セイヨウミツバチのデータは、和歌山県農林水産部畜産課がまとめた「みつばち飼養群数の分布」（一九九四年）の統計資料を基に書き入れたものである。この図からは、紀伊山地全域におけるニホンミツバチとセイヨウミツバチの飼養状況がよくわかる。詳細な説明については後述することにする。

二　奈良県十津川村地方の養蜂

十津川村は、和歌山県・三重県に接する奈良県の南端にあり、紀伊山地の中央に位置する。村の広さは南北三三・一km、東西三三・四kmで、奈良県の約五分の一の面積で、日本で最も大きな村である。十津川村では、ニホンミツバチの飼養が全域で行われており、この村に隣接する町村の本宮町・熊野川町・紀和町・中辺路町・龍神村においてもニホンミツバチの養蜂が行われている。一方、セイヨウミツバチは十津川村では飼養が行われていない。

筆者は、一九九三年から一九九四年の二年間は奈良県十津川村にしぼりニホンミツバチの飼養調査を行った。その調査から、奈良県十津川村ではニホンミツバチの養蜂家数八四戸、蜂群総数一七四群であることが確認できた。一軒の飼養群数は少ないが、十津川村でのニホンミツバチの飼養は広範囲であることがわかった。

十津川村平谷に住むある養蜂家A氏は数十年前から養蜂を行っており、最初に彼の養蜂方法について述べる。ニホンミツバチの巣分かれは、年により時期が多少違うが、一般に春先の四月から五月下旬までに起こる。A氏は巣分かれ時期に「マチウト」と呼ばれる空の巣箱を据え付ける。「マチウト」とは、養蜂家が巣分かれのニホンミツバチの群れが直接に入ってくれるのを期待して、岩場の下や大きな木の下に据え付ける空のドウのことである。A氏によれば「マチウト」を据え付ける最もよい場所は風があまり強く当たらない場所としている。また、分封群を採取するのに、養蜂家の中には桜や杉の皮の表面を内側にして作った笠に竿をつけたものを木の枝に置く方法をとるものもある。これは巣分かれのニホンミツバチの一群が、その木の皮の表面に止まることが多いために養蜂家が用いている。

A氏は採蜜を六月に行う。十津川村の養蜂家の採蜜時期は六月から八月下旬までである。A氏は巣箱の中の蜜の三分の二を採り、残りの蜜はニホンミツバチの冬越しの蜜として残す方法をとる。一〇月になり、働きバチの腹が小さくて黒くなっていれば、ニホンミツバチがあまり蜜を採っていないと判断して、養蜂家が考案して独自に作った蜜を入れる器（弁当型容器）をウト（木をくり抜いた円筒型のドウ）の中や近くに置き、蜜の補給を行う。ニホンミツバチの腹が大きくて赤みを帯びていれば、働きバチが蜜を多くとったと判断して補給を行わない。

A氏は蜜の補給量には充分に気をつけている。それは、あまり蜜の補給を行いすぎると春のニホンミツバチの活動が悪くなるからである。そのため、養蜂家はニホンミツバチの状況をよく観察する。春になれば、ニホンミツバチは蜜源植物に採蜜に行くので、A氏は蜜の補給を遅くても四月にはやめる。補給蜜は、ザラメと巣のカスを湯で沸かしてつくる。A氏はニホンミツバチが補給用の蜜を採る時に溺れないようにと蜜を入れた器の中に切った藁を数本入れる方法をとっている。先に述べたA氏の養蜂技術は十津川村の各地で行われており、養蜂技術に共通性があるが、若干、分封群の採取方法や採蜜方法などの点で個人差がある。

三　巣分かれ

ニホンミツバチの「巣分かれ」は四月下旬から五月中旬の晴れた日の昼前後に起こるが、早朝の八時三〇分頃に起こることもある。「巣分かれ」は、紀伊山地のニホンミツバチの養蜂家が使う言葉であり、分封のことである。

通常、巣分かれしたニホンミツバチは木の幹や股に止まる。養蜂家は巣分かれしているニホンミツバチ群に対して、ホースで水道の水をかけたり、バケツに水を入れておき、柄杓で水をまく方法をとる。そうすれば、巣分かれしたニホンミツバチは木の低い所に止まるようである。養蜂家は巣分かれで木に止まったニホンミツバチ群の近くに「ミツバコ」か「ウト」を直接持っていき、手でかき入れる方法をとり、その後静かに「ミツバコ」「ウト」を据え付け場所へ持って行く。十津川村田戸では、スギの皮の外側を内にして弧の型にして作った「ミツウケ」といわれるものを、木の枝にぶらさげる方法をとる養蜂家もいる（図②）。「ミツウケ」は、巣分かれしたニホンミツバチが止まる確率が高いようである。巣分かれの時期になると「ミツバコ」「ウト」を据え付けている場所の近くの木に「ミツウケ」をたくさんぶらさげる養蜂家もある。十津川村平谷のある養蜂家はサクラの木の皮に竹竿をくっつけて木の枝にのせておく方法をとっている。竹竿の元は木にひもでゆわえて固定する。サクラの木の皮にニホンミツバチが止まれば竹竿の元のヒモをほどいて、養蜂家の手の届く位置まで移動させ、ニホンミツバチを採取するのである。

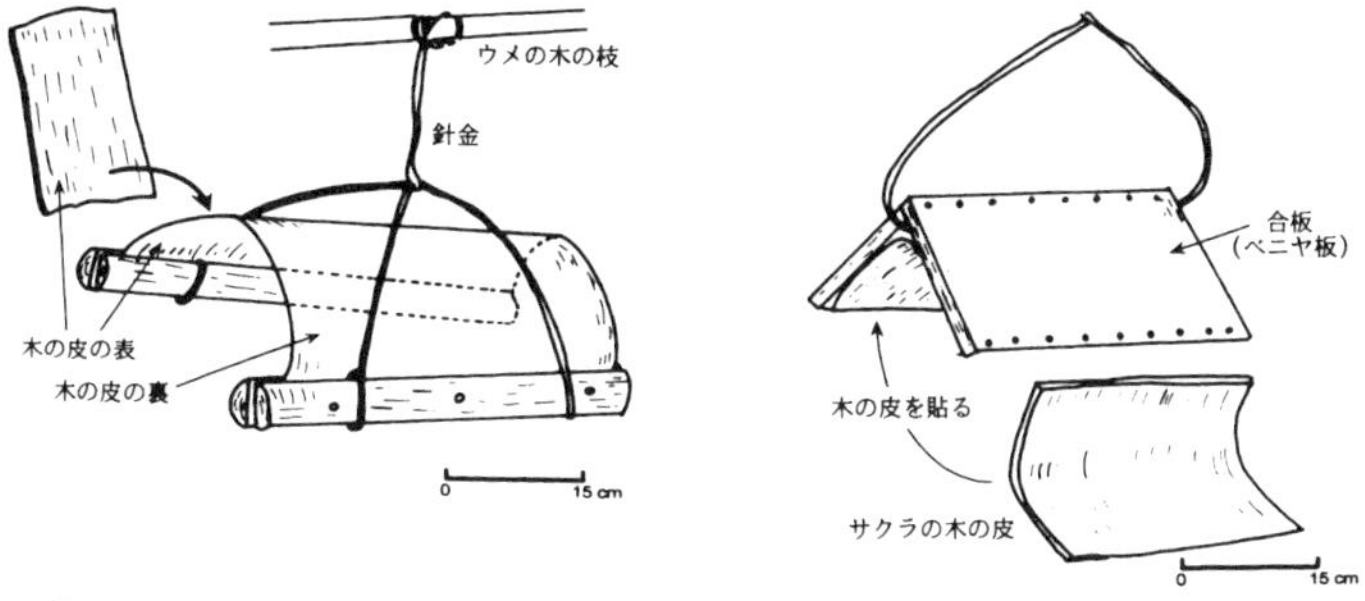

図②　ミツウケ（左：十津川村・本宮町、右：熊野川町）

和歌山県古座川町ではニホンミツバチの分封群が止まるように黒く塗った「オケ」や黒い布で包んだ「ザル」を木の枝からぶらさげる養蜂家もある。和歌山県本宮町大瀬のある養蜂家は巣分かれ時期を判断するのに三つの点に気をつけている。一つ目は巣分かれ前になると石台の上に置いている「ミツウト」が湿って濡れた状態になることである。当地の養蜂家はこの状況を「イキリナス」といっている。ニホンミツバチ群が活発になりぬくもった状態からこのような状況が生じたのだと考えている。その濡れた状態はニホンミツバチの汗であると養蜂家は思っている。二つ目は、クロバチ（ニホンミツバチの雄バチのこと）の巣の蓋である「ボウシ」が、巣分かれの数日前には「ミツウト」の出入り口の下の周りに多く落ちていることである。中津村船津では巣の蓋を「ジンガサ」といっている。龍神村柳瀬では「ヘカ」といっている。「ボウシ」が落ちているのが観察できれば一〇日後くらいには巣分かれが起こるようである。三つ目は巣分かれ前に「ミツウト」の出入り口の前でニホンミツバチの働きバチとクロバチが舞う状況が見られることである。この状況を養蜂家は「ヤツザカリ」といっている。紀和町・龍神村柳瀬・熊野川町鎌塚でも同じ言葉が使われている。以上の状況が観察できれば、養蜂家は巣分かれの日が近いと判断するのである。

四　紀伊山地の巣箱の形態

表①は紀伊山地地方のニホンミツバチの巣箱の形態を一覧表にまとめたものである。紀伊山地での巣箱の形態は、木をくり抜いたドウ型（A型、図③）、立方型の箱型（B型、図④⑤）、長方体型（C型）、洋式の巣箱を小さくした箱型（D型）である。この地方の巣箱の据え付け方の特徴は、地面の上に石台を置きその上に巣箱をのせるか、木の板を敷き巣箱を置くか、巣箱に四本の脚を付けるかのいずれかである。採蜜時期は養蜂家により若干違うが、奈良県十津川村平谷・十津川村神下・和歌山県熊野川町相須・和歌山県中辺路町高原では六月から七月に採蜜を行う。十津川村内野・十津川村川津・熊野川町鎌塚では七月から八月中旬に採蜜を行う。養蜂家の採蜜時期は、その年のニホンミツバチの採蜜状況にもよるが、紀伊山地では六月から八月の盆前までに採蜜を行う。A型での採蜜では、ウトの上部から巣板をとる養蜂家もあるが、ウトの下から巣板を切り取る養蜂家もあり、個人

表① ニホンミツバチの巣箱の形態とスズメバチ類の方名(1994～1995年調査)

県	市町村	調査地	巣箱形態(方名)	オオスズメバチ	キイロスズメバチ	コガタスズメバチ
奈良	十津川村	①長殿	A(ウト)B(ハコ)			
		②川津	A(ウト)B(ハコ)	ニガタロウ	シシバチ	
		③内野	A(ウト)	ニガタロウ	シシバチ	
		④湯之原	B(ハコ)			
		⑤折立	B(ハコ)			
		⑥平谷	A(ミツウト)B(ミツバコ)	ニガタロ	シシバチ	
		⑦東谷	B(ハコ)			
		⑧田戸	B(ハコ)	クロジロ	アカバチ	
三重	紀和町	⑨平谷	A(ウト)B(ミツバコ)	ミッカバチ	アカバチ	
		⑩長尾	A(ウト)B(ミツバコ)			
		⑪大河内	B(ミツバコ)			
和歌山	本宮町	⑫武住	A(ウト)	ニガタロウ	シシバチ	
		⑬大瀬	A(ミツウト)	ニガタロウ	シシバチ	コニガ
	熊野川町	⑭柳原	B(ミツバコ)	スズメバチ	シシバチ	
		⑮鎌塚	A(ゴバ)C(ゴバ)	ミカド	アカバチ	
		⑯滝本	A(ゴバ)			
	那智勝浦町	⑰朝日	AB			
		⑱馬瀬	A			
		⑲下里	A			
		⑳浦神西	A			
	古座川町	㉑高池	A(ゴーラ)C			
		㉒鶴川	AB			
		㉓洞尾	A			
		㉔蔵土	A			
		㉕佐田	A(ゴーラ)	シシバチ		
		㉖添野川	A(ゴーラ)	テッポウバチ	シシバチ	トックリバチ
		㉗松根	A(ゴーラ)			
	すさみ町	㉘深谷	A			
	串本町	㉙二色	A(ゴーラ)	シシバチ		
		㉚高富	A(ゴーラ)	シシバチ		
		㉛紀伊有田	C			
		㉜安指	B			
		㉝雨島	A			
		㉞高原	B			
		㉟小皆	B(ミツバコ)	クロジロ	シシバチ	
		㊱湯の又	B			
		㊲柳瀬	A(マルツボ/オケ)B	ニガタロウ	シシバチ	
		㊳笠松	B			
		㊴浅間	B			
		㊵上初湯川	B(ハコ)	ドングリバチ	アカバチ	トックリバチ
		㊶船津	B(ミツバコ) D(改良型)	ドングリバチ	アカバチ	
		㊷梁瀬	B(ハコ)	ドングリバチ	シシバチ/アカバチ	
		㊸高畑	B(ミツバコ)	ドングリバチ	シシバチ/アカバチ	トックリバチ

※調査地については図①参照、巣箱形態については本文及び図③～⑤参照

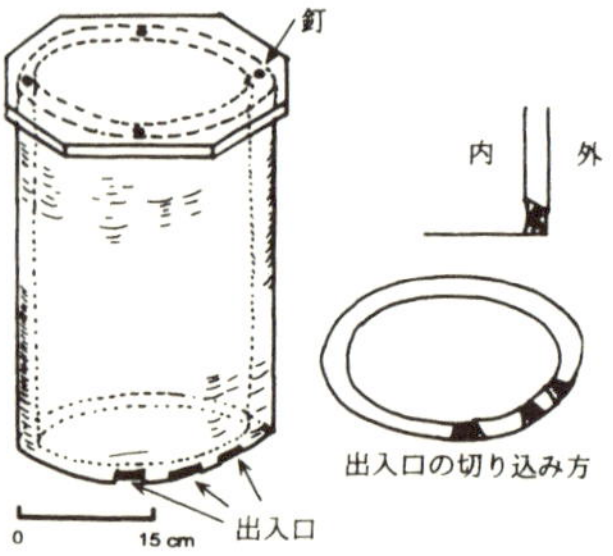

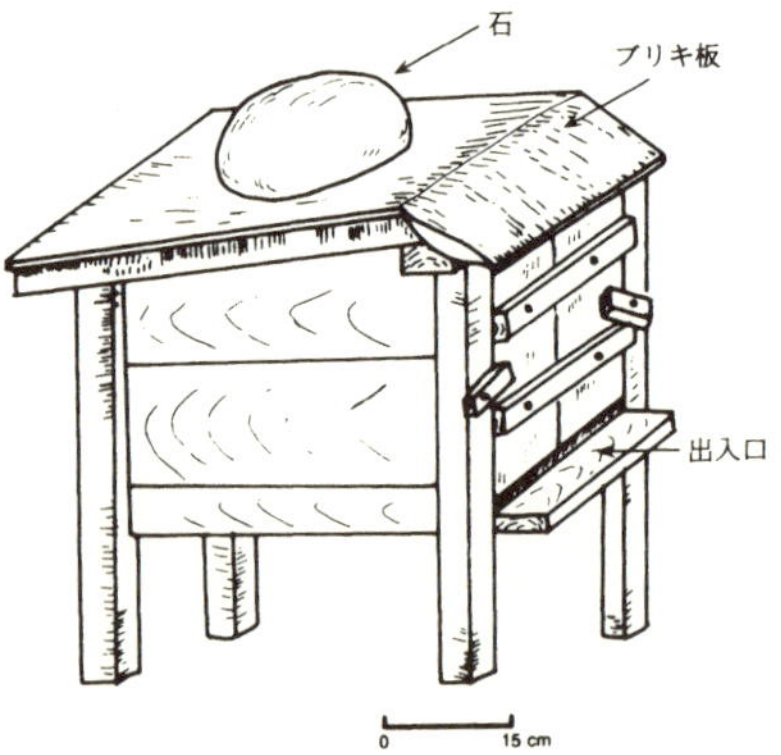

左上：図③　Ａ型の巣箱（十津川村）
右上：図④　Ｂ型の巣箱（熊野川町）
右下：図⑤　Ｂ型の巣箱（十津川村）

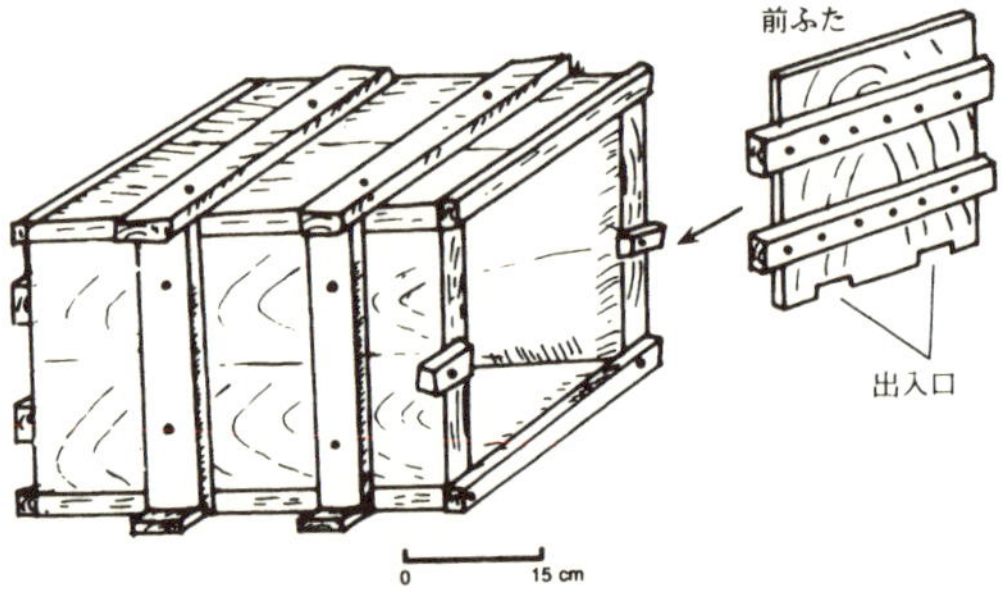

差がある。Ｂ型は、巣箱の前後が開き戸になっており、前の開き戸を外し前から巣板を切り取る。Ｃ型は巣箱を横にねかせて下から採蜜を行う。Ｄ型は上部から枠を抜いて巣板を取る。養蜂家が採蜜する量は、冬越しの蜜を三分の一だけ残して取る。養蜂家の採蜜は六月から八月の夕方の日が落ちニホンミツバチが巣箱の外で活動をしない時に行う。十津川村平谷でＡ型のドウをもつ養蜂家は、ドウを横に寝かせ下から三分二の巣板を取り、

写真①　裏山に並ぶミツバコ（熊野川町、筆者撮影）。同型のミツバコが十津川村でも見られる

三分の一の巣板はそのままにしておき、その残りの三分の一の巣板は翌年に切り取る。採蜜量はB型では一箱で三升である。A型とB型の採蜜量の比較は、その年の巣箱の中の状況によるためにどちらの巣箱の採蜜量が多いとは断定できないようである。

奈良県十津川村での巣箱の形態は二種類がみられる。一つは、板でこしらえた箱型の巣箱である。これは「ミツバコ」と呼んでいる。横二九×縦二七×奥行四〇㎝の板箱で、採蜜の関係から前後の戸板が外せるようになっている。「ミツバコ」の材料はトガ（和名ツガ）の木がよいとしているが、実際はスギ材が入手しやすいことからスギ材がよく使われている。「ミツバコ」の材料に適している木をトガの木としているのは、硬くてツヅリムシが付きにくいからである。巣箱にはもう一つのタイプがある。それは高さ四五㎝、直径三二㎝の木をくり抜いたドウ型のもので、「ウト」と呼ばれ、材質はスギである。

十津川村に隣接する町村のニホンミツバチの巣箱について述べることにする。和歌山県東牟婁郡本宮町大瀬の巣箱は木をくり抜いたドウが主流である。これを「ミツウト」といっている。当地では「ハコ」を使う養蜂家は少ないようである。「ミツウト」の材料はサクラ、ケヤキ、トガ（ツガ）、スギが使われる。カヤノキやヒノキは匂いが強くニホンミツバチが嫌うため使わないようである。熊野川町鎌塚では、巣箱は箱型と木をくり抜いたドウ型の二種類があり、両方を「ゴバ」といっており、「ウト」とはいわないようである。和歌山県中津村船津での巣箱の形態は、箱型で「ベタバコ」といっている。木をくり抜いたドウ型の巣箱は見られない。また、「改良バコ」という養蜂家もある。龍神村柳瀬では箱型の巣箱もあるが、木をくり抜いたドウ型もあり、これを「マルツボ」とか、単に「ツボ」とも呼んでいる。または、養蜂家によっては「オケ」ともいっている。この形態は先に述べた木をくり抜いたドウのことである。

五　蜜源植物と外敵

紀伊山地地方は蜜源植物が豊富である。ニホンミツバチの蜜源植物については、養蜂家からの聞き取り調査から得た情報を挙げることにする。多くの養蜂家に尋ねたが、ニホンミツバチが好む蜜源植物の名称を多種類挙げる養蜂家はいなかった。養蜂家は、蜜源植物は場所によって異なると述べる。例えば、十津川村内野ではグミの花、トガの花が多く、熊野川町ではグミの花、トガの花が少ないが、シイの花、クリの花が多いようである。本宮町大瀬と熊野川町相須の養蜂家はゴンパチ（和名イタドリ）の花、ゲンゲの花、イネの花を蜜源植物として挙げている。本宮町大瀬の養蜂家は、「クロキ」の花の蜜が一番質がよいとしている。「クロキ」とは、この地方の言葉で、モミ・トガ・カシ・ウマメガシなど常緑針葉樹や常緑広葉樹のことを総称して呼ぶようである。

ニホンミツバチの外敵にはスズメバチ類がいる。日本に生息するスズメバチは大型スズメバチ属が七種、小型クロスズメバチ属が五種、ホオナガスズメバチ属が四種いるが、養蜂家は、スズメバチ類の一六種の中でもキイロスズメバチ・オオスズメバチ・コガタスズメバチをニホンミツバチを襲うハチとして挙げている。紀伊山地地方ではキイロスズメバチは、「シシバチ」「アカバチ」と呼ばれている。オオスズメバチは地域によって「ニカタロウ」「クロジロ」「ニガタロウ」「オオニガ」「ミッカバチ」とさまざまな呼び名で呼ばれている。養蜂家によれば、キイロスズメバチは、家の軒下に巣をつくり、八月から九月にニホンミツバチの巣箱の出入り口を飛びまわり、ニホンミツバチを捕獲して飛んでいくようである。一方のオオスズメバチはニホンミツバチの巣箱の出入口の木を嚙み砕いて巣箱の中に入り、蜜を補食するようである。最も小さいコガタスズメバチは「コニガ」とか「トックリバチ」ともいわれ、このハチもニホンミツバチを襲う。

養蜂家は秋にスズメバチ類がニホンミツバチを襲うので、どのように退治したらよいか苦慮している。放っておけば、時にニホンミツバチはスズメバチ類に襲撃され巣箱の中が駄目になることがあるからである。スズメバチ類を見つけたら木の板で叩き落とすという方法をとっているが、いつも巣箱の近くでスズメバチ類の番をするわけにはいかないため、養蜂家の中には、スズメバチ類がニホンミツバチを襲う時期になると、巣箱の出入り口を狭めてスズメバチ類が巣箱の中に入りにくいように操作をするものもある。

外敵には、五月から一〇月までに巣の外につくガの幼虫のツヅリムシがある。また、盆前に多くみられる「トチワラ」とか「ゴトブキ」（熊野川町鎌塚）と呼ばれるガマガエルがいる。冬から春までの外敵には、巣箱の縁を噛り巣箱の中の蜜やニホンミツバチを補食するテンがいる。また、その他の外敵にはムカデ・カマキリ・クモ・アリなども挙げられる。

六　和歌山県のセイヨウミツバチの養蜂

紀伊山地地方のミツバチの飼養状況は図①で紹介した。紀伊山地地方ではニホンミツバチの伝統的養蜂が十津川村・本宮町・熊野川町を中心に広範囲で行われていることがわかった。一方、和歌山市・海南市・有田市では近代的養蜂が行われている。近代的養蜂とは、セイヨウミツバチの養蜂であり、巣箱は、和歌山市・有田市周辺のミカン畑、下津町のビワ畑、田辺市・南部川村・南部町のウメ畑などに置かれる。養蜂家の中には秋から冬にかけて蜜源のある北海道まで巣箱を移動させる人もいる。

和歌山県の養蜂業組合の取りまとめによれば、セイヨウミツバチの全養蜂業者は、一二八名である。和歌山県のセイヨウミツバチの養蜂業地域は、那賀・和歌山・海草海南・有田・日高・西牟婁・東牟婁の七区に分けられる（一九九六年度）。筆者はセイヨウミツバチとニホンミツバチについての情報を得るためにセイヨウミツバチの養蜂家にアンケート調査を行った。アンケート調査の対象者は、電話帳の中から抽出した養蜂家四〇戸である。調査の回答は二三戸であった。その結果、今回の調査を行ったセイヨウミツバチの養蜂家は、専業としてセイヨウミツバチを飼養しているが、ニホンミツバチの飼養は行っていないことがわかった。養蜂家はニホンミツバチに比べ確実に多量に採蜜ができるセイヨウミツバチの飼養のみを行っている。

セイヨウミツバチの飼養パターンには二タイプがあり、一つは開花時期に応じて巣箱を移動させる転飼養蜂である。もう一つの飼養は巣箱を一定の場所に置きつづける定置養蜂である。和歌山県の転飼養蜂の中には和歌山県から北海道まで巣箱を移動させる業者もいることがわかった。図⑥はアンケート調査から得られた二タイプの典型的なもの一〇例を表したものである。そして和歌山県の典型的なセイヨウミツバチの養蜂家について紹介することにする。図⑦はこの養蜂家（B氏）の通年管理と蜜源植物を表している。

B氏はセイヨウミツバチの巣箱は市販品を使用している。B氏は三種類の大きさの巣箱を所有しており、一番小さい巣箱は五三・八cm×三四cm×高さ二八cmのハウス用の巣箱で箱の中に巣脾枠が七枚入る。中型の巣箱は巣脾枠が九枚入る。大型の巣箱は巣脾枠が一〇枚入る。ハウスの中に大きい巣箱を入れると、ハチ群が大きすぎてセイヨウミツバチが花をいためることから、小型のハウス用の巣箱を入れる方法をとっている。

B氏は和歌山市周辺に住んでいるが、一月から三月までは和歌山市周辺は寒くて蜜源植物が少ないため、南部川村のウメ畑に巣箱を五か所に分けて置く方法をとっている。ウメの木の持ち主はウメの花の授粉を手作業で行うのは大変であり、セイヨウミツバチを使うのがとても便利であることから、この方法を採用している。ウメ畑に巣箱を置く期間は年によって違うが、三月のウメの花の消毒期間までとし、セイヨウミツバチの撤去勧告が出されるまで置くようである。それ以降は、海南市内のミカン畑に巣箱を移すようである。三月から四月にかけて

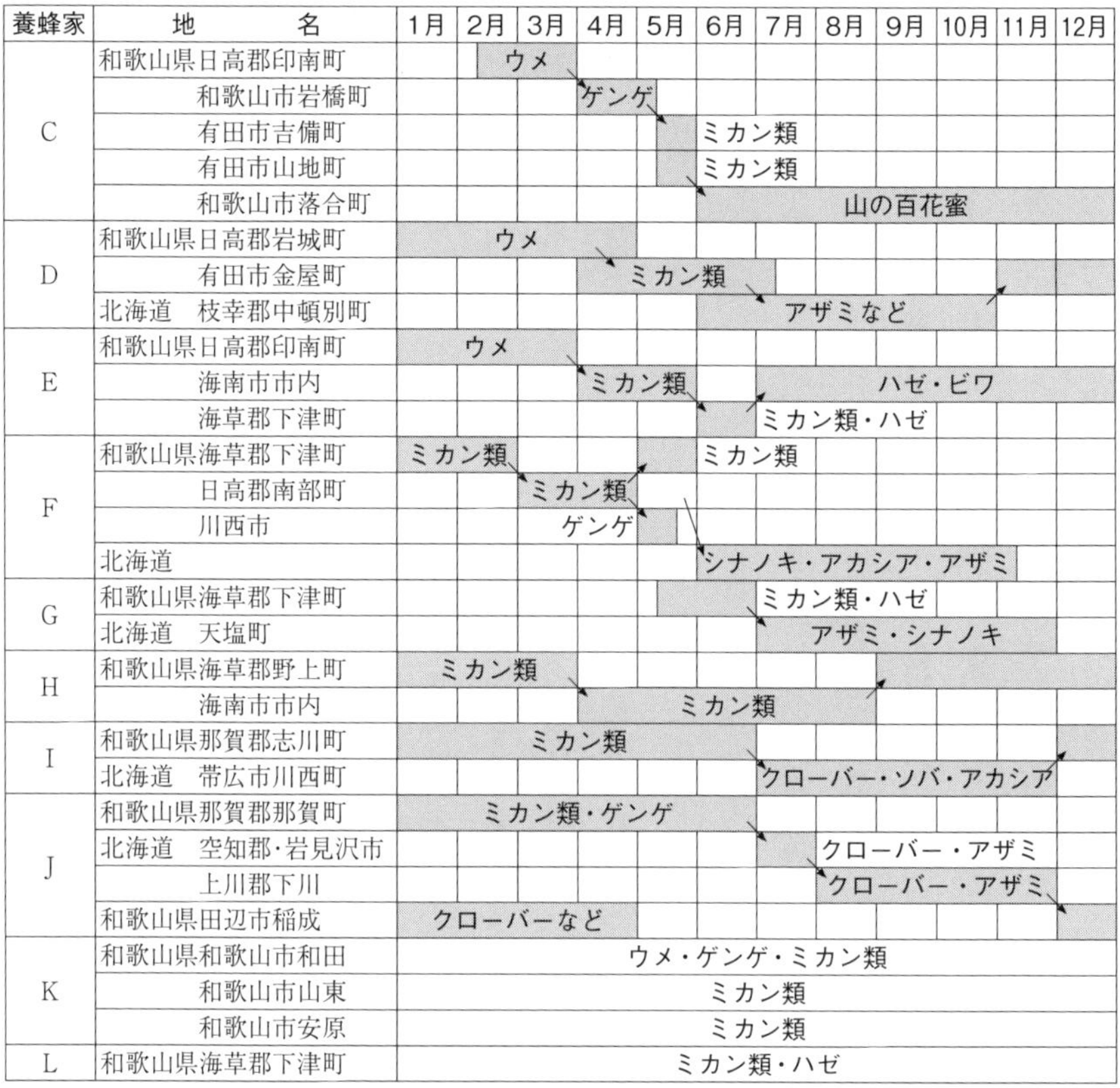

図⑥　セイヨウミツバチの飼育状況の事例（矢印は転飼を示す）

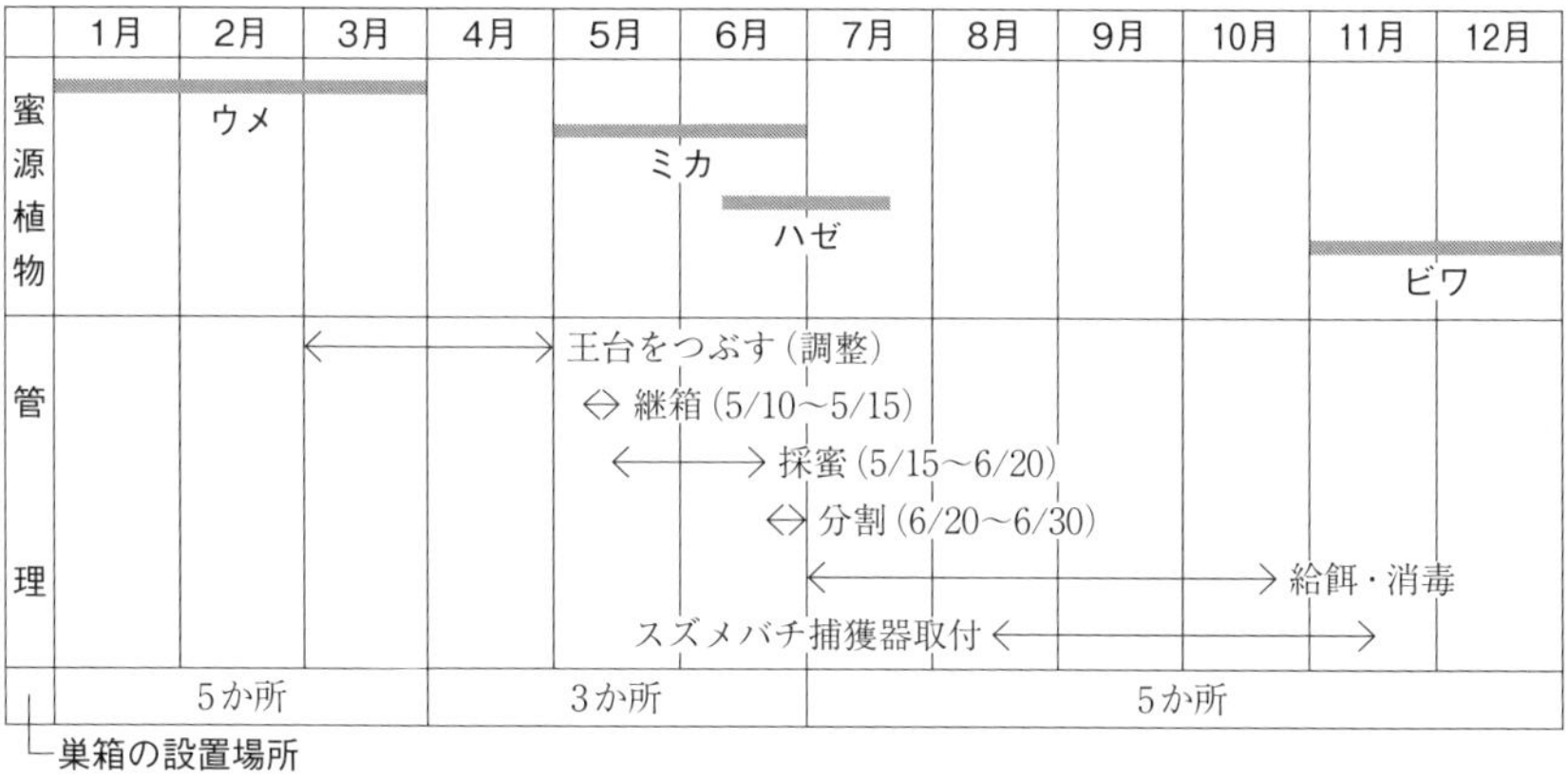

図⑦　B氏のセイヨウミツバチの通年管理と蜜源植物

は、巣箱の中の働きバチが王台を作ればその王台をつぶして新たな女王バチの誕生を抑える。こうした調整を行うのは女王バチの誕生によって分封が起こると、ハチ群が弱体化するためである。働きバチは貯蜜量が少ないと王台をかじり、女王バチを増やさないようにするようである。貯蜜量が多い場合は働きバチは王台をかじらないので、女王バチが次々と誕生する。巣箱は貯蜜量が増える五月一〇日から五月一五日の六日間で継箱をのせて二段箱にする。セイヨウミツバチは五月一五日から六月二〇日まではミカン蜜の採蜜を行う。

ミカンは夏ミカン（五月一〇日開花）、ナカテ（五月中旬開花）、温州ミカンのオクテ（五月下旬開花）、ハッサク（五月下旬から六月開花）がある。養蜂家によれば和歌山県はゲンゲの花が最近は減ったようである。これは、植えたゲンゲが生長してから田を耕すと機械に絡みやすいことから、ゲンゲを植える農家が減ったからである。農家の中には、ゲンゲを植えても大きく生長する前に機械で直ぐに耕すことを行うものもある。そのために、セイヨウミツバチはゲンゲの花から充分な採蜜ができない状況にあるようである。B氏は、セイヨウミツバチの採蜜後の六月二〇日から六月三〇日の一〇日間で「分割」を行う。「分割」とは、巣脾枠の二枚を別な空の巣箱に入れ離れた場所に置き、別のハチ群を増やすことである。「分割」の操作を離れた場所で行うのは、近い所に置くと元の巣箱にハチ群が戻るからである。七月からは市販されている糖液を使って巣箱に「給餌」を行う。一箱の巣箱には単脾枠を五枚入れ、二〇日間で給餌用の糖液を一升入れるようである。また、養蜂家はダニの「消毒」も行う。「給餌」「消毒」は一〇月一〇日までに行う。

八月中旬からはセイヨウミツバチの巣箱にスズメバチ類が襲撃にくる。そのために、B氏は巣箱の入り口の部分にスズメバチ類の捕獲機を取り付ける。スズメバチ捕獲機は市販もされているが一機が三八〇〇〜六二〇〇円で、巣箱の数だけ用意すれば相当の金額となるために、スズメバチ捕獲機を独自に作るとB氏は言う。B氏は自家製のスズメバチ捕獲機の本体を板と一斗カンで作る。セイヨウミツバチの巣箱に襲来するスズメバチ類には三種類ある。まず、クマンバチ、ドングリバチといわれる最も大きいハチ（和名オオスズメバチ）がいる。次は軒下に巣を作るハチで、アカバチとか単にスズメバチ（和名キイロスズメバチ）という。ドングリバチは集団で巣箱にくるのに対して、アカバチは単独で巣箱に近づきミツバチを捕られると咥えて逃げていくようである。養蜂家によれば二種のスズメバチの相異は、オオスズメバチはスズメバチ捕獲機の中で共食いをするがアカバチにはそれがないことである。アカバチよりやや大きいトックリバチ（和名コガタスズメバチ）も巣箱に近づきセイヨウミツバチを襲撃するようである。これが三種類目のスズメバチである。

七　ニホンミツバチとセイヨウミツバチの相異

セイヨウミツバチの養蜂家は三月から四月にかけては分封を抑え、蜂群を増やすのは六月二〇日から一〇日間で「分割」を行う方法をとる。セイヨウミツバチの生態を熟知しておりミツバチを完全に管理する方法をとっている。一方、ニホンミツバチの養蜂家は、四月から五月までに分封するハチ群を捕獲して、群数を増やす方法をとる。言ってみれば自然任せであり、主体がミツバチである。これはミツバチの習性の相異によるものとも言える。つまり、在来のニホンミツバチは巣箱が気にいらないと逃げてしまう習性があるからである。

養蜂方法については、ニホンミツバチではほとんどが定置養蜂を行うのに対して、セイヨウミツバチでは、転飼養蜂か定置養蜂が行われている。ニホンミツバチの養蜂家は養蜂を副業で行っており、セイヨウミツバチの養蜂家は専業で行っている人がほとんどである。ニホンミツバチでは、ほとんどが定置養蜂を行っていると述べたが、筆者の調査から、特異な事例も知ることができた。古座川町のある養蜂家はニホンミツバチの巣箱を冬と夏に移動させる。この養蜂家の技法については、後述する。

近代的養蜂の特徴は可動式巣板・巣礎・分離機の発明といわれる。可動式巣板とは一八五一年にラングストロスによって発明された。これによって養蜂家が各巣板を取り出して「分割」を行ったり、「合同」を行ったりすることが可能であり、巣箱の中の点検もできるといった利点がある。巣礎とは、蜜蠟とパラフィンで作った薄い板に六角形の巣房をプレスした巣板である。セイヨウミツバチでは巣箱の中に巣礎を設ける。巣箱の中に巣脾を入れないと自然巣となり、雄バチの巣だけをつくるようである。ミツバチ類とスズメバチ類との関係においては、ニホンミツバチはスズメバチ類に対して集団で対抗するが、一方のセイヨウミツバチはスズメバチ類に対して一匹ずつで対抗する点で違うようである。

養蜂家はミツバチ類の習性を熟知しているのはもちろんのこと、ミツバチに対する思いが深いことがいえる。そのことは、筆者も和歌山県のセイヨウミツバチの調査（一九九六年五月）からはっきりと知ることができた。それは、海草海南養蜂組合ではミツバチのお陰で採蜜ができることへの感謝の気持ちと採蜜で蜜を絞る際にミツバチも一緒に殺してしまうことなどから、養蜂業の有志が、一九九四年三月八日に蜜蜂供養碑を建立していることである。この供養碑は和歌山県下津町の岩屋山福勝寺の境内の高台にある。支部有志は、三月八日を「ミツバチの日」として毎年一回供養を行っている。

八　総括

紀伊山地地方のニホンミツバチの養蜂に関する論文については、十津川村、熊野地方に限られた範囲の報告があるが、広範囲な地域の伝統的養蜂の調査報告書は出されていない。筆者はこれまでに長崎県対馬、西中国山地一帯のニホンミツバチの調査を行い、ニホンミツバチの飼養が各地の山地帯で行われていることに強い興味をもってきた。筆者は紀伊山地ではどのくらいの範囲で養蜂が行われているのか、また、どのように養蜂が行われているのかという問題意識をもちながら調査を行ってきた。筆者は、紀伊山地一帯のニホンミツバチの飼養状況を把握することにより、ヒトとニホンミツバチとのかかわりの全体像を明らかにできるとも思ったからである。

紀伊山地一帯では、ニホンミツバチの飼養が広範囲に行われていることがわかった。十津川村・本宮町・古座川町では、木をくり抜いたドウ型の巣箱が主に使われている。その他の地域でもドウ型の巣箱が使われているが、板使用の箱型の巣箱が使用されていることがわかった。紀伊山地一帯では、ニホンミツバチの巣箱の形態は四種類に分類ができる。ドウ型の巣箱の名称は地域により「ウト」とか「ゴーラ」とか「ゴバ」「マルッポ」「オケ」と呼んでいる。また、外敵のオオスズメバチ、キイロスズメバチの呼称は地域により「ニカタロウ」「ミカド」「クロジロ」「オオニガ」「シシバチ」「アカバチ」とさまざまに呼ばれている。巣箱の名称、スズメバチ類の方名は地域によりさまざまなことがわかった。また、紀伊山地の伝統的養蜂技術には共通性があるが、養蜂家の個々の工夫により差異があることもわかった。

セイヨウミツバチの養蜂は、和歌山市周辺のミカン畑、ウメ畑を蜜源として行われている。和歌山県のセイヨウミツバチの養蜂家は専業者が多いのが特徴である。一方、ニホンミツバチの養蜂家は副業であり、両者の意識の差は大きく、セイヨウミツバチの養蜂家は蜜の販売で生計を立てているために失敗が許されない。それに対してニホンミツバチの養蜂は趣味的要素が強いといえる。紀伊山地地方ではセイヨウミツバチの飼養は、特定の蜜源植物の多い和歌山市周辺、南部村周辺、北海道が適していると考えられている。セイヨウミツバチのある養蜂家は、「セイヨウミツバチはひと花、ひと花が蜜量を増やすことができる」と述べている。蜜源植物としてウメ畑、ミカン畑、ビワ畑、ゲンゲ畑を選んでいる。山地帯ではセイヨウミツバチにとってまとまった蜜源植物が少ないことや、巣箱の移動において交通の便が悪く多大な労力がかかることなどから、設置場所を先に述べた場所に選定している。

紀伊山地のニホンミツバチとセイヨウミツバチの飼養分布は、山地帯がニホンミツバチの飼養の中心であり、セイヨウミツバチの飼養の中心は和歌山市周辺から南部村など低地や海岸近くであることがわかった。これはセイヨウミツバチが、特定の蜜源植物であるウメ畑やミカン畑の分布する地域で飼養されることを意味している。それに対してニホンミツバチは多種類の蜜源植物で飼養する方法をとっているので、むしろ山地帯の方が飼養に適しているといえるわけである。

参考文献

越智孝「愛媛のニホンミツバチ」『ミツバチ科学』6巻1号、玉川大学ミツバチ科学研究所、一九八五年
佐々木正己『養蜂の科学』サイエンスハウス、一九九四年
澤田昌人「ヒト―ハチ関係の諸類型―ニホンミツバチの伝統的養蜂―」『季刊人類学』17巻2号、講談社、一九九六年
宅野幸徳「対馬の伝統的養蜂」『民具研究』103号、日本民具学会、一九九四年
宅野幸徳「西中国山地における伝統的養蜂」『民具研究』96号、日本民具学会、一九九一年
『十津川村学術調査報告書十津川文化書合本』十津川村、一九九一年
中村雅雄『スズメバチの逆襲』新日本新書、一九九二年
原道徳「十津川村のニホンミツバチ」『ミツバチ科学』8巻1号、玉川大学ミツバチ科学研究所、一九九七年
和歌山県農林水産部畜産課「みつばち飼養群数の分布」『統計からみたわかやまの畜産』一九九四年

＊謝辞――今回の紀伊山地地方の養蜂の調査は、ＦＧＦ研究費助成金により行ったものである。ＦＧＦの関係各位に心よりお礼を申し上げたい。また、何よりも、筆者の調査にご協力下さった養蜂家の方々に心より感謝を申し上げる次第である。

第五章　高津川の放し鵜飼

一　はじめに

鵜飼には、鵜に手綱をつけかがり火で川面を照らしアユを捕らせる舟鵜飼があることはよく知られている。しかし、手綱を使わず、川や湖に鵜を自由に放し魚を捕らせ、獲物が喉にたまった時をみはからって鵜を呼び戻し魚を吐き出させる放し鵜飼もある。ではいったいその放し鵜飼にはどのような精緻な伝統技法があるのだろうか。

本稿は、島根県益田の放し鵜飼における鵜の生態と鵜飼の伝統的な技術についての報告である。そして、広島県三次の舟鵜飼との比較を通して放し鵜飼の特質を述べてみたい。調査方法は、益田高津川の下流で現在も鵜を飼育している二人の鵜匠からの聞き書きと直接鵜を観察する方法をとった。また中流から上流、渓流で鵜飼を行っていた二人の鵜匠からの聞き書きをとった。昭和二〇年から三〇年頃の鵜飼と漁場と鵜の生態の調査は、一九八九年四月から一一月までの間随時行った。広島県三次の鵜飼調査は一九八八年三月より一〇月まで、鵜の観察と鵜匠からの聞き書きを主体とする方法をとった。

二　鵜について

高津川は島根県鹿足郡六日町蔵木付近を源として柿木村を流れ日原町を経て益田の高津で日本海に注いでいる。全流程は八一・一kmである。途中大きな支流として日原で合流する津和野川と、益田市横田で合流する匹見川がある。島根県益田の高津の鵜飼については最上孝敬が『原始漁法の民俗』（一九六七年）の中で一部紹介していて［1］、ここでは徒歩鵜飼《かち》が行われていたことが記載されている。岐阜県の長良川、広島県三次市、山口県岩国での鵜飼は、いずれも手綱を使うが、高津川では手綱を使わない放し鵜飼であり、そのことが大きな特徴といえる。高津川の鵜飼の歴史については矢富熊一郎が『益田町史』（一九五二年）の中で「高津川の鵜飼は室町時代前期の享禄年間から、鵜を使って鵜せぎの漁法をおこなっていた。これは津和野藩主亀井氏が藩内を巡在の際には、慰めとして行われた」と述べている。また『益田市誌』（一九七八年）には「高津川柿本神社に、当時の鵜飼の絵の奉納額が残っていることからみると、江戸時代を通して相当盛んに行われていたようである。明治初年頃アユを取り尽くしてしまう心配から夏期の漁獲が禁止され、冬期に転向した」と記されている。大正一〇年（一九二一）以前は、高津に鵜匠は十数人もいたといわれる。だが、高津で鵜を飼育し鵜飼をする鵜匠は現在（一九八九年）三名である［2］。

今回の鵜飼の調査は益田市高津の鵜匠に聞き書きをすると同時に実際の鵜の観察を行い、その双方から放し鵜飼の技術的特徴を抽出し、そのフォークエソロジカル［3］な意味を考察することにした。さらには上流の支流匹見川でかつて三年前まで鵜飼を行っていた人と鹿足郡柿木村で鵜飼を行っていた人からも聞き書きをとったが、こちらは現在実際に行っていないので聞き書きで復原するという方法をとった。そして、放し鵜飼と舟鵜飼の技術上の差異及び生態民俗的な差異、さらにはフォークエソロジカルな違いを見出すため、現在でも手綱鵜飼がなされている広島県三次市の鵜飼の観察も行ってきた。本報告は現在日本列島では高津川においてしか見られない放し鵜飼の技術の復原を通して、その鵜と人間の関係のあり方に照明をあてることを目的としている。

日本に棲息している鵜は、カワウ・ウミウ・ヒメウ・チシマガラスの四種である。このうち鵜飼に利用されるのはウミウ（*Phalacrocorax capillatus*）とカワウ（*Phalacrocorax carbo*）〔4〕である。カワウは高津川では飼育されていないが、広島県三次市の鵜匠はカリウとウミウを飼育しており、その鵜を観察した結果、次のことがわかる。カワウは全身の羽毛は黒緑色で、眼窩より首にかけては黄色の皮膚が露出している。一方、ウミウはカワウより体はやや大きく眼窩より首にかけては白い部分が多く、クチバシの元は黄色の部分が目につく。

両種のクチバシは先が鋭く鉤状に曲がっているものが大半であるが、クチバシがまっすぐ伸びきっているものもある。これは、もともと入手時からまっすぐに伸びきっていたものもいるが、入手後、鵜飼によってクチバシを使いすぎて伸びきってしまったものもある。足は腹のやや後方にあり、四本の指の間には水かきがあり外側の指が長い。鳥小屋（トヤ）の中の鵜は止まり木や石の上でほとんどじっとしている。これは狭い空間内の飼育で闘争を避けるための行動と思われる。時々、一本足で立つこともある。

鵜はほとんど動かず、瞼を閉じ、クチバシと頭を背中の羽に入れて寝る。トヤの中で起きている時は自分の羽毛をクチバシでつつき、両羽を広げる動作も行う。

三　鵜飼水域

ここで述べる内容は、高津川本流の下流域、中流域と、支流匹見川の流域の各鵜匠四人のインフォーマントからの聞き書きと鵜の観察をもとにまとめたものである。鵜飼活動水域を図に示すと図①のようになる。四人のうち二人の鵜匠は河口域で現在も鵜飼を行っており、二人の鵜飼活動水域が一致するためAとしてまとめた。図は四氏が鵜飼を行っていた水域を示し、A（二人の鵜匠）・B・Cで表した。そして、Dは『日原町史』（一九六四年）の中での記載と聞き書きより鵜飼が行われていた水域を示した。Aの鵜飼活動水域は高津川下流（河口より上流一三㎞の神田橋まで）と益田川下流（中吉田町の吉田橋まで）、三隅川（河口より上古和まで）、さらには、蟠竜湖等の水域である。Aは昭和二五年頃まで活発に鵜飼が行われていた水域であり、その後昭和三〇年頃には水域を狭め高津川下流に中心を移している。一方、Bは柿木村水域を中心とする中流域から上流域の水域である（日原町左鐙から六日町朝倉まで）。B水域は昭和四五年頃まで鵜飼が行われた。Dで表したのは日原町を中心にした鵜飼が行われていた水域である。日原町での鵜飼の技術は、柿木村水域で行われていた鵜飼の技術と同じである。Cは、支流匹見川（益田市横田橋より上流道川出合原）と益田川（益田市堀川橋より美都町）、さらには高津川支流津和野川（日原町より津和野町幸田）で行われた鵜飼の水域である。C水域の益田川では昭和二〇年頃まで行われ、津和野町、匹見川ではいずれも昭和五九年頃まで行われた。以上よりかつては高津川のほぼ全水域で鵜飼が行われていたことがわかる。

川を上流・中流・下流と生態学的な相違に基づいて区分［5］とすると、先に挙げた活動域とどのような関係をもっているのであろうか。

放し鵜飼も水域により技法の相違があり、一例を挙げると、下流域では水深も川幅もあり、舟を使用する。上流、渓流では舟は使用しない。中流域では川幅に網を張る方法がとられ、その際に舟が使われることがあった。これらから鵜飼水域は生態学的な区分と対応していると予想されるが、事実、A・B・C・Dという鵜飼の活動水域はA—下流、B—中流から上流、C—上流、D—中流と対応しており、これに伴って技術上の相異がみられる

図①　放し鵜飼の活動域

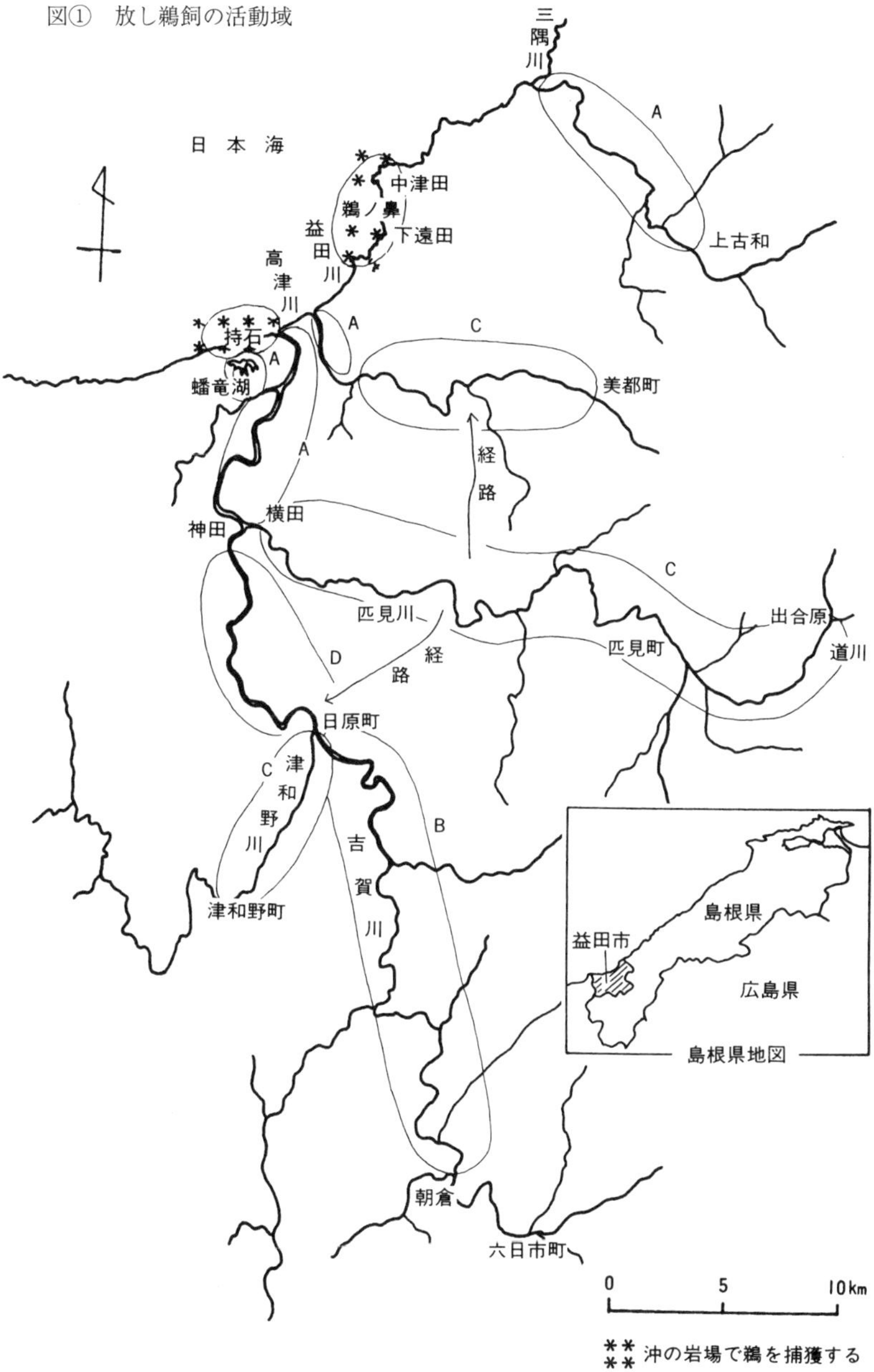
日本海
三隅川
A
上古和
中津田
鵜ノ鼻
下遠田
益田川
高津川
持石
A
A
蟠竜湖
C
美都町
経路
A
横田
神田
C
出合原
匹見川
匹見町
道川
D
経路
日原町
津和野川
C
吉賀川
B
津和野町
島根県
益田市
広島県
島根県地図
朝倉
六日市町
0
5
10km
＊＊ 沖の岩場で鵜を捕獲する

のは、それが河川の生態学的条件に起因していることを想起させる。そこで、この下流、中流、上流の鵜飼技術について述べていくことにする。

(1)下流域の鵜飼

益田高津の放し鵜飼は昭和五〇年頃まで行われたが、交通の発達、冷蔵庫の普及により新鮮な魚がいつでも手に入るようになったことや、漁業技術の進歩によって鵜飼はいったん途絶えていた。しかし、昭和五七年から伝統保存の声が高まり鵜飼が復活した。河口域の鵜飼は昼行われ、岸または舟より鵜を放す鵜飼である。

高津の鵜飼の漁期は一〇月一日から三月三一日までの冬の鵜飼である。下流域の鵜飼については、一九九〇年現在も鵜飼を行っている鵜匠の一人塩田嘉助氏（七三歳）の話を中心としてまとめた。

高津の塩田氏は昭和二〇年頃までは河口より上流一一kmの横田口までを舟で移動し鵜飼を行っていた。舟は一枚棚で平田舟と呼ばれ、長さ約七m、幅一〇三cm、深さ二四cmである（図②(g)）。舟の後の部分をトモといい、真中の部分をナカドモという。舟の前の部分をマエといい舟の漕ぎ手がマエに乗った。舟の中央には鵜を入れたウカゴ（図②(f)）を積み、そのウカゴの中はしきりがあり、鵜は一羽ずつ、一つのウカゴに二羽入れる。鵜は舟のトモと呼ばれる平板に止まらせる。これは鵜の足に負担がかからないように板の張ってある張りに止まらせるのである。そのため鵜飼を行う時の舟は、トモを前にして移動する。高津川の下流はもちろん、近くの蟠竜湖や三隅川下流域でも舟が使われ、そうした遠方へは自転車にウカゴを積み運んだ。現在は観光として冬場河口域のみで放し鵜飼が行われている。

図③は下流域から上流域での鵜飼水域のフチの名称である。これは、高津川下流域、匹見川、吉賀川のそれぞれの水域で鵜飼を行っていた鵜匠三人より得た情報を基に作成したものである。したがって一人の鵜匠が単独で

図②　放し鵜飼に必要な道具

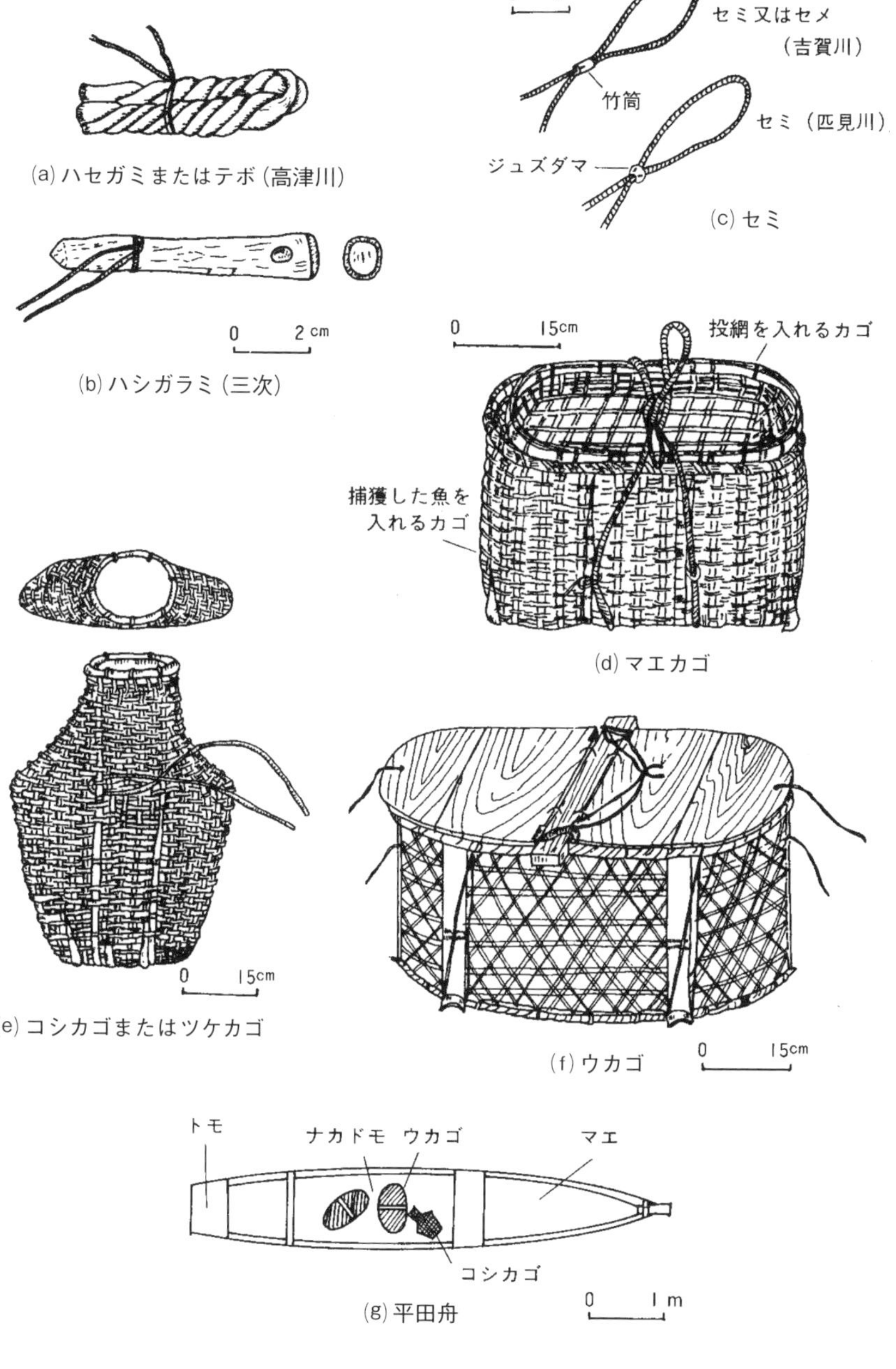

(a) ハセガミまたはテボ (高津川)

(b) ハシガラミ (三次)

(c) セミ

(d) マエカゴ

(e) コシカゴまたはツケカゴ

(f) ウカゴ

(g) 平田舟

図③　放し鵜飼の主なフチの名称

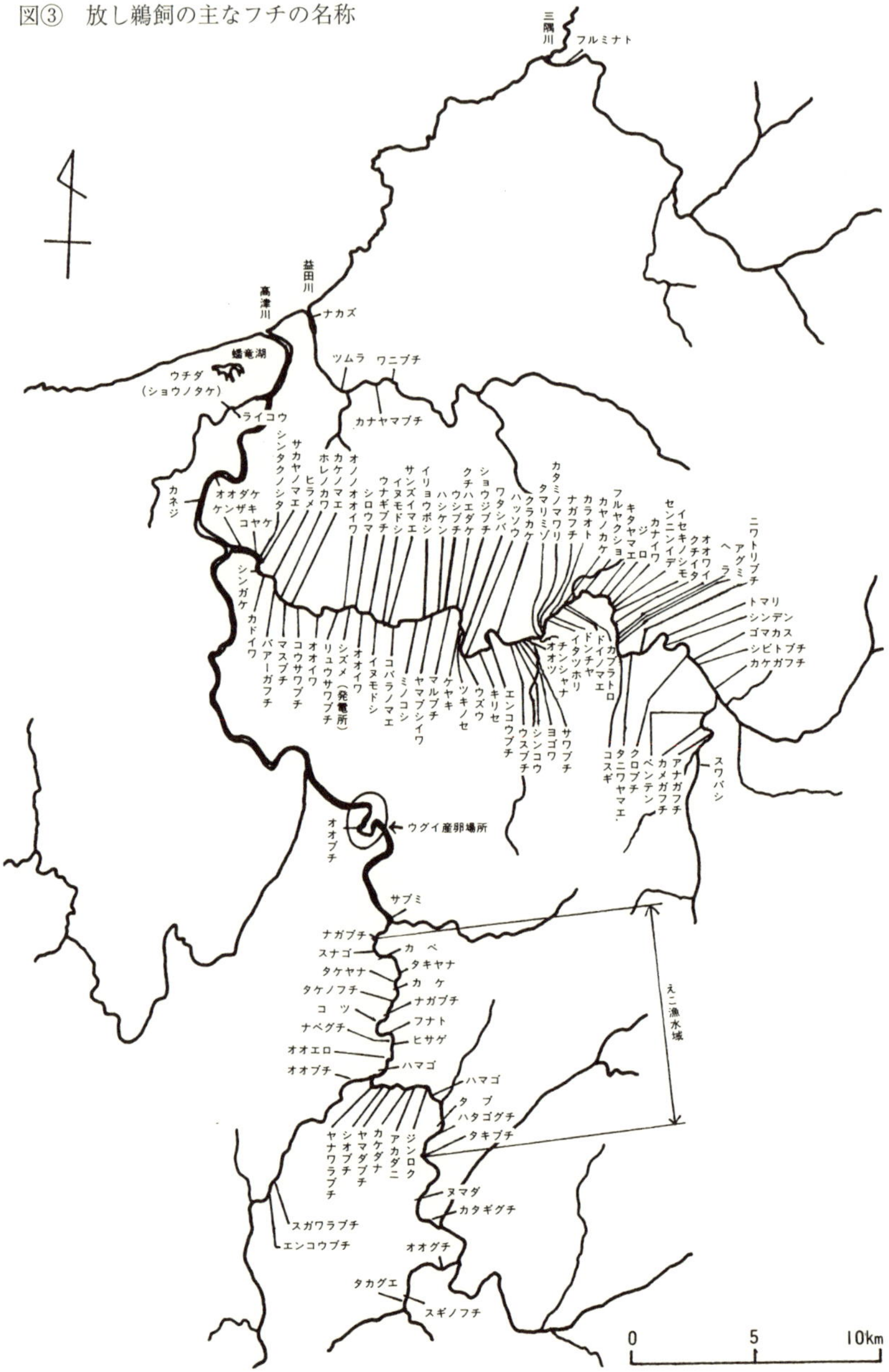

知っているフチの名称ではない。こうしたフチなどを中心に鵜飼が行われるが捕獲される魚類は場所によって異なる。どのような場でどのような魚が捕獲されるか述べてみよう。

高津川の河口域は満潮時には海水が遡上し河口より上流三kmの飯田橋までのぼる。そのため、海水魚が遡上し、上流一一kmまでイナ（小型のボラで約一〇cm）・ボラ（約三〇cm）がのぼる。したがって横田口までの鵜飼では、フナ・イダ（和名ウグイ）・イナ・ボラ・コイ・コノシロなどが捕獲される。なお、河口より上流一kmの間の鵜飼は冬場は風が強いため風の弱い日にのみ行われた。さらに河口より上流三km地点より支流白上川上流四km間までは魚が多く、鵜飼がなされた。中でも内田のショウノタケというフチでは、ウグイ・フナが捕獲された。以下、魚名を列記する時はその漁場で多く捕獲された順に記してある。白上川のライコウフチではコイ・フナ・ウグイが捕れた。高津川本流で主に鵜飼がよく行われたところはオオダケ（河口より七km）、カネジ（河口より約九kmの金地橋がある水域）などが挙げられる。

舟での鵜飼は河口より上流約一一kmまで行われた。そして、高津川の隣の河川・益田川でも行われており、河口より上流の大谷まで舟で移動し鵜飼が行われた。特に好漁場を河口より挙げるとすれば河口域の中須（ナカズ）であり、ここは昭和二〇年頃には海がしけると河口が砂でふさがり静流域となり、鵜と投網を使う方法でイナ・フナが多く捕れた。さらに上流の吉田橋までの支流ではフナが捕れた。さらに津村（ツムラ）では川にヨシが茂りフナ・ウグイ・コイがよく捕れた。カナヤマブチはフナがよく捕れウグイはあまりいなかった。ワニブチはウグイや小さいフナが捕獲できた。三隅川でも上流の上古和まで鵜飼が行われ、特に河口域の古湊（フルミナト）水域ではフナ・コイ・ウグイが捕れ、その水域で一日ついやすこともあった。

さらに、蟠竜湖でも鵜飼が行われていた。この湖は益田市高津にあり、最大水深一二m、周囲約四km、面積約一三ヘクタールの淡水湖である。湖は東西に分かれ東の湖を下の湖、西の湖を上の湖と称している。入り江では、舟での放し鵜飼、また岸からの放し鵜飼が行われた。ヒメモが茂っている場所は魚のすみかであり、鵜に魚を逐わせ岸から投網を打ち、その上を竿でつつくと網にフナがかかる。この湖では鵜を使ってフナが一日に三貫目（約四〇尾）も捕獲されることがあったようである。ウグイ・ボラでは鵜が頭から呑み込んだものはそのまま吐かすが、やや大きなフナとなると吐き出す時は喉袋を撫でながらフナの頭と尾を逆にし吐き出させる。これは、フナの背ビレが硬く吐かす時に喉袋を破るおそれがあるからである。この方法は熟練した鵜匠でないとなかなかできないようである。

下流域の鵜匠の鵜の入手方法は、捕獲になれたよく知った間柄の船頭に依頼し、自分も乗りあわせて鵜を捕りに行く。中流、上流の鵜匠は下流の鵜匠から鵜を分けてもらっていた。鵜の入手場所は、益田の高津持石、下遠田・中津田の鵜ノ鼻などの沖の岩場であり、鵜を捕獲するのは、秋から冬にかけてであった。かつては隠岐の島からも入手していた。

野生の鵜を捕るためには七つ道具が必要である。①モチ、②ヌイバリ、③ウェース、④ヌカ、⑤ハセ、⑥スミ、⑦ウカゴである。モチとは、モチノキの樹皮からとったトリモチで鵜の捕獲に必要である。トリモチの作り方は以下のようである。モチの樹皮をはぎ取りそれをたたき、カマス（藁であんだ袋）にいれて濁水の中に一週間いれておく。するとアクが抜け皮はやわらかくなる。それをウスにいれ杵でたたき、川の水でさらすとつぶがとれトリモチとなる。実際使用する時はモチが光らないようにスミを塗る。仕掛ける場所はゴツゴツとした高低のある岩場の高い場所が選ばれる。鵜はモチに止まると気持ち悪く足踏みを二〜三回してから飛び立つ。その際モチの付いた足が尻についてそれがさらに羽について水面に落ちる。そこを長さ約四mのモチ竿で鵜のモチが付いている部分にくっつける。そして、捕った鵜は舟に入れ、すぐ鵜の瞼を木綿糸を通したヌイバリで一か所留める。これは荒鵜の気を落ち着かせるためである。この縫い糸は翌日切り外す。鵜を連れて帰る時は藁で束ねた約四・八

cmのハセ（ハセガミともいう）をクチバシにはさむ。このハセガミは流域により呼称が違い、支流匹見川ではハシガケ、柿木村ではテボといわれ材質はいずれも藁である（図②(a)）。三次ではハシガラミといわれ、長さ七・一cm、幅一・二cmの円筒型の木が使用される（図②(b)）。その木は鵜の鉤状に曲がったクチバシの先端をはめこむように長径約四cmの穴があいているのが特徴である。次に羽切りを行う。鵜は両羽を切ればバランスが保たれ飛んで逃げてしまう。そこで左右どちらかの羽を六本切る。これをカツラ（片方のこと）を切るという。鵜匠は、捕獲した鵜の体についているモチをきれいに落とす作業を行う。ウェース（布のこと）でトリモチのついている部分にガソリンをつけてふきとる。ガソリンをふきとった後ヌカで手入れする。現在は、鵜の捕獲は環境庁からの許可がなかなかおりないこと、捕獲のために船頭を頼み舟を出すのに二万五千円から四万円の労賃がかかることに苦慮している。

連れて帰った鵜は、餌を与えても容易に食べない。そのため、上のクチバシのみ結わえ（これをカタハセという）、餌を少しずつ与える。野生の鵜は最初は餌を自由に食べないため、鵜匠は鵜にむりやり食べさせる。そして何度も喉を撫でてやることを繰り返すことにより鵜は鵜匠に馴れる。

休漁期の鵜のトレーニングは、毎朝二〇～三〇分間トヤ近くの川で行われる。鵜に一〇mの手綱を付け川に放す。鵜は水に一五分も入れば岸に上がる。一番強い鵜が一番高い場所に上がる。その場所へ若鳥が上がればクチバシで脅しその場所から降ろす。つまり鵜には順位があるようだ。また岸に上がった鵜の二羽が親和行動をとることもあるし、一羽だけ離れた位置にいるものもある。

餌は河川か乾かした池で捕獲した生き魚フナ・ウグイなどを一日一回夕方に与える。川魚がない時はアジを買い入れ与える。休漁期の鵜には一日に一羽につき一kg（魚の数では四～五尾）食べさせる。そして、漁期には食べる量を胸部のアバラで調節し餌を減らす。食べた魚は一五分で消化しフンを吐き、翌朝八時頃には消化できなか

写真①　高津川下流域の鵜のトレーニング
（1990年1月、筆者撮影）

川で朝のトレーニングをするウミウ（遊泳中）

ウカゴの上で濡れた羽を広げて水滴をきるウミウ

10分間のトレーニングを終え、岸とウカゴに上がっているウミウ

ったカスを吐く。これを高津・柿木村ではエズモリといい、匹見川ではオオトという。エズモリの量は、鵜を前日に川に入れトレーニングをさせていないと少なく、十分に川に入れトレーニングをさせると多い。エズモリの量が多い鵜は体調がよく、本番の鵜飼の時は働きがよい。したがって、エズモリの量で鵜の体調がわかる。

鵜小屋（トヤ）は、横三六〇cm、縦三〇〇cmの中にそれぞれ約六五cm×六〇cmの箱小屋が六つある。箱小屋には一羽ずつ入れてある。箱小屋の中には鵜の止まるブロックがあり、箱の角には口ゆすぎの水を入れた缶がおかれている。そして、鵜匠は一日に一回トヤの清掃をする。

(2) 中流域の鵜飼

現在では柿木村では鵜飼は行われていないが、昭和二〇年頃までは中流の日原から上流は六日市朝倉にかけて何人かの鵜匠がおり鵜飼が行われていた［6］。その後昭和三〇年頃より柿木村水域では鵜匠は唯一人となってしまった。潮利一氏（七〇歳）がその人であり彼は昭和四五年頃まで鵜飼を続けたが、その後はやめてしまった。

鵜飼はセとフチの連続した水域か、または大きなフチで行われる。これは高津川の中流が比較的ヤとフチの繰り返しが多く、時に大きなフチがあり、このフチに対象魚であるウグイ、フナが集まる性質を利用したものである。六日市朝倉より日原までのかつての鵜飼が行われていたフチは図③に記載されている。

漁場へ行く時には、ウカゴに鵜を二羽入れ、魚を吐かせるコシカゴ（図②e）（匹見川ではツケカゴともいう）と漁獲した魚を入れる縦三一cm、横四七cm、高さ三三cmの直方体のマエカゴと投網を入れる笊を天秤棒で担いで行く。天秤棒はやがて自転車に替わり、最後は自動車を使うようになった。

柿木村水域で最も漁が多いフチはタキノフチ・タブ・ハマゴ・ジンロク（深さ一〇m位）などであった。春になると日原町のオオブチはウグイの産卵場所となるので、川下に建て網を仕掛け鵜を放し多くの漁獲があった。一日に二フチくらい漁を行っていた。フチの中には護岸工事により河川の川床が変貌したところもある。

柿木村水域の潮利一氏の鵜飼漁法を復原してみると次のようになる。この鵜飼も「昼川鵜飼」でありかつ「放し鵜飼」であった。そして、これはさらに漁法上から「逐鵜」と「捕鵜」に分類できる。漁法を図④で表した。それを順次説明してみよう。

図④の①は「下りえこ」漁法と呼ばれるものである。これは、鵜に魚を逐わせて網に逐い込む漁法である。フチとセの連なっている場所の下手のセに扇状に建て網（はこ網ともいう）を張り、扇の元に箱型にえこ網を張る。網を張る場所はやや流れのある浅い水域（鵜匠はこれをセと呼ぶ）が最適として選ばれる。その水域では流れがあるので魚は勢いよく下る。勢いよく下る魚の通り道をセゴシと言う。そして、えこ網の中に笹竹を入れえこ網の入り口にふせ網を置きその上に石をのせる。鵜に逐われ下った魚はえこ網の笹竹の中に入り込む。時を見計らってふせ網をおこし、えこ網の中に刺し網を入れ笹竹を取り除き魚を捕獲する漁法である。もし笹竹がないと、魚群の勢いでえこ網は破られてしまうことがあるそうだ。海における「シバ漬け」などの漁法との関連が考えられるが、いずれにせよ魚の行動を巧みに利用した仕掛けである。

図④の②は下りえこ漁法と同様で川の上手に網を張る方法で「上りえこ」漁法という。えこ網は川幅のあまり広くない（五〇m以内）水深三〇cm以内のところが選ばれる。えこ網は日原左鐙から柿木村大野原のタキノフチまで行われた。そして、網を張ったり舟を使用するなど大仕掛けでもあり、同行する人は一〇人から二〇人であった。

図④の③は「鵜せぎ網」漁法と呼ばれる。これは岸より放した鵜が上流へ上がっていく際に逐われてのぼる魚を上流の岸から投網を打つ漁法である。一人の鵜匠に常時五人位の投網を打つ人が同行する。そして、フチからセに逃げる魚をめがけ川岸の上と下から投網を打つ。漁獲の分けまえは鵜匠が三分の二で、残りの三分の一が投網を打つ人で分けられる。投網を打つために同行する人のことをウセギといっていた。ところで、『日原町史』[7]、『益田町史』[8]には鵜せぎ漁法は上下に網を張って鵜を放ち入れ、逐わせてとる漁法と記してある。しかし、柿木村の鵜匠はえこ漁と鵜せぎ漁を別々のものとして解釈している。

図④の④は「まき網」漁法と呼ばれる。下流に建て網を仕掛けておき、鵜を岸より上流に放し鵜に魚を逐わせる。充分に魚が下がったと思われる時に鵜を放した場所から舟で川の対岸に向け移動し、建て網（二重網）を入れる。これは魚を網で包み込む漁法である。

図④の⑤は「あなどり」漁法と呼ばれる。これは鵜を魚のいそうなフチに放し鵜に魚を捕らせる漁法である。冬場は魚は大きな淵の岩場の間にいることが多く、一定の場所で何時間もかけることができる。これは、鵜匠が単

図④　鵜飼漁法（吉賀川）

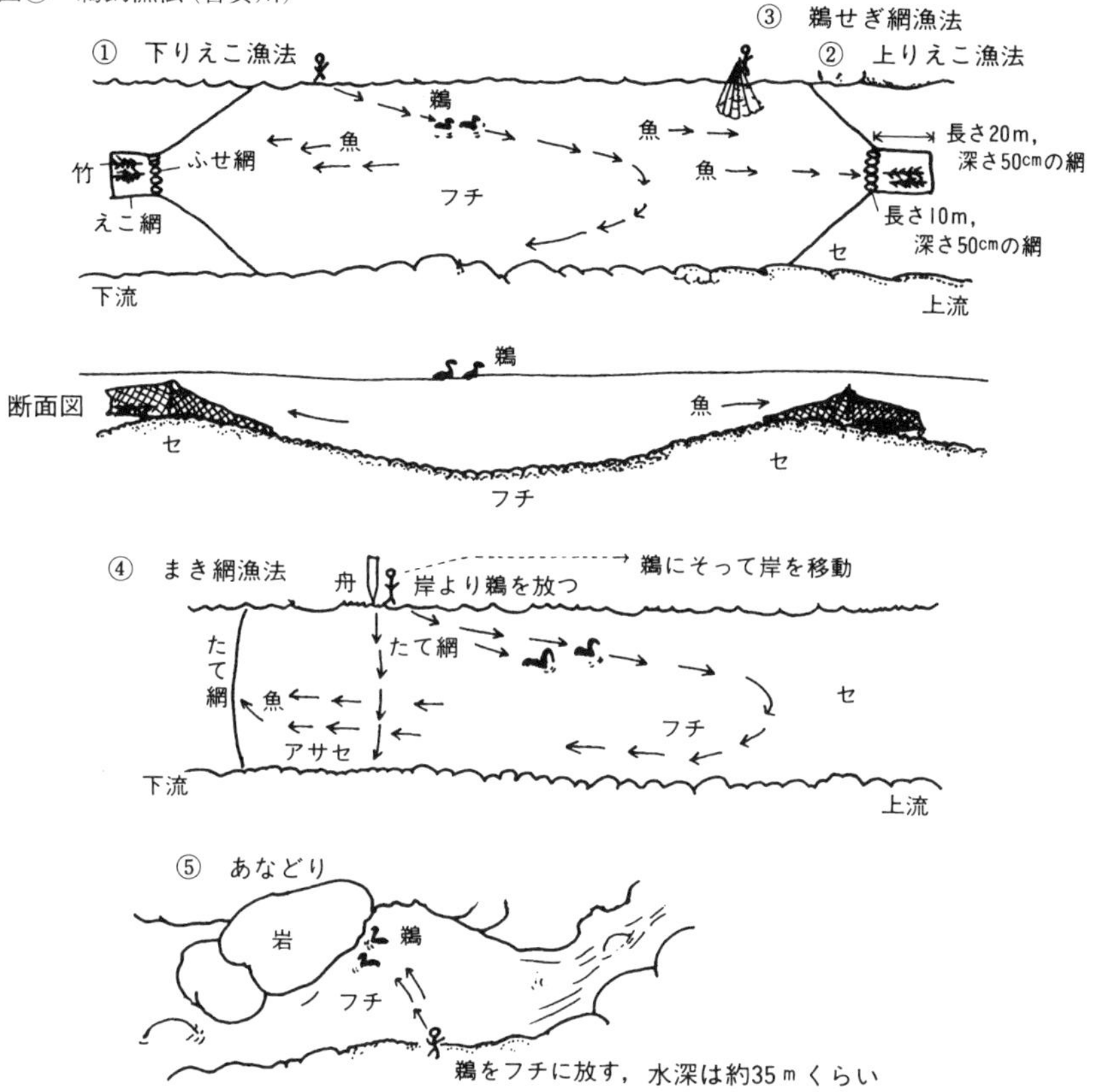

独で行う漁法であるが、①②の方が漁獲の分け前が多い。冬期には正月魚を皆が欲しいので、漁場は網を打つ人があらかじめ捜しておく。したがって、鵜匠は悠々とでかければいいので楽であった。

以上の漁法は吉賀川（高津川）を中心に行われていた。潮氏は、本流以外の支流でも鵜飼を行ったこともある。それは支流の福川上流で、三月頃に川下に網をかけ鵜を放しヤマメを捕獲したそうである。支流の津和野川（三七・三km）での鵜飼はフナを中心にウグイ・コイも捕獲された。

鵜の飼育方法は、前項「(1)下流域の鵜飼」で述べたことと同じでありここでは省くことにする。

(3) 支流匹見川水域の鵜飼

匹見川は、高津川の支流で全長五二・〇㎞の急流で下床には巨大な石英安山岩が累積している。川は蛇行し大きな淵が繰返し現われ白波の泡立つ激流も目につく。このような水域においても冬場に大きな淵で放し鵜飼が昭和五九年頃まで行われた。ここで長年鵜飼を行っていたのは平川村蔵氏（七九歳）である。彼からの聞き書きをまとめてみることにしよう。

鵜には、ウミウとカワウがある。ウミウはカワウより大きいが、川が濁っていると魚を捕ることが苦手のようだ。咬みつかれるとウミウに比べカワウの方がひどいことになる。けれども、濁っていても魚はよく捕る。鵜には年齢差により名称があり、若い鳥は茶色の羽毛をしており「カセ」といい、歳とった鵜は羽毛は黒く「クロ」と呼ばれる。また歳とって頬が真っ白の鵜は「ホオジロ」といい、鵜の横腹が丸く白くなることを「ドウランツキ」と呼んでいる[9]。

鵜は先に述べた益田の下流域の鵜匠より秋に購入した。昭和二〇年頃の鵜は一羽が一〇円もし、高額なものであった。その後昭和五〇年頃でも二万円もしていた。鵜は飛んで逃げないようにするため羽を切る。鵜の羽は冬の鵜飼後の春に伸びる。秋に左羽を七～八枚切る。これを「カク」という。このカクは一年に一回行われる。連れて帰った鵜は早く慣らすため、ハセ（クチバシのこと）に付けていた藁を束ねたハセカケを解いてやる。夜は、いろりの上に底に穴を開けた鍋を置き、その中に灰をいれ肥え松の木を燃やし、鵜はゴザの上にのせ赤い火を見せながら喉をさすって馴らす。三日間ぐらい毎夜二～三時間喉をさする。そうすれば二晩ぐらいで馴れるようである。これは、鵜がもっとも怖がる赤いものを見せながら、同時に鵜匠が喉をさすってやることから鵜匠に愛着をもつようになるといわれるものである。この方法は先代からの秘伝のようである。入手した鵜は、最初は餌を自ら食べないため鵜匠が夕方一回食べさせてやる。

匹見川の鵜匠は常時二羽を飼育していた。野生の鵜から調教三日ぐらいで放し鵜飼ができる。トヤの中には、鵜を二羽一緒にいれ丸い石を二つ置き鵜が止まるようにする。漁期間は石に塩を塗っておく。これは鵜が足をはらした時には薬になるといわれる。

一二月一日から三月三一日の漁期に漁にでかける。休漁期の鵜の飼育は、餌を夕方毎日与え水をかけてやり咽喉をさすってやる。餌を与えないと足をはらすことになる。そして、三日に一回カズラの皮を剥いで作った約四mの手綱をつけ、川で三〇分くらい水遊びをさせる。クチバシは一年に二回削り手入れする。漁期は、鵜にはセミ（図②(c)）（鵜が魚を呑み込まないように首に巻く綱）をかけて川にいれる。セミには木綿糸を使用し、秋になる実のススダマ（ジュズダマの方名）の中を通し首の前で結わえる。三次の舟鵜飼でのセミは、首の前で結えクビヒモの長さをセメクギで調節する。セミを前で結ぶ理由は、放し鵜飼では鵜が自由に魚のいそうな岩場のすみかに潜るため、結び目が後にあるとその岩にセミがひっかかり鵜を殺してしまう恐れがあるからである。

写真②　支流匹見川の鵜飼
（1977年、朝日新聞提供）

連れそってフチに泳いでいき魚を逐い出すウミウ。川の下手には刺し網が張ってある

漁を終えて褒美としてのフナをもらうウミウ

鵜飼は朝九時頃でかける。こうした時間に出かけるのは、若鳥は八時頃、長く飼った鳥では九時頃に口から消化しなかった骨などを吐くからである。吐く前に川に連れていっても仕事をしない。この朝吐くことを「オオト」という。

鵜飼は冬に行われ、魚が淵の岩場の下にいるのを捕獲する。当地の鵜匠は川の中をさらに次のように分類している。①フチ＝深いところ。川の縁をフチともいう。②ヨラ＝一mぐらいの深さのところ。③セ＝浅く流れが早く、白波がたっているところ。川底に荒い石がある。④ショロコ＝浅瀬で川底の石が小さいところ。鵜匠はこの川の特徴を鵜飼に利用している。

図③には匹見川上流の江田から益田の横田口までの鵜飼がされていたフチの名称が記載されている。これは平川氏の記憶をもとにしているが、かつて鵜飼をしていたフチの名称のみならず、フチの形状など地形的な特徴、魚類の棲息状況など驚くほど知識をもっている。このフチの名称は前代の鵜匠より聞き伝えられたものである。放し鵜飼の鵜匠がフチを中心に記憶しているのは、冬場にはセに魚がおらずフチの岩場の下に魚がいるためである。鵜が魚を逐いフチからセをとおり次のフチへ落ちることをセオチという。セオチする鵜はよい鵜とはいえず、鵜匠にとっては、鵜がセオチした場合にそのフチまで鵜を逐いかけなくてはならないので厄介である。訓練により鵜はセオチすることはほとんどなく、一つのフチのなかで魚を捕る。

鵜飼は、多い時は一日四フチ、場所によっては一日一フチ行われる。そのフチの中でも最も深いところは、カメガフチであり三丈（約一〇m）もあるとされており、大きな魚がいる。カメガフチでは一日中ここで操業していた。鵜は水深一〇mは簡単にもぐることができる。イダ（和名ウグイ）・ハエ（和名カワムツ）・セイサク（和名ギギ）・ドウハチ（和名カマキリ）・ウナギを捕獲する。

匹見川では、岩場が多く柿木村水域で行われる「えこ」漁法はなかったようだ。ここでは舟も使わず、鵜と投網または刺し網を使用する漁法が多かったようである。図⑤は、匹見川の放し鵜飼漁法の図である。匹見川では、①鵜だけ使用、②鵜+投網使用、③鵜+刺し網の三つの漁法がある。昭和二〇年頃までは①②が主流で、その後昭和三〇年頃より刺し網が使用されるようになった。岸より二羽の鵜を放すと二羽は寄り添い上流へのぼり、魚のいそうな岩場へ移動する。鵜は魚をつかみ呑み込み、もとのところへ帰ってくる。鵜はニワトリよりよく馴れ、魚を振ればもちろん、ダイコンを薄く切ったものや柴の葉を振っても寄ってくる。そして、ダイコンを放ってやればくわえるが吐き出す。

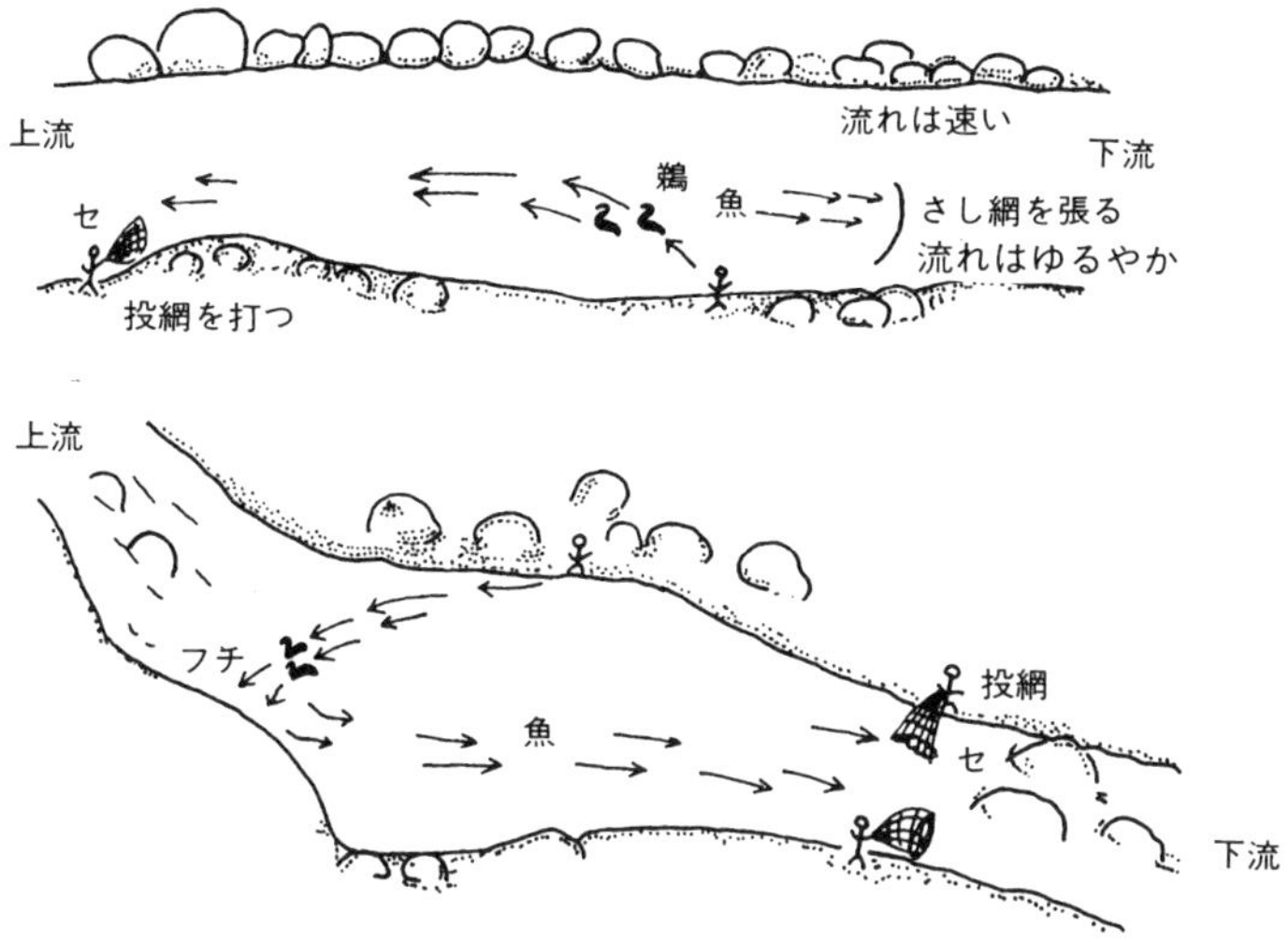

図⑤　鵜飼漁法（匹見川）

鵜は、魚を捕った場所へもう一度行く習性がある。クロは川のフチ（縁）をとおり、カセは川のナカ（中央）を泳ぐ習性がある。これは、歳とった鵜は貪欲に魚を求めて川の縁を泳ぐが、若鳥は経験がないため魚がいそうな川の縁に積極的に行かないからだと鵜匠はいう。刺し網を使う場合はフチからセに変わるやや緩やかな流れの、魚の下る通り道に仕掛ける。

鵜は、ウグイで多くて二尾ぐらいを咥え呑み込み岸に帰ってくる。目方で五〇〇gぐらい呑み込む。そして、一日で六～七貫（七〇～八〇尾）捕れる。鵜の呑み込んでいる魚は、コシカゴ（ツケカゴ）（図②e）の口に鵜のハセ（クチバシのこと）をはこび吐かせる。マエカゴ（図②d）は網で捕った魚のうち傷のないものを入れる。これは、鵜で捕った魚のハセの痕があるものと区分けするためである。いずれのカゴも魚を入れた後使わない時は、魚の鮮度を保つため水につけておく。

一月から二月は川の水が冷たく捕獲した魚は長持ちするが、一二月は水温が比較的温かく魚が弱い。鵜匠によれば三月の匹見川では雪解けの水の引きが悪いため、雪の少ない津和野川や益田川まで行っていたようである。また匹見地方は冬は雪が多く、寒い時に上流の道川水域では川が凍ることもあり、その時は鵜は使えず、氷が張っていない下流域で鵜飼が行われる。雨降りには水が濁るため鵜飼漁には出かけなかった。

昭和二五年頃までは、鵜飼には鵜匠一人に投網を扱う五～六人、多い時は一〇人で漁に出かけていた。投網を持った人は鵜匠が鵜を川に入れたとき魚が驚き上流へ逃げるのを投網で捕獲する。捕獲した魚の分け前は使用した鵜の数も人数分に入れて均等割りし、鵜の分け前は鵜匠がもらう方法が採られていた。その後昭和三〇年以降は一人で鵜飼に行くことが多かったようである。当時は山間流域においては、淡水魚は重要な蛋白源であり多くの注文があったようである。

鵜は冬場には岸に上がった時羽が凍ることもあるため、ウカゴに鵜を入れ川岸で火をたき温めてやることもある。

四　まとめ――放し鵜飼と舟鵜飼の若干の比較

以上、高津川の鵜飼はかつては河口より上流の六日市町までのほとんどの水域で行われていたことがわかった。そして、鵜飼漁は下流域、本流中流、支流とそれぞれ手法の違いがあることもわかった。冬鵜飼でウグイ（イダ）・

表① 高津川水域を中心とする放し鵜飼

	水域	手法	捕獲魚（多い順）
下流域	高津川（河口域より上流13km神田橋）	舟鵜・捕鵜・逐鵜（投網）・静流面	フナ／ウグイ／イナ／ボラ
	益田川（河口域より大谷）	舟鵜・捕鵜・逐鵜（投網）・静流面	イナ／ウグイ／フナ／コイ
	三隅川（河口域より上古和）	舟鵜・捕鵜・逐鵜（投網）・静流面	フナ／コイ／ウグイ
	蟠竜湖	舟鵜・捕鵜・逐鵜（投網）・静水面	フナ（多）
中流域	高津川〔吉賀川〕（日原より六日市）	徒歩鵜・捕鵜（あなどり）・逐鵜（えこ網／鵜せき網＝投網／舟＋まき網）・静水面（淵＋瀬）	ウグイ（多）／カワムツ
上流域	益田川（堀川橋より美都町）	徒歩鵜・捕鵜・逐鵜（投網）・静流面（淵）	フナ／ウグイ／カワムツ
	支流 津和野川（日原より津和野町）	徒歩鵜・捕鵜・逐鵜（投網）・静流面（淵）	フナ（多）／ウグイ／コイ
	支流 匹見川（横田口より道川）	徒歩鵜・捕鵜・逐鵜（投網／刺し網）・静流面（淵）	ウグイ（多）／オイカワ

フナ・イナ（小型のボラ）・ハエなどをねらった点は共通しているが、上流から下流とそれぞれの水域での手法と棲息する魚類に多少の差異があるため鵜の捕獲魚類に量的な違いがある。下流域ではボラ・イナ・フナ・ウグイの順で捕獲され、対象魚の量の差がある。中流域ではウグイ・カワムツ・フナの順であり、支流匹見川はウグイ・オイカワを中心に捕って、コイ・フナは数十年前までは棲息していない。支流津和野川はフナ（ギンブナ）の大きさは二〇cm以内であり、津和野川のフナは大きく数も多い。

竹内利美は「河川と湖沼の漁法と伝承」〔10〕の中で鵜飼の漁法上のバラエティーを述べ、それを分類している。それを参照しつつ、これまで述べてきたことを基に高津川水域での鵜飼漁の特質を述べ、鵜飼漁法上での位置づけを行ってみたい（表①）。

河口域から横田口までは岸または舟から行う放し鵜飼で昼川である。本流の中流では、岸からの放し鵜飼では投網、刺し網が使用されたり、鵜だけの手法も行われた。支流匹見川では基本的には鵜と投網が中心に行われた。鵜は冬に使われ、対象魚はウグイ中心であり、他にフナ・コイ・シラハエ（和名オイカワ）・ギギなどである。冬は魚の動きが鈍く岩場に隠れているため、鵜は淵に放されるのである。夏は網だけによりアユが捕獲される。これは、かつては鵜飼でアユを捕獲していた

表②　舟鵜飼（三次）と放し鵜飼（益田）の比較

	舟鵜飼	放し鵜飼
場所	中流域	下流・中流より上流・渓流・湖
時期	夏（6月15日より9月15日）	冬（10月1日より3月31日まで）
操業時間	夜	朝から夕方
使用物	舟 手綱（6.75メートル）	川岸に舟をつけ鵜を放す（下流から中流）（渓流では舟使わず） 手綱使わず／投網
操業時使用数	6羽	2羽
対象魚	アユ	ウグイ・フナ・コイ
小屋	広い空間からペアリングし狭い空間に移す	年間を通して狭い空間に1羽とする（下流域） 年間を通して狭い空間に2羽とする（中流域・渓流域）
ペアリング	ペアリング必要	ペアリング必要でない
トレーニング	小屋の中の池で水浴びする	1日1回川に連れていき水浴びさせる
餌	1日に夕方1回	1日に夕方1回

のが、明治初年頃からアユを捕り尽くしてしまう心配により夏期の漁獲が禁止となり、冬期となったのだとされている。

図①のA・B・C水域の鵜匠は、鵜を次のように入手する。A水域での鵜匠は直接高津沖に捕獲に行く。B、CはいずれもAの高津の鵜匠より購入していた。一羽の値段は昭和二〇年頃では一〇円から二〇円であり高額であったとされる。鵜は、それだけ貴重なものとされていた。下流、中流でかつては何人かの鵜匠同士が組んで行っていた鵜飼は、鵜匠減少に伴い単独で行われるようになった。高津川においては、夜鵜飼はなされていない。これは条例で禁止されたからである。

さて、最後に放し鵜飼と手綱鵜飼を対比させ、その特徴を抽出してまとめにかえたい。事例としては今回の放し鵜飼の調査と三次における舟鵜飼［11］をとりあげて比較してみる。違いと共通点を拾い上げまとめたものが表②である。前者は昼川の冬鵜飼で、対象魚はウグイ（イダ）・フナなどである。後者は夜川の夏鵜飼であり、対象魚はアユである。水域は、放し鵜飼は静流域の入り江、淵または湖で行われる。また、鵜せぎ漁のえこ漁はフチとセの連なったところで行う漁であり、これは放し鵜飼に固有のものであり、むしろ、えこ漁が放し鵜飼の中心的な漁法であった可能性がある。網を併用することが放し鵜飼の一般的な特徴であり、この点が最も舟鵜飼と異なる。一方舟での手綱鵜飼は流水域で行われ、アユをセからフチに逐い、さらにフチの浅い岸に逐うのを基本としている。また舟による手綱鵜飼は、上流より下流へ、さらには下流より上流へと、舟と鵜さらには鵜匠が一体となって行われる[12]。そして、舟のこぎ手（三次ではカコという）と鵜を操る鵜匠の呼吸がうまくいかないと魚は捕れない。こぎ手も熟練を必要とする。放し鵜飼においては、下流水域から順次上流水域へと行われる。

放し鵜飼の鵜を手綱鵜飼に使用することは可能であるが、逆に手綱鵜飼の鵜を放し鵜飼に使用するのは容易ではなく、獲物を逐わずに水域の中央を遊泳することが多いようだ。特に注目されるのは、鵜の飼育方法の差異である。益田高津では、一小屋に一羽を入れる方法がとられ、上流の柿木村水域、匹見川水域では同じ小屋に二羽を一緒に入れ、小屋の中には留まり用に丸い石を置く。三次においては一小屋に何羽も入れ、漁期三か月前より小屋の中でペアリング[13]する方法がとられる。この点は大きな差で舟鵜飼ではペアリングは必須のことであるが、放し鵜飼では必ずしも必要ではない。

手綱による鵜飼では、鵜の個体同士がペアリングにより個体間の攻撃行動が緩和され、それによって順位の秩序を明確にしているように思われる。一方、放し鵜飼は二羽の鵜を手綱なしで操る。鵜の自立活動を維持するためペアリングの技術は使わず、狭い空間の小屋で飼育するのではないかと思われる。

これまで鵜の生態を概観し、放し鵜飼を中心に伝統的漁法を鵜の習性と魚の生態との関連を中心に述べてきた。そして、放し鵜飼と舟鵜飼を対比してその特質を抽出してみた。

鵜匠は鵜の習性を知り尽くし鵜飼漁に反映している。今回の調査で放し鵜飼のもつ民俗生態学的な全体像を明らかにすることができた。

今後も、さらに鵜の観察と他の河川における鵜飼の研究を進めていきたいと考える。

［1］最上孝敬『原始漁法の民俗』の「鵜飼の伝承」に島根県益田市高津河口の鵜飼について五六〜五八頁、島根県日原の鵜飼について五九頁、「鵜飼懐古」に高津川の放し鵜飼について八五〜八六頁に記してある。

［2］万葉歌人の柿本人麻呂は晩年石見国の益田で過ごしたとされる。『万葉集』の巻一の三八の反歌に「春べは　花かざし持ち　秋立てば　黄葉かざせり（一に云ふ、黄葉かざし）　行きそふ　川の神も　大御食に　仕へ奉ると　上つ瀬に　鵜川を立ち　下つ瀬に　小網さし渡す　山川も　寄りて仕ふる　神の御代かも」がある。これは持統天皇の吉野の行幸時（六八九〜六九一年）に、人麻呂が作った歌（天皇讃歌）である。その中の一部を解釈すると「上流の瀬で鵜飼を催し、下流の瀬では小網《さで》を張っている」となるが、まさに本稿でいう「上りえこ」「下りえこ」漁ではないか。推測であるがこのことから高津でもその時代鵜飼がなされ、人麻呂は益田の高津川の鵜飼を楽しんだかもしれない。

［3］動物行動学の中で解釈されている行動の意味を実際に動物を扱う人々が同じように知っていることがあり、このような知識をフォークエソロジーと呼ぶことを篠原徹は提案している。篠原徹「フォークエソロジーの可能性」（『歴博』37号、国立歴史民俗博物館、一九八九年）の示唆を受けたものである。

［4］益田の鵜匠によれば、益田では冬海がしけた時、年によってはウミウとカワウが益田沖の岩場や益田から日原までの山で観察されるようである。今後の調査観察が必要となる。『世界文化生物大図鑑3　鳥類』（世界文化社、一九八四年）によれば、カワウは全長約八〇〜九〇cm、マツなどの高木に枯れ枝や葉で営巣する。ウミウは全長約九〇cm、断崖の岩棚などに枝や草で営巣する。

［5］可児藤吉は「渓流棲昆虫の生態」（『可児藤吉全集』全一巻、思索社、一九七〇年）で、河川を基本的にAa・Bb・Bc型に分類した。A型は、一つの蛇行区間で、瀬と淵が数回交互に現れるところ。B型は、瀬と淵が一組ぐらいしか現れない流れのところ。a型は瀬から淵へ水が滝のように落ちこみ流れているところ。b型はa型ほどではないが波立って流れているところ。c型はゆっくり波立たず流れているところ。高津川上流での六日市水域はAa型が少なく、Bb型が多い。柿木村水域から日原町水域はBb〜Bc型、横田口より河口域まではBc型である。匹見川は典型的なAa型である。

［6］酒井薫美『柿木村の民俗』（柿木村教育委員会、一九七九年）の中で鵜飼を紹介している。

［7］『日原町史』（日原町教育委員会、一九六四年）の「漁法」の項（六七〇頁）に鵜せぎ漁法について述べられている。

［8］矢富熊一郎によれば、「前期室町時代の享禄年間から、高津・飯田・横田・大竹・左鐙・小直の辺では、鵜を使って鵜せぎ

の漁法を行った」とあるが（『益田町史』益田郷土史矢富会、一九六三年、三〇八頁）、今回の調査では、下流域の高津・飯田・横田での鵜せぎ漁法は確認できなかった。

［9］高津の鵜匠塩田氏は、歳とって頰が真っ白の鵜を「ホッソ」、横腹が白くなることを「ドウラン」と呼んでいる。ウミウは歳をとる（一〇歳以上）と全て「ホッソ」「ドウラン」となるが、カワウは全てなるとはかぎらないようである。

［10］竹内利美は「河川と湖沼の漁法と伝承」（『日本民俗文化体系5　山民と海人』小学館、一九九〇年）の中で⑴「逐鵜（魚族の駆逐）」か「捕鵜（魚族の捕捉）」か、⑵「歩行遣い」か「船遣い」か、⑶「繋ぎ鵜」か「放ち鵜」か、⑷「昼漁」か「夜漁」か、⑸「流水面（河川）」か「静水面（湖沼）」か、と手法を分類している。

［11］篠原徹「鵜のこころ・鵜匠のこころ」『列島の文化史6』日本エディタースクール出版部、一九八九年。

［12］西實『三次の鵜飼』（三次市観光協会、一九八八年）四八～五一頁。三次の舟鵜飼の漁法には、「アナヤリ」「イソノリ」「ツルノスゴモリ」「ソウガラミ」などがある。「ソウガラミ」と「アナヤリ」については、篠原注［11］前掲論文が詳しい。

［13］篠原注［11］前掲論文、一三〇～一三二頁。ペアリングについては、擬似的な配偶行動と定義し、特徴は親和的行動にあると指摘されている。なお、この論文の時点では放し鵜飼にペアリングの技術は必要なしと考えていたが、その後放し鵜飼でもペアリングを成立させていた方が有効であるということがわかった。本書第八章「鵜川と鵜飼」の第三節⑶「鵜の調教と放し鵜飼」にそのことが記されている。

参考文献

可児弘明『鵜飼』中央公論社、一九六六年
桜井満訳注『現代語訳対照 万葉集』上、旺文社文庫、一九七六年
島根県益田高等学校編『高津川　総合学術調査研究報告』一九六三年
日原教育委員会編『日原町史 自然』一九八八年
三次教育委員会『三次の鵜飼と川漁』一九九七年

＊謝辞――今回の鵜飼調査については高津川流域の多くの方々にお世話になった。なかでも、長い伝統を今日まで伝承されてき

た益田の鵜匠塩田嘉助氏・吉村市一氏には、面倒な質問に快く答えていただき、多くのことを教えていただいた。さらに、鵜の写真撮影もさせていただき大変お世話になった。高津川流域では、平川村蔵氏・潮利一氏にも協力いただき心より感謝する次第である。また筆者が鵜に興味関心をもつきっかけを与えてくださり、高津川の鵜飼を調査する動機を与えてくださった広島県三次市の鵜匠上岡義則氏に感謝の意を心から表したい。最後に、この論文をまとめるにあたり国立歴史民俗博物館の篠原徹先生からいくつかの指摘と御助言をいただいた。この場をかりてお礼を申し上げる次第である。

第六章　三次鵜飼伝

鵜匠上岡義則翁からの聞き書き

一　はじめに

筆者は何度か広島県三次市の鵜匠上岡義則翁のところに鵜飼調査のために足を運び、鵜の観察と聞き取り調査を行った。上岡翁は、鵜匠歴五八年で高齢であることと後継者のために、一九八八年九月に現役を引退されていた。けれども鵜の飼育は行っておられご健在であったから、後世のために翁の技術を是非聞いておきたいと思っていた。

ここで示した記録は、筆者が一九八八年一一月六日の訪問時に上岡翁宅の廊下に置かれている椅子に腰かけて、三次水域に棲息する魚類と鵜飼について詳細にお話を聞かせていただいたときの聞き書きである。今回、テープを起こしてみてわかったのであるが、筆者が鵜匠上岡翁にかねがね聞いてみたいと思っていたことに対して、上岡翁はきわめて丁寧にお答えいただいていた。この記録は鵜匠の経験や知恵を知る上で、きわめて貴重なものである。テープ起こしはほぼ原文のままで、わかりにくいところなど最小限の修正をした。なお、（　）内は筆者の補足である。方名ではわかりにくい魚の和名も記しておいた。

二　聞き書き

(1)魚について

――現在（一九八八年）三次水域にいる魚はどんな魚ですか。

コイ、フナ、ウナギ、ニゴイと今新しく出てきた魚は、ブラックバス（オオクチバス）が増えた。それと、キスコ、ムギツコ、タナゴ、ナマズ、ギギュウ（ハゲギギ）だね。

――今一番多い魚はなんですか。

アユ、フナ、コイでしょうか。その他にハヤがいます。アカモチというのがオスなんです。シラハヤというのがハヤである。ニュウドウバヤ（カワムツ）というのもいます。今はいないが、たまに網について上がってくるのがゴリンチョ（ヨシノボリ類）、テンキリ（アカザ）、ゴッパツ（ドンコ）です。ゴッパツは昔からいたのですが、テンキリとゴリンチョというのは、終戦後に農薬が流行ってから姿を消しました。それから、ナラセ（カジカ）というのが、全然いなくなった。

――昔からいた魚でサケというのを聞きますが、サケは相当いたのですか。

ええ、相当いました。昔は私が、一五歳から一六歳頃の昭和四年から五年くらいまではいましたよ。終戦からいなくなりましたかね。昭和二〇年頃からいなくなったでしょうね。

――三次水域では、サケは相当見られたのですか。

サケとマスは、上がってきたようですね。サケは一〇月から一一月頃に見られた。

――これが上がってこなくなったのは、堰堤ができたためですか。

堰堤でも、鳴瀬の堰堤は上がってきていた。魚道の関係がよかったのでしょう。今、浜原の堰堤では、あのような魚道ですから難しいのでしょうね。全然上がってこなくなった。

――マスが見られるのはいつ頃ですか。

マスは春です。五月頃見られました。

――他に見られなくなった魚はありますか。

ナラセとテンキリでしょうか。最近はテンキリがたまにいますが、いなくなりました。ゴリンチョですか。タナゴというのもいなくなりました。

――ボラという魚はここまで上がってきたでしょうか。

ボラという魚を、私が覚えているのにはいっぺんほどきたことがあるのですよ。

――上がる数は少ないでしょうね。

いっぺんそこの橋の向こうで砂浜に向けて、私の親父たちはボラがきたというので、長い竿をもって、餌をつけて投げて釣っていたのを見たことがあります。それからは全然そういうことはありません。

――それと、魚ではないのですが、ケガニ（モクズガニ）というのはどうですか。

ここではツガニといいますね。あれは、戦時中に随分いました。網を下ろしてももう始末がつかない。戦後、全然いなくなりましたよ。

――これも、あの堰堤ができてからですかね。サケと同じですね。

タナゴというのは今、皆が捕っているのをタナゴといいますが、昔はこれをニガフナと言っていましたね。食べると苦いのですよ。これが今ものすごく増えていますね。タナゴは色が紫から黄色から、いろいろな色が体についたタナゴを昔はそれをタナゴといっていまして、普通のタナゴをニガツコといっていた。今はニガフナをタナゴと言うのです。

——イダですか、ウグイですか。

この辺ではイダと言います。

(2)鵜について

——鵜飼で目的とする魚はやはりアユですか。

鵜飼では、やはりアユです。

——鵜はどういう魚を食べますか。

どんな魚でも食べますよ。ゴリンチョ（ヨシノボリ）でも何でもです。魚であれば何でも食べるのです。

——鵜はアユだけではないのですね。アユだけを狙うというわけではないのですね。

海にいる場合、鵜が何を食べているのかは我々にはわかりませんが、こちらで使う場合には、アユを目的で捕らせるわけでアユを捕る間にアユばかりいませんので、ウグイとか、フナとか、手当たり次第捕っています。

——鵜の飼育についてお聞きしますが、飼育せずに鵜を持ってきて、すぐに鵜飼ができるというわけにはいかないでしょうね。

それはできません。

——訓練する時間というのは相当かかるのでしょうか。

今年この春、新しい鵜を買って帰るのですが、それを今年は全然仕事にならず、来年からぼつぼつ慣れてきて三年目から、まあ一人前となるのです。二年ではまだ他の鳥のように仕事をさせないのですよ。

——鵜が魚を捕る場所になる好条件というのはあるのですか。

それは魚のおりようです。淵でも魚が一杯いたら沢山捕るし、瀬でも余計いるときはアユが瀬に多いのですから瀬でも淵でも魚がおりさえすればひっきりなしに捕ります。限りなしに魚を捕った鵜を手綱でこちらへ引いて吐かせると、一杯になってしまいますね。

——一人の鵜匠は何羽扱うのですか。

八羽です。魚を捕ったら早く出してやらないと、後で仕事をしなく、クチバシを上に向けて潜らないのです。それだから、早ように口をあけてやらないと、漁が少ないわけです。そこで、技術が見えてくるわけです。

——鵜飼の中で、益田の高津川では、手綱をつけない徒歩《かち》という方法がありますね。三次では手綱をつけています。もし、三次の鵜飼で手綱をつけなかったらどうなるでしょうか。

ここでは、舟を使う場合には、手綱をつけないと仕事にならないですよ。

——川岸からという場合にも手綱があった方がコントロールしやすいですね。

そうですね。手綱がないと、やはり鵜を思うようにならないでしょう。鵜は向こうの岸に上がったり、岩の上に上がったりして休むのです。手綱で鵜匠の近くに寄せると早く吐かすことができるのですが、それが早くでき

写真①　三次の鵜飼（上岡義則翁）（個人提供）

写真②　益田の放し鵜飼（1959年頃）
（益田市役所提供）

ないのですよ。

――三次では、昔は徒歩という方法があったのでしょうか。

商売にするということではなしに、この時期（一一月）になるとシーズンが終わって、昔は餌がなかったのです。それで、餌がないから、この膝ぐらいある籠に鵜を入れて自転車で積んで小川に行き、ちょっとした淵に鵜を放してやると一生懸命に魚を捕りますよ。

――その放した鵜をこちらへかえさせるのに、何かコツがあるのですか。

それが、なかなか、鵜匠のネキ（近く）にかえってくれればみやすいのですが、案外、向こうの岩の上に上がったりしたら、鵜匠は鵜を廻って捕りにいかなくてはならないのです。

――鵜飼には、徒歩という方法、そして手綱の方法の他に何かありますか。

他にはないでしょう。

――三次の場合も、徒歩という方法があったということですが、いつ頃まで行っていましたか。

終戦までやっていました。徒歩は、鵜飼シーズンを終えて、秋は餌を取りに行くのが大変なので、川へ連れて行き徒歩の方法を行ったのです。徒歩というのは、磯から川に少し入ったりして、一羽か二羽に手綱を付け、一人が松明に火を灯して、磯を行くのが徒歩なのです。今でも、岐阜より東（山梨県石和町笛吹川）にそれをする人がいますよ。

――鵜の習性については、長年の鵜飼の経験からどう思われますか。

鵜という鳥、他の鳥でも、喉の大きい鳥もいますが、これは、子どもを育てるのに海に行って、魚を自分で食べない子どもに捕ってかえるのですよ。メン（雌）にも捕って食わせる。喉が大きい。そこからこさせないと。そこから人間が考えだし、それを利用して鵜を使いだした始まりだといわれています。

——鵜というのは、一羽一羽それぞれ性質が違うのですか。

それは違いますよ。これは難しいのでして、一羽一羽、性質を早く見なくてはいけないのです。シーズンとなると、いつも食べさせると仕事をしないのです。どうしても、シーズン前になると、体を軽くして腹を決めなくてはいけないのです。食べさせる量を決めて、いい加減の中腹の腹にするわけです。満腹になると仕事をしないのですよ。そして、空腹でも仕事をしません。そして、中間を常に見る。これが鵜匠には一番辛いですよ。腹加減が大事ですよ。今晩六時に鵜飼に出るとき、こんど仕事を帰って餌を与えるのですが、あくる晩の七時から八時になると、よい加減に腹が中腹になるぐらいの飼い方をしなければならないのです。それが、一〇羽なら一〇羽とも違うのです。ですから、一羽でも忘れてはいけないのです。

——似たようでいて、全部顔形が違うのですか。

顔も全部違います。八羽使っていても仕事を一生懸命する鳥がいれば、さぼろうとする鳥がいる。見ていないといけません。見ていて、今晩仕事をしなかった鳥は何故そうだったか、知らなくてはならないのです。腹が太りすぎていたか、減りすぎていたかを知らなくてはならないのです。だから、ちょっとの油断もできないのです。

——その鳥は寿命があると思いますが、大体どのくらいですか。

寿命がどのくらいであるのか、我々にはわからないですよ。私は二二年飼っていた。二歳で野生鵜を飼うのですが、二二年使って二四歳になった鳥で一年を一歳と数えた場合、その鳥が仕事を一生懸命する鳥で二〇年ぐらいまでは仕事をよくやったが、二二年になったら仕事が鈍りだしたのです。これは年だから鈍るのだと思って、逃すのが惜しいという気持ちがあるし、可哀想でもあるし、いつまでも飼っていても仕事をさせないのに、ここで飼うわけにもいかないので、日御碕（島根県）に連れて行って返してやりました。返しても、岩場から沖に出ないのですよ。私も帰れず、泣いて帰ったことがありましたよ。

――子どもという感じですね。

子どもとひとつも変わりません。

――その頃何羽飼っていらっしゃったのですか。

その頃は一二羽いっぺんに使っていました。

――手綱はもつれませんか。

どうしても、多いほどもつれます。今、八羽にしたというのは、県からのもらっている許可が六羽ということなのですが、六羽というのはどうしても寂しいですよ。魚が多いときには、一羽でも多い方がいいですし。それで、七羽、八羽、九羽と増やして一二羽になったのです。しかし、これはいけないことだし、やめようということで八羽に減らしたのです。

――鳥の数が多いとやはり、多数の魚をたいらげるのですか。

食べますよ。それはよく。鳥が一二羽いて魚をたいらげたら、それはもう、吐かせきれないのです。そうなると、六羽の方が率がよいのです。

――もし、鵜の首に紐を結ばず、放したらいくらでも魚を食べますか。

腹一杯になったら、もう食べません。

――鵜の飼育では甘やかしてもいけない。厳しくしないといけないのですか。

今では一八羽いるのですが、やはり、人間と同じように歳をとると、だらず（怠けること）していけませんね。

――鵜の場合、飼育しても駄目なものもあるのですか。

います。五万円なら五万円を出して買って戻っても全然使わないでいる鳥もいます。

――その見極めというのはどこにありますか。

三羽なら三羽、四羽なら四羽を買うでしょう。秋になれば一〇羽使いますが、いい鳥はものすごく仕事をするようになるし、全然ものにならない鳥もいます。腹加減を落としてやってもどうにもならないっていうのがあるのです。

――買ってきた鳥が全部駄目であるということがありますか。

全部駄目ということはないです。一羽ぐらいはいい鳥だということの方が多いですね。

――その鳥は、毎年買ってこられるのですか。

それが毎年買っていますよ、今までは。そうなると、駄目になる鳥がいるのです。買って来た時から、クチバシがトオクドリ（クチバシが伸びている鳥のこと）といいますが。クチバシが曲がっていないといけない。ややクチバシが使う間に伸びたのが危ない。上に伸びていると、魚を加えた時すっぽ抜けてしまうのです。今年買った鳥でも、来年は駄目で、というような鳥は海に返さなくてはならないのです。それで足りなくなってしまうのです。一二羽から一三羽を連れて行き八羽使うのですが、後に交代で使います。八羽つけるのですが、よく魚を捕る鳥はよく使います。そういう鳥は早く休まないと無理がきて足首の下と上とが腫れてくるのです。そうなったら駄目ですね。結局は鵜匠が使いすぎて足を痛めていたのです。

――鵜という鳥はどんな鳥なのですか。

鵜という鳥は臆病ではありません。使っていて、魚が岩の間に入っても鵜という鳥はどこまでも追いかけていくのです。時によって入ることはできたが岩の間から出られなくなり、帰れなくなるということもあります。そういうことで鳥を殺すこともあります。

――ということは、瀬でも淵でも鵜は潜るのですか。首だけ浸けるということはないのですね。

そこまで行く鳥でないと駄目なのです。歳とった鵜は要領がよく逃げる鳥もいますよ。捕ろうとする魚は水深に真っ逆さまに潜る鳥でなければならないのです。というのは、魚は川底にいますからね。

――舟を使用することは水深の深いところで鵜を使うことなのですか。

いいえ、浅い舟が引っかかるところでもやります。舟が川底をガリガリと底についても瀬の中にいる魚を捕るのです。浅いところでもどこでも鵜を使うのです。私たちの手綱は七m程あります。それいっぱいに潜ります。それでも手綱が届かないところでは浮いてきます。動かぬものは手綱をほどかねば潜らない鳥もいます。

――八羽なら八羽を見ておかなくてはいけないのですね。

仕事をしているか、していないかを見ていなくてはならないし、手綱ももつれぬようにしておかねばいけません。湾の中に行ったときなどに、舟の後のカコ（舟を漕ぐ人）が一人でできないことがあった場合は、岩の間などのところでは、鵜匠は竿を一本持って、手綱を持って、その間に吐かせるのです。吐かせる時が大変ですね。一羽ずつ上げる場合、一羽一羽確認しなくてはならない。よく慣れているいい鳥はもう一杯になったらひとりで舟のへりに上がってくるのです。もう、川を泳いでいても潜れないのがわかっていますから、古い、いい鳥でそういうのがいます。

――どんな魚を食べるのですか。

アユがいればアユを捕りに行きますよ。鳥もアユが美味しいのをよく知っていますからね。まぁ、何でも食べます。

――大きさはどのくらいの魚を食べますか。

ニゴイ、あれくらいの大きいのでも食べます。しかし、食べてはよくないものもあって、ニゴイはケンが立つのですよ。外に出ることもあって、そのケンを押さえておいて出さねばなりません。困ることもあります。また、ゲンゴロウブナのケンがものすごく硬い。それを呑むことは呑むのですが、出すときに引っかかってしまいます。

あれが困りますね。だけど呑むのは一尺くらい魚は平気ですね。

――普通の飼育の中で餌は何をやるのですか。

新しい鵜を買い入れるのは一二月から三月頃で、昔の親父の頃は益田（島根県）の高津より田中さんという方が一〇羽から二〇羽くらい連れてきて商いをなさっていました。終戦後は茨城県の十王町というところから（今は鵜を捕る人がひとりしかいないわけですが）買い入れています。寒いときは魚がいませんのでね。昔は町に蒲鉾屋が二軒あったのですが、キングチやシログチという魚の頭のいらない部分を、もらって食べさせていましたが、キングチもシログチも終戦後はなくなってしまって浜田（島根県）へ買いに行ったり、境港（鳥取県）へ買いに行ったりしています。イワシとサバは油が強くて駄目なのです。白身の魚でエテカレイを浜田へ買いに行ったりしています。四〇箱くらい積んで戻って、冷蔵庫に入れておきます。

――一日の中でいつ食べさせるのですか。

晩だけで一日に一回です。

――同じものばかりで飽きて食べなくなることはないですか。

そんなことはないですね。

――冬に鵜を川に連れて行って、食べさせることはしないのですか。

それが、冬に鵜を連れて行くと魚をものすごく捕るのです。冬は魚の動きが鈍いので、いくらでも捕れますからね。よって、漁協が禁止しているのですよ。鵜飼は、六月一五日から九月一五日までですかね。

――その前に訓練させるのですか。

その前もトレーニングというわけで鵜馴らし祭りというのがありますが、その時には川に連れて出て餌を投げておいて、食べさせるだけで川ではやりません。ですから、川でトレーニングすると小屋に池がありますので、そこへ餌を投げておいてトレーニングするしかないのです。

――昔は相当広い範囲の水域で鵜飼がされていたと聞きますが。

昔は昭和五年から六年頃までは、広島県と島根県の両国橋の手前の橋まで行っていたのですが、それが、堰堤がついて熊見の発電所から県境までやっていたものです。神野瀬川とそことで交換して、その後、神野瀬川でもやっていました。神野瀬川はやや急流で、岩ばかりのところを乗り切ってやるので楽ではなかったで。

――鵜の習性について感じることがありますか。

いつも、お客さんに鵜にはボスがいるのではないかと聞かれるのです。ボスといっていいのかわかりませんが、支度して舟に乗ったときに舳先にいる鵜を追い払って舟の前にいるのです。違う鵜が舟先にいたら、後から古い鳥をとり出したらケンカになるのです。一番先に舳先を取るまでケンカするのです。みんながそれぞれにケンカをして、他の鵜をおっぱらったのがここを占めます。ボスといっていいのかわかりませんが、そのぐらい鳥は仕事がいいですよ。気の弱い鳥は仕事がさがります。

――鵜というのは両性の区別がありますか。

あるのですが、なかなかわかりません。長年、鵜飼をしているが、よう見分けないですよ。これは雄か雌かなどは長年飼っていてもよくわかりません。でも、時々二羽ずつ一緒になります。鵜にも仲の良いのと悪いのがいますからね。仲の悪いのは絶対一緒になりません。それが雄と雌とでそうなるのだろうかと思っていますが、時に二羽の中の一羽が上にあがることがあるのです。雌は受けようとして、雄は鵜に上がるのですが、いいことにならない。雌は尾っぽを上げてなんとかしようとするのですが、雄がうまくいかず、そうして、雌が白いものをだしました。そういうものを見たことがあります。多分二羽が一緒になるのが雄と雌だろうと思います。

――小屋の中では、最初に気が合うかどうかわからずに、二羽ずつ一緒に入れるのですか。

はい、最初に二羽ずつ入れて、いいことにならないと変えてみるのです。相性のいいものはそのままにするのですよ。

――二羽ずつ小屋に入れていて、仕事するときは八羽一緒にするわけですか。

はい、仕事するときは、差し支えないのですよ。

――二羽ずつにされているのは上岡さんが考えられたことですか。

いいえ、昔からそう行っています。

――鵜は夜鵜飼といって、夜に行われますが、昼は駄目なのですか。

昼は駄目です。昼は魚が早いのです。海と川とでは魚の勢いが違いますよ。結局、夜は魚も休んでいるのです。そこへ、だましに火を付けて捕るのです。

――鵜にとって、夜活動しやすい点もあるのですか。

それは火を付けて仕事をするのでして、火を消したらやはり、鳥は鳥目ですよ。火を消したらどうにもなりません。竿を使いますね。火が灯ってる間は川の中にいるときは竿を振りまわしても怖がらないのですが、休んで舟に上がっている時に竿を振ったらぱっと飛び立ちます。火を消してたら、竿を振っても見えないのです。

――長い間、鵜を使うというのは無理ですか。

食べさせる量によります。長時間になりますと、余計食べさせなくてはなりません。

――それは最初ですか。

今晩六時頃出て、八時頃から使い、観光用に一時間三〇分使うのですが長く使うには前の晩に沢山食べさせます。一二月から三月まで鵜を飼って、籠の中から鵜を出す時は、ハシガラミといって、クチバシに煮干を絡ませて、向こうから送ってくると、それを手に入れて出して、一羽ずつ出して、それを外して、クチバシが膿んでいるので、すって切ります。それが、一羽出せばね、一羽かじるということで、三月から二か月ぐらいは、手から生傷がたえることがありません。これが五八年間の傷です。飼育したら、本気でかぶって（咬むこと）くることはなくなりますが、ともかく、三月頃から五月頃まではどうしてもかぶってきます。自然に馴らすことが大事なのです。

——馴れたら、飼育している人と、そうでない人との見分けができるようになるのですか。

鳥はみんな知っていますよ。私が朝、小屋に行っても騒ぎませんが、違う人が行ったら、ガラガラガラと騒ぎます。一年から二年とトレーニングをして三年目からいよいよ仕事をするようになりますが、それが今の若い人にはできないのです。それで後継者に困るのです。ですから、最初にかぶったからといって、腹を立てたり、叩いたりしたら駄目なのです。我慢しなければならないのです。

——それは、上岡さんのお父さんもされていたことなのですね。

鵜匠になったものは誰でもそういう経験がありますよ。ここに着いた鵜をこれへ連れてきたら目の前に魚があっても、初めから魚を拾って食べないので、アジを三匹くらい初めに食べさせ、少しずつ増やし（着いたときはやせているから）段々と身を付けさせる間に、日に三べんから四へんでも籠から出して、いくら噛みつかれても喉のところをさすってやるのです。そうすると早く馴れます。

——鵜は年間を通じてずっと小屋に入れておくのですか。

鵜飼の時期四月一〇日に鵜馴し祭りで出すことがありますが、それ以外は小屋から出すことはありません。

——今年は何羽買ったのですか。

三羽です。最初は小屋に入れずに籠に入れておくのです。それは最初から一緒に入れるといじめられるからです。

——どのくらいたてば一緒に入れるのですか。

春買って、四月の鵜馴し祭りが済んだら六月頃に入ってから、小屋の中のそれぞれの部屋の中に二羽ずつ仕切って入れます。一緒に入れるといじめられるので入れません。一か月経つと、新しい鳥でも強い鳥がいますね。飛びついていくのがいます。

この後にも、漁具、漁法についてなどいろいろとお話をさせていただいたが、録音テープが残っていなかったためにテープ記録はここまでとなった。

三　まとめ

上岡翁の言葉からは、鵜の飼育方法や鵜匠の鵜飼技術、鵜飼に対する熱い思いを垣間見ることができる。筆者は鵜匠と鵜の行動について知りたい点を以下のように絞って質問を行った。

第一点は、鵜の小屋と鵜の飼育方法。

第二点は、鵜の雌雄についての鵜匠の考え方。

第三点は、鵜の寿命について。鵜匠は鵜の終末期をどのようにするのか。

第四点は、鵜の行動について。

ここでは、三次の鵜匠上岡義則翁のインタビューを基にして、広島県三次の鵜飼と島根県益田の鵜飼との比較をしながら、鵜匠上岡翁の知恵と鵜匠の心（思い）をまとめることにする。なお、ここで示した会話の中で筆者が後に疑問に思ったことについては、上岡翁が既に亡くなられているため、ご子息の鵜匠上岡良登氏に聞いたと

図① 上岡義則翁の鵜小屋（広島県三次市、1988年11月6日）

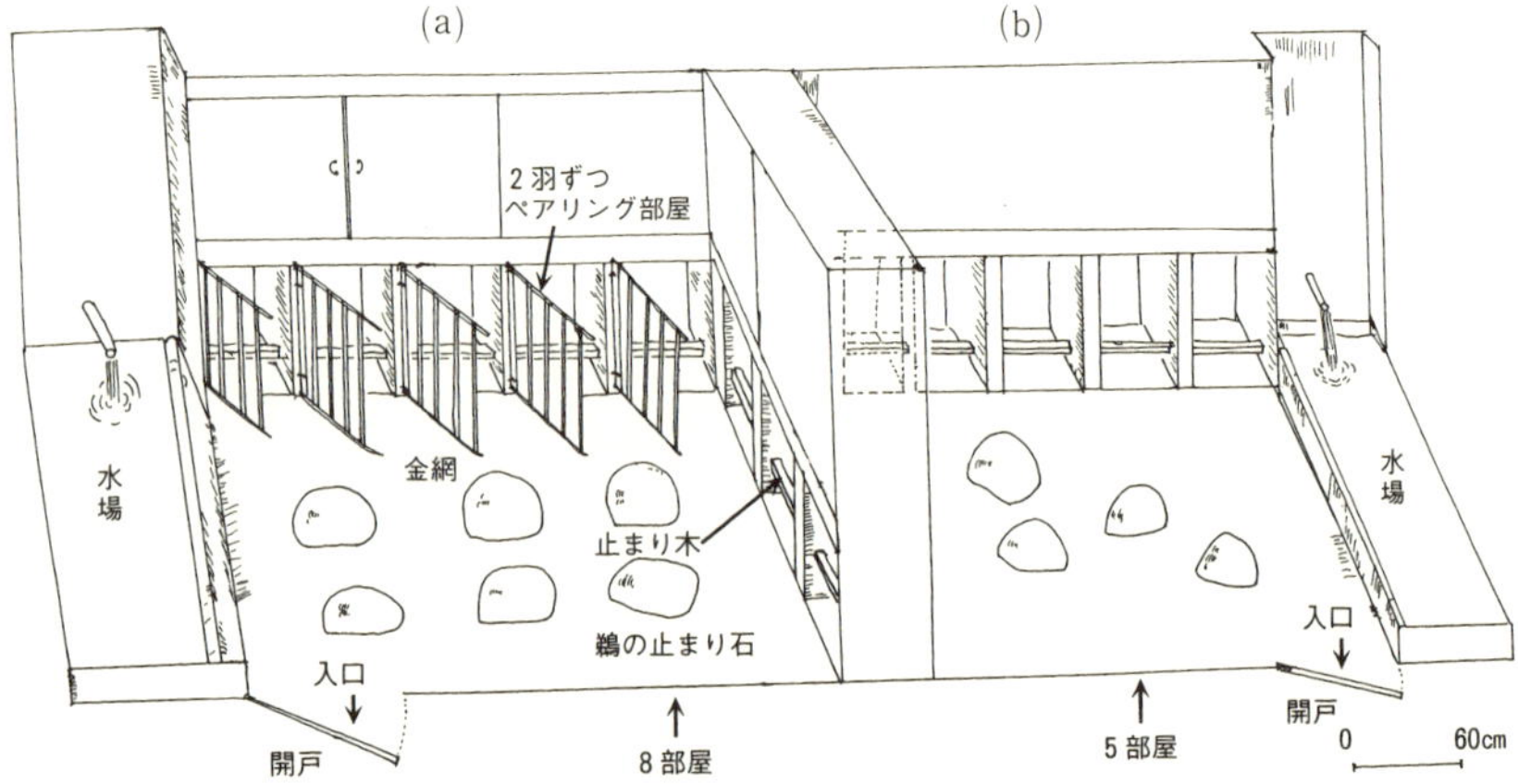

鵜ペアリングの様子 (a)

鵜小屋の様子 (b)

ころもある。

三次の鵜の入手経路については、現在は茨城県多賀郡十王町からがほとんどであるが、上岡翁のお父さんや上岡翁の若い時には、島根県益田から入手していたようである。一方の、益田においては、自前で鵜を捕獲して、その野生鵜を飼育訓練して徒歩鵜飼をしていたのである。

鵜の飼育方法は、三次も益田も鳥屋（トヤ）に入れるまでは鵜籠に入れたままにしておき、毎日鵜匠は鵜籠から出して直接餌を与え、鵜の頭や喉をなでることを行い馴らす方法をとっている。これは両地域とも同じ方法である。その後、鳥屋に入れる際に違いが見られる。三次では、鳥屋の中の広い空間の中にアパートのようにそれぞれに仕切られた部屋を設けており、鵜のペアリ

図②　塩田嘉助翁の鵜小屋（島根県益田市、2005年5月26日）

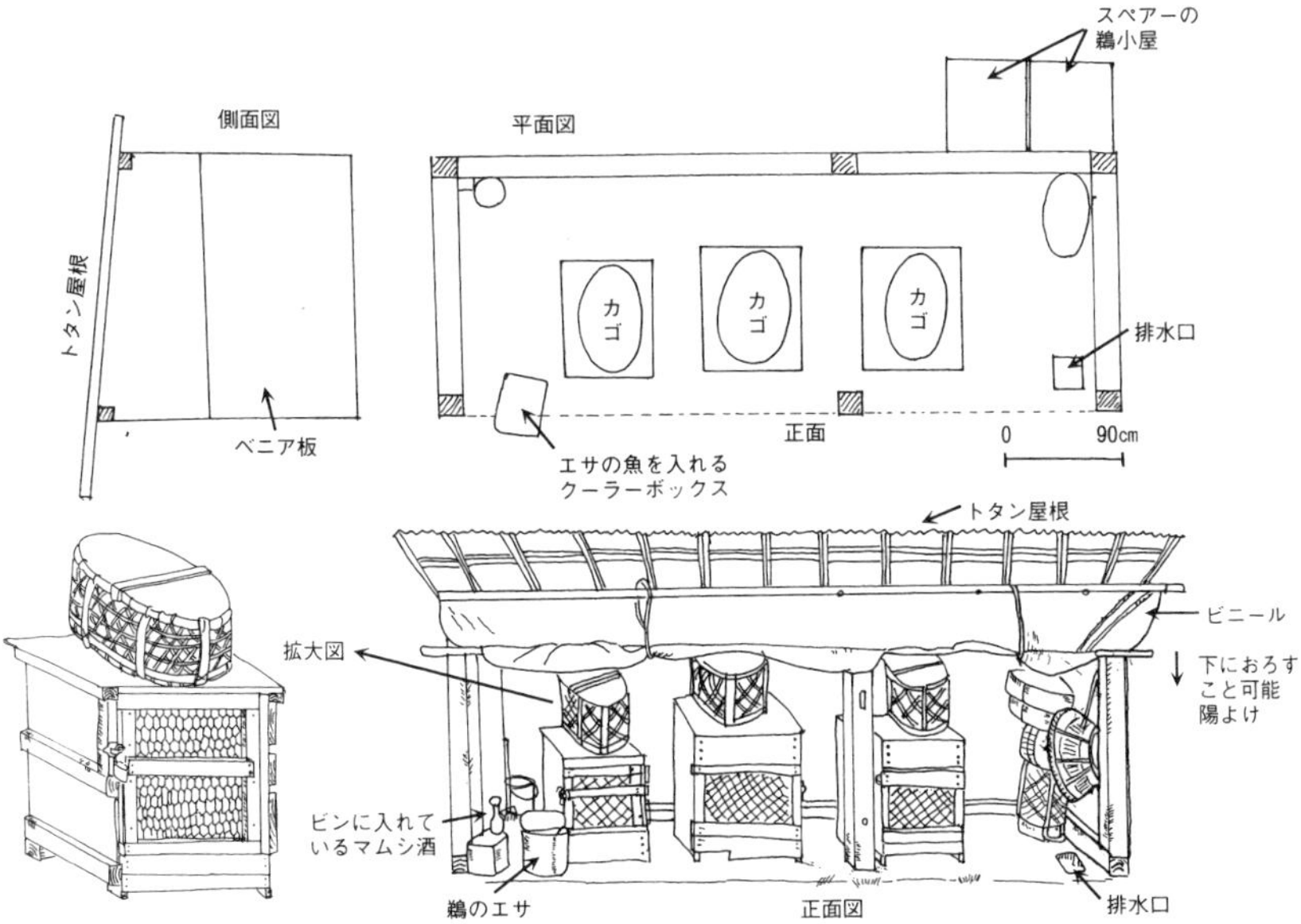

ングを行っている（図①）。上岡翁の言葉にあるように、昔からペアリングという方法を行っていた。

この方法が手綱の鵜飼では、とても効果があると鵜匠は考えている。上岡翁は隣接する二つの小屋をもっており、一つの小屋にはカワウが一羽とウミウが九羽の計一〇羽を入れている。もう一方の小屋には、カワウ二羽とウミウ六羽を入れている。益田の最後の鵜匠といわれる塩田嘉助翁は、カワウを一羽とウミウ三羽を所有している（二〇〇〇年調査時）。益田では、立方体の箱の中に一羽ずつ入れる方法がとられている。鵜を入れた箱は小屋にまとめて入れる。それぞれの箱を鵜が住む部屋としている（図②）。なお、鵜のペアリングは、篠原徹（当時国立歴史民俗博物館教授）が三次の鵜飼研究の中で初めて使用した言葉で、鵜飼の重要な技法である［1］。三次では鳥屋の中に水遊び場を設けているのに対して、益田では、缶に入れた飲料水を箱の中に入れておく方法がとられているが、小屋の中には、水遊び場は設けていない。

益田での鵜のトレーニングは、毎日近くの河川に鵜を連れて行き、手綱をつけて水遊びを鵜匠が行う。両地域とも共通している点は、毎日夕方に一回だけ鵜に餌を与えるのと鳥屋の中の清掃を欠かさないことである。鵜匠は毎日鵜の管理を行わなくてはならないために遠方へ出かけることはできないと述べている。まさに鵜は鵜匠にとって家族の一員となっている。実際に鵜飼として使うことのできる鵜になるまでには三年ぐらいかかるようであり、鵜匠は、鵜飼のできるまでに野生鵜を根気強く馴らして訓練をする方法をとる。

上岡翁は野生鵜を入手した後に鵜籠から荒鵜を出して、餌を与える時や、馴らす時に鵜が嚙んできても、怒って叩いたりすることはしないと強調する。鵜を叩いたりすると、鵜匠と鵜との信頼関係はなくなると述べている。また、上岡翁は所有している全ての鵜の、その日その日の体調をよく把握しており、一羽一羽に愛情をもって育てている。鵜匠の鵜に対する思いは強いといえる。そのことの事例として、上岡翁の話の中で述べられていたが、高齢の鵜を島根県の日御碕で放して野生に返す際の、鵜との別れの気持ちは鵜匠にとって複雑なものである。高齢の鵜は、海に返しても生き延びるかどうかわからないが、上岡翁は鵜を自然に返すことが鵜への感謝の思いを示す方法だと考えている。

上岡翁は、鵜を長年にわたって飼っているが、鵜の雌雄の区別がつかないと述べている。また、卵ができたことがないと述べている。このことは、最上孝敬も「長くウを扱った鵜匠たちはこの鳥の雌雄を見わけることは困難だという。(中略) ウは飼っていては交尾もせず、卵も生まず、飼って繁殖させるというわけにはいかない」[2]と述べている。筆者はこれまでに島根県益田市、京都府嵐山など各地の鵜匠にも同じ質問を行ったことがあるが、鵜匠は雌雄の区別はできず、卵ができたケースはないと述べている。

筆者が上岡義則翁宅に訪問したのは、一九八八年一一月であったが、その時の鵜の小屋は上岡翁の家の横にあり、先に述べたように、合計一八羽を小屋に入れて鵜を飼育しており、他の鵜匠も各自が自分の家近くに鵜を飼育管理していた。その後、一九九四年一一月に上岡翁の自宅の近くに鵜の共同飼育場が完成し、上岡翁以外の二名の鵜匠の鵜も一か所にまとめられて共同で飼育される方法がとられるようになる（写真③）。

二〇〇五年一〇月に筆者が鵜の共同飼育場を訪ねた際にご子息の上岡良登氏（五六歳）にご案内いただき、鵜の観察をさせていただいた。筆者が興味関心をもったことは、共同飼育場で初めて卵ができたことである。卵は中国の四川省からきた白い鵜の一羽と以前から飼育している日本の鵜（ウミウ）一羽からでき、トヤの入り口を開けておくと、白い鵜が近くの草を口にくわえて持ち込み巣作りをしたようである。草の量が少ないため、良登氏が草を少し補足したようである。翌日見た時には、卵が巣台から落ちて卵が割れてうまく生ますことができなかったと良登氏は述べていた。

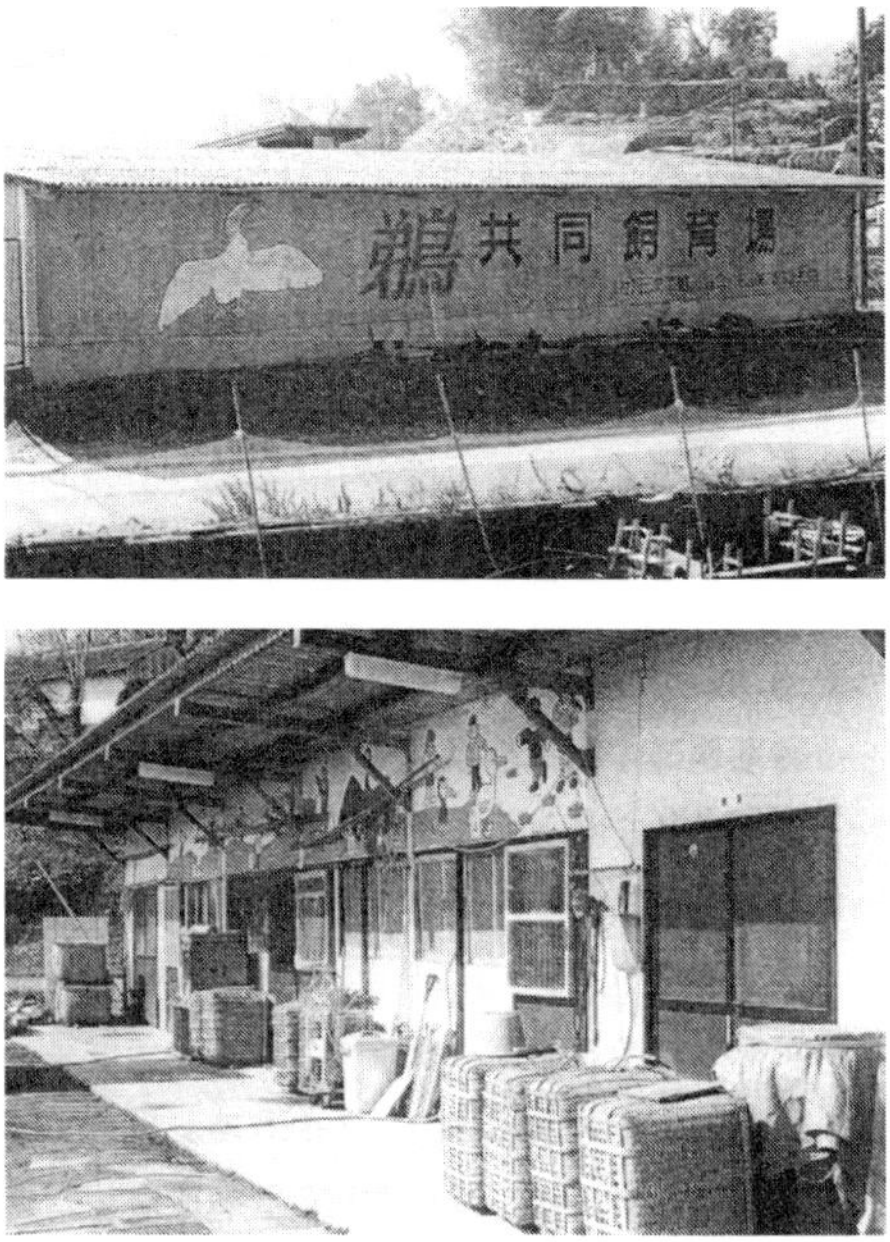

写真③　鵜の共同飼育場（2005年10月、筆者撮影）

全国のすべての鵜飼について調査したわけではないが、筆者が知る限りでは、飼育された鵜からは、卵ができたケースがなく日本で初めてであるように思われる。鵜匠は、これは白い鵜が野生種でなく中国で人工孵化させたものであり、あのような卵をつくる習性を白い鵜がもっているのではないかと述べていた。なお、今回の卵は中国の白い鵜、日本の鵜（ウミウ）のどちらが産んだのかは定かでないようである。その後は、三次では卵はできていないようである。

三次の白い鵜は、姉妹都市縁組によって中国四

図③　三次のカワウの特徴と、ウミウ、中国の白いウとの違い
（筆者スケッチ、2005年10月）

目の下はウミウもカワウも黄色
中国の白いウは目の下がオレンジ色
カワウはウミウに比べ体がやや小さい
カワウはウミウに比べ首が細い
カワウはあさみどり色
ウミウは白い色

川省雅安市から観光の目玉として一九九二年に四羽、一九九四年に四羽の計八羽が贈られている。そのうちの二羽は死んでしまい、現在六羽が飼育されている。最初に中国から贈られた四羽は上岡義則翁の生前から飼育されている。現在三次の鵜小屋に飼育されている鵜はウミウ、カワウ、中国の白いウであり、それぞれの鵜の特徴を筆者の観察と上岡良登氏の言葉からまとめてみる。

　カワウは顎の部分が浅緑色であり、ウミウは白い色である。目の周りについては、中国の白いウはオレンジ色であり、ウミウとカワウは両方とも黄色であるのが特徴である（図③）。

　次に、鵜の順位制について述べてみると、上岡翁の話では、新米の鵜が集まって舳先に止まり、鵜籠から古参の強い鵜を後で出したときには、喧嘩をして舳先に古参が止まるようである。

　若くて強い鵜と古参の鵜の順位については上岡翁に聞いていなかったので、良登氏に尋ねてみたが、若くて強

い鵜が古参の鵜を退けて高い場所に止まるようである。いずれにせよ、鵜の社会では、強い鵜がトップに止まり、トップのペアの一羽がその横に止まるようである。

筆者は、今後はさらに全国の鵜飼や中国の鵜飼との比較をすることで、鵜飼の全体像を明らかにしていきたいと思っている。現在、日本各地の鵜飼も後継者の問題があり、三次の鵜匠が三人、京都府嵐山の鵜匠が二人、島根県益田市では鵜匠がいなくなり鵜飼はなくなってしまった。他の河川の鵜飼についての詳細な調査はまだ行っていないが、鵜飼の伝承者が少なくなり、鵜飼の後継者の問題がどこでも挙げられている。こうしたことから、一〇年二〇年先のことを考えたとき、ここで報告した上岡義則翁の言葉は貴重な内容であるように思える。

[1] 篠原徹「鵜のこころ・鵜匠のこころ」『自然と民俗』日本エディタースクール出版部、一九九〇年。
[2] 最上孝敬「鵜飼の伝承」『原始漁法の民俗』岩崎美術社、一九六七年。

参考文献
宅野幸徳「高津川の放し鵜飼」『民具研究』86、日本民具学会、一九九〇年
西實『三次の鵜飼』三次市観光協会、一九八八年
広島県立歴史民俗資料館『江の川の漁撈』一九八四年
三次市教育委員会『三次の鵜飼と川漁』一九七七年

＊謝辞——今回、筆者が鵜の共同飼育場を訪ねて鵜の観察を行った際に、鵜匠上岡良登氏に鵜の生態や鵜飼技術についてお教えいただいたことにお礼を申し上げる次第である。

三次の鵜飼について、多くのことをお教えいただいた鵜匠上岡義則翁が一九九三年に亡くなられたことを良登氏からお聞きした。また、島根県益田市の鵜匠塩田嘉助翁は二〇〇一年に亡くなられ、放し鵜飼はなくなった。筆者は生前のお二

人の鵜匠に大変お世話になり、今でもお二人の鵜飼に対する思いは筆者の心に残っている。改めて、心より敬意を表すとともに感謝申し上げる次第である。

第七章　有田川の徒歩鵜飼

鵜小屋と鵜飼道具に視点をおいて

一　はじめに

夏の風物詩・鵜飼が各地で行われていることは、テレビや新聞でよく知られている。筆者は鵜飼の調査のため、二〇一六年六月に和歌山県有田市観光協会と有田市郷土資料館を訪ねた。だが、有田川の鵜飼は二〇一三年から休止になっていた。有田市郷土資料館には、鵜飼道具の所蔵はなかったが、幸いにして鵜飼の様子を知ることができる有田川鵜飼の編集ビデオを見ることができた。このビデオによって有田川の徒歩《かち》鵜飼の概要を知ることができた。

当地の鵜飼が年月とともに忘れられ、同時に鵜飼の道具についての記録も全くなくなるのではないか。そこで、有田川鵜飼協同組合から情報を得、

写真①　有田川の徒歩鵜飼（1989年、吉田美喜夫撮影）

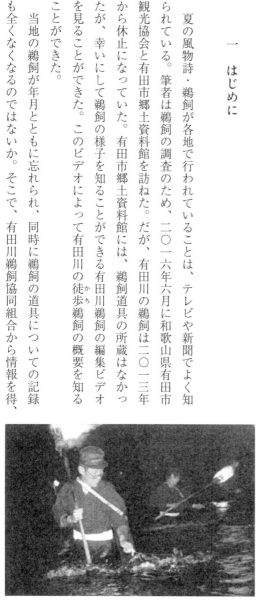

有田川のかつての鵜匠から鵜飼についての聞き取り調査を行い、その調査内容を基に全国各地の鵜飼と比較しながら「有田川の徒歩鵜飼」の全体像を明らかにしておきたいと思い、この稿を思い立った。

二　各地の鵜飼

まずは考古学資料から鵜飼をみてみよう。群馬県では五世紀後半頃の前方後円墳である保渡田八幡塚古墳から魚をくわえた鵜形埴輪（鵜の埴輪）が出土している。最古の鵜飼の考古学的資料であるが、鵜飼の形態や対象魚などはわからない。山梨県甲府市外中代遺跡からは、魚をくわえた鵜を描いた「暗文絵画土器」が出土している[1]。鵜飼の文献の記録では、七世紀初めの中国の文献である『随書』倭国伝（六〇〇年）があり、それには「小環を以って鸕鷀の項に挂け、水に入りて魚を捕らえ令め、日に百余頭を得」[2]とある。また『古事記』（七一二年）[3]、『日本書紀』（七二〇年）[4]、『万葉集』（七七〇年）[5]にも鵜飼についての記述がある。このように考古学の出土品や文献資料からみてみると、少なくとも六世紀頃にはすでに鵜飼が存在していたと思われる。しかし、どのような漁法であったのかということや古代社会のなかでの役割がどのようなものであったのかは残念ながら知りえない。つまり鵜飼漁師がフルタイム・エキスパートとして存在していたのか、あるいはパートタイム・エキスパートとして存在していたのかであるが、『万葉集』の柿本人麻呂の吉野での歌は明らかに鵜川漁法であり、場所から考えて専業集団がいたとは思われない。したがって鵜飼は当時ではまだパートタイム・エキスパートではないかと思われる[6]。

二〇一七年現在、鵜飼が行われているところは、山梨県笛吹市石和町（笛吹川）、岐阜県岐阜市（長良川）、岐阜県関市（長良川）、愛知県犬山市・各務原市（木曽川）、京都市宇治市（宇治川）、京都府京都市（大堰川）、広島県三次市（江の川水系の馬洗川）、山口県岩国市（錦川）、愛媛県大洲市（肱川）、大分県日田市（三隈川）、福岡県朝倉市・うきは市（筑後川）の一一か所である。竹内利美は鵜飼漁を「逐鵜／捕鵜」「徒歩鵜／船鵜」「繫ぎ鵜／放ち鵜」「昼漁／夜漁」「流水面（河川）／静水面（湖沼）」などに分類している〔7〕。なお、竹内は「船鵜」としているが、本稿では以後は「舟鵜」とする。また、一般に「昼漁」は「昼川（ヒルカワ）」、「夜漁」は「夜川（ヨルカワ、ヨカワ）」とも言われているので、この表現の方を用いることにする。

可児弘明は日本の鵜飼の歴史の発展過程を体系的に論じたのであるが、この中で鵜飼の原点は「放ち鵜飼」および「徒歩鵜飼」ではないかと推測した〔8〕。島根県高津川では最近まで徒歩の昼川の「放し鵜飼」が行われていた。長野県諏訪湖でも昼川の「放し鵜飼」が行われていたことは確かであり、山梨県笛吹川と最近まで行われていた和歌山県有田川だけが夜川での「徒歩鵜飼」であった。現在行われている他の水域の鵜飼はすべて夜川の「観光鵜飼」で「舟鵜飼」である。

三　有田川の鵜飼調査

有田川は和歌山県の中北部に位置しており、伊都郡高野町の高野山を源流として全長九四㎞の二級河川である。上流域はスギ、ヒノキの植林地域であり、中流から下流域は山々に囲まれ有田ミカンの主産地である。下流域では鵜匠が川の中に入り、一羽の鵜を操る「徒歩鵜飼」が行われていた。有田川の鵜飼では、屋形船から多くの観光客が人と鵜が繰り広げる妙技を楽しむことができた。

筆者は和歌山県有田川へ二〇一六年六月、二〇一七年五月、二〇一八年一一月、二〇一九年五月の計四回直接に出向いて調査を実施した。新大阪駅からＪＲ紀勢本線特急「くろしお」で約二時間かけて箕島駅で下車して後、タクシーで約七分のところに有田川の「観光鵜飼」が行われていた漁場がある。有田川の鵜飼協同組合の会長であった花田優さんからは、かつて有田川の鵜匠であった吉田繁彦さんをご紹介いただき、直接本人にお会いして鵜飼についての聞き取りをすることができた。吉田さんは三十数年間鵜匠を務めたが、後継者不足から鵜飼が休止になってからは、自宅近くの鵜小屋の中も整理して、飼育箱やいろいろな漁具を処分しているところであったが、松明や首綱（クビタモ）、手縄、火杖などは所有されており、写真撮影させていただき各道具についての説明を聞くことができた。また、鵜籠は鮎茶屋の倉庫に保管してあったものを見せていただいた。さらに花田さんからは、一九九六年に行われた全国鵜飼サミットで配布された「第三回有田川鵜飼サミット」の資料を提供いただき、継承されてきた有田川「観光鵜飼」でのなみなみならぬご努力をお聞かせいただいた。

四　有田川の鵜飼の変遷

有田川の鵜飼は、室町時代（一三三六～一五七三年）の初期に石垣城主石垣伊予守の子左京大夫数重が岐阜県の木曽川の鵜飼漁法を見て、その鵜匠を連れて帰り鵜飼をさせたのが始まりだとされている。一方、和歌山大学観光学部の最近の鵜飼の研究では、『南紀徳川史』の中の「十寸穂《ますほ》の薄《すすき》」に「有田川の鵜飼」の説明があり、その文献から考察して約七〇〇年前には有田で鮎漁の鵜飼が行われていたとしている［9］。

その後の江戸時代の有田川の鵜飼の様子を知る手かがりとなる資料には、嘉永四年（一八五一）発行の『紀伊名所図会』「有田川鵜飼の図」がある（図①）。それには、数人の一団が川の中に入り、片手に松明をかざし、もう一方の手には鵜を繋いだ手縄を持ち鵜飼を行う様子が描かれている。また、川岸には今日まで使用されていた漁具と同じ形態の鵜籠と受け籠に天秤棒が描かれており、江戸時代の「徒歩鵜飼」を知ることができる貴重な資料といえる。

一九二四年（大正一三）には、有田市に鉄道が開通したことにより、主要駅を中心に交通の便がよくなり、鵜飼の観光化がより進む。一九四八年には本格的に鵜飼を観光とする有田川鵜飼観光協会が設立される。だが、一九五三年の有田川の大水害により鵜飼は中断される。その後、一九五六年に「観光鵜飼」が復活する。一九六三年二月一三日には、有田川の鵜飼が和歌山県の「指定無形民俗化財」の第七号指定を受ける。さらには一九九六年には「第三回全国鵜飼サミットIN有田」が開催される。こうして「観光鵜飼」が継承される中で、鵜匠は一九六一年に九人、二〇〇三年に四人、二〇〇四年には三人となり、鵜匠の高齢化と継承者不足や鵜飼維持の採算の問題から、二〇一三年には有田川鵜飼の休止となる。

五　鵜の捕獲

有田川の鵜飼で使う鵜はウミウである。そのウミウは鵜匠が自ら捕獲した鵜を訓練して鵜飼を行っている。鵜匠の吉田繁彦さんは、鵜匠になる前に、「サス」という鵜の捕獲を見たことがあると言っていた。モチノキの樹皮から作った粘着性のトリモチを竹竿の先に付け、群がる鵜の中にさし出してくっつける方法である。自分たちが

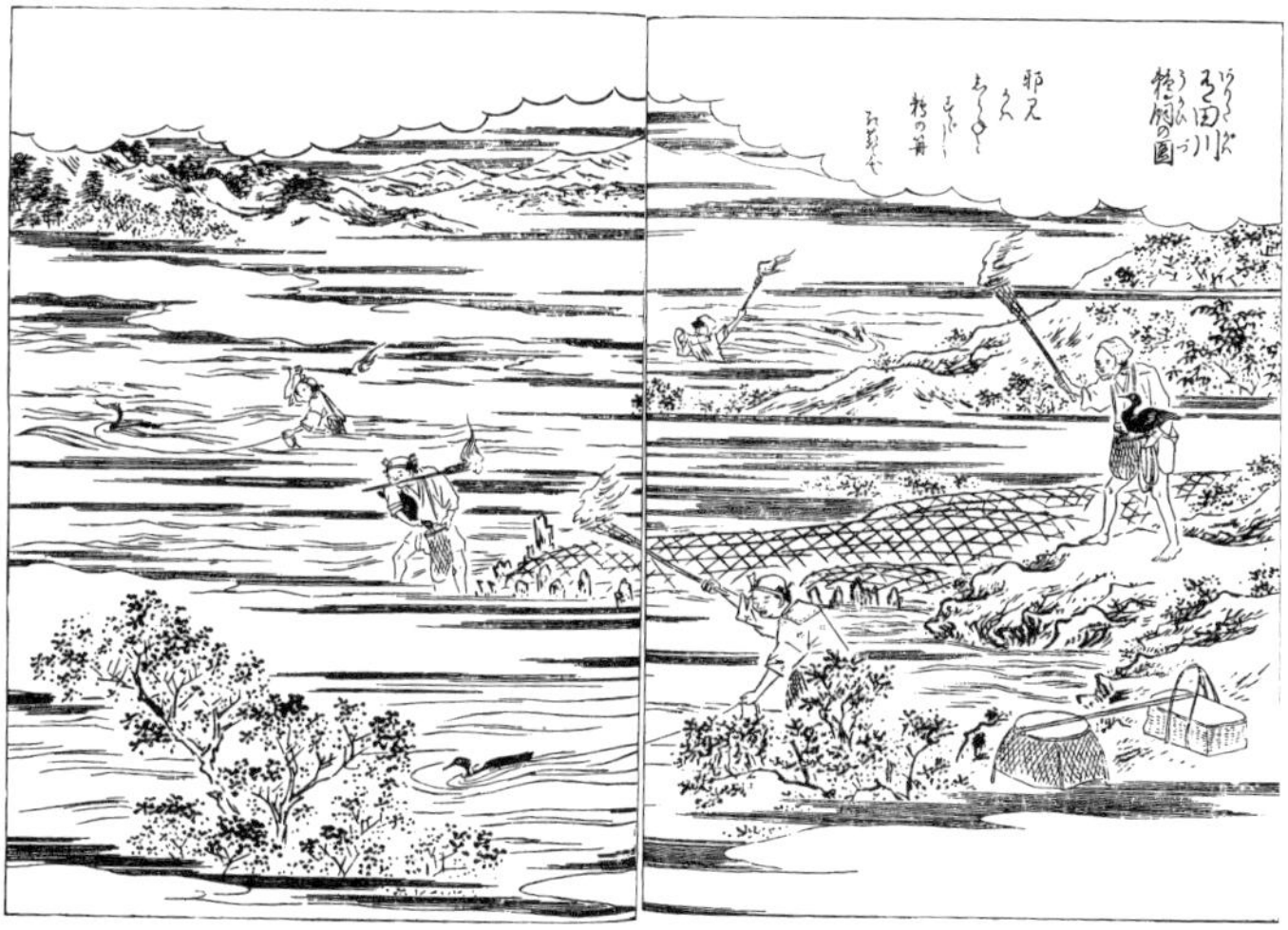

図①　「有田川鵜飼の図」（『紀伊名所図会』嘉永4年）

ウミウを捕るときにはオトリ鵜も使うようになったと言っていた。

鵜は毎年三月頃に日高郡南部町の鹿島、岩代、切目崎、比井崎の海岸でオトリの鵜と「張りもち」を使って捕獲する〔10〕。その後、茨城県多賀郡十王町で捕獲した鵜を購入するように変わる。

有田川では、鵜を捕獲すると、すぐにクチバシを布ではせて巻いた後に鵜籠に入れて持ち帰る〔11〕。また当地では鵜の羽を切らないのが特徴である。他の地域では、飛んで逃げることを避けるために片羽を切るのでこの相違は大きなことである。

捕獲後の鵜は警戒してすぐに餌を食べないことがある。その時は、鵜匠は有田川漁業協同組合でエソやトラハゼという魚を購入し、軍手をはめてクチバシを開いて餌を口の中に入れて食べさせる。数日間は三食を与える。我が子を育てるように愛情をもって育てていくと、野生の鵜は鵜匠に次第に馴れてきて餌を食べるようになる。その後は一日に一食にして餌の調整を行っていく。鵜はあまり魚を食べさせると働かなくなるので、調整を行うことが大切であるとしている。こうして毎日の餌を与えながら、六月の鵜飼の解禁日までは、有田川漁業協同組合の規則で河川での訓練は禁止になっていることから、小屋に設けている水槽で鵜を泳がせて訓練を行いながら馴らしていく。

鵜飼漁が終わった九月頃には、有田市の沖の岩場で鵜を放鳥する。一年で放鳥するのは、長く飼うと馴れて仕事をしない鵜もいるからである。そこで、鵜匠は野生の鵜を短期間で訓練することによって野生の本能をうまく使う。また、鵜匠は農業や大工などに従事しているため、鵜を秋に放鳥することで、飼育の手間が省けて、餌代がかからず、本業の仕事に専念できることになる。

六　鵜小屋について

全国各地の鵜小屋は、二種類の形態に分類できる。数十羽の鵜を一緒に小屋に入れている地域と、飼育箱や鵜籠に一羽ずつ入れている地域に分けられる。

有田川では、捕獲して持ち帰った鵜を、各鵜匠が飼育する。各鵜匠が所有する鵜の数は二羽から三羽であり、吉田さんは二羽の鵜を飼育していた。自宅近くの畑に鵜小屋を設けて、その中に箱型の飼育箱を設けて鵜を入れて飼育する。飼育箱は、高さが約一m、縦と横はそれぞれ約六〇cmの大きさである。飼育箱の上と側面は板を柵状にして風通し良くしている。底は竹材を使用して清掃がやり易いようにしている。飼育箱の正面は、はめ込み式の戸板になっている。二〇一五年の調査時には、鵜飼が休止となったために、飼育箱はすでに処分されていた。そこで、筆者は鵜匠からの聞き書きを基に復元図を作成した（図②(a)）。

他県の水域での飼育小屋と有田川のそれとを比較してみたい。島根県高津川下流域の鵜の飼育では、一羽一羽の鵜をそれぞれの飼育箱に入れる方法がとられている。ただし、ここで述べ

図②　飼育箱・鵜小屋

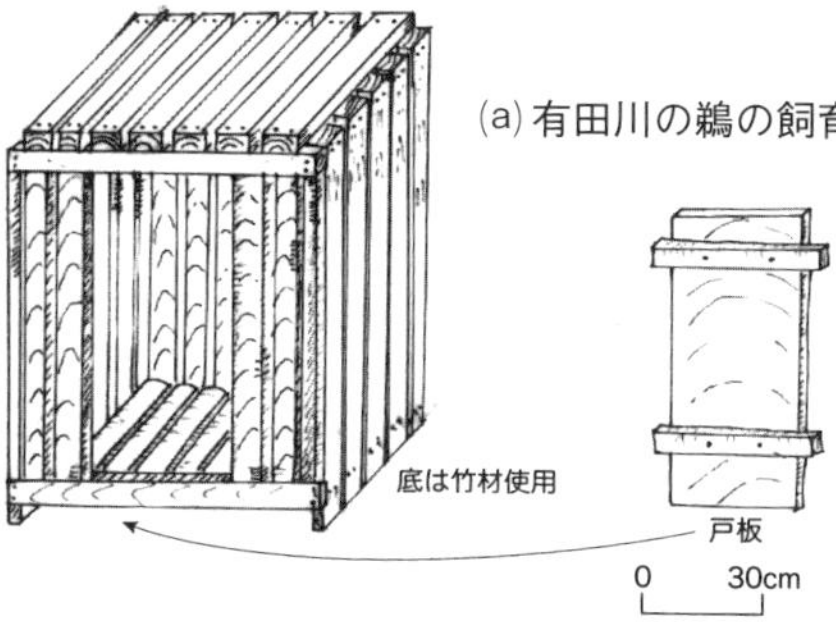

(a) 有田川の鵜の飼育箱

(b) 高津川の鵜小屋

た「放ち鵜飼」の鵜の飼育箱が、高津川の全水域で同じだとは限らない。かつて筆者は一九八九年の調査で、高津川中流域に住む鵜匠から、小さな小屋（鵜が羽を大きく広げることができない大きさ）を設けて、その中に二羽の鵜を一緒に入れ、小屋の外に池を設けて泳がせて飼育を行っていたことを聞いた。そこでの「放ち鵜飼」の鵜は、二羽の鵜を一緒に入れて飼育するケースである。高津川下流域の鵜の飼育箱、鵜小屋の写真が図②(b)である。一方、「手縄鵜飼」で知られている広島県三次市江の川や山口県岩国市錦川では、飼育小屋に十数羽の鵜をまとめて入れて飼育する。

七　有田川の鵜飼道具

ここでは、鵜匠吉田繁彦さんからの聞き書きと文献資料〔12〕から、有田川の「徒歩鵜飼」に使われていた道具についてまとめてみる。吉田さんによれば「徒歩鵜飼」には鵜籠・首綱（クビタモ）・受け籠・手縄（タナオ）・松明・火杖・服装などの道具が使われており、先輩の鵜匠からは鵜飼漁に行く時に「鵜飼の七つ道具」を忘れるなとよく言われた。実際には、さらに餌箱・茣蓙（ゴザ）なども鵜飼漁に使っている。

鵜籠（図③(a)）

竹で編んだ籠である。昔は鵜匠が自ら編んで製作していた。鵜籠は、横と縦の幅は四七cm、深さ五〇・三cmで一羽の鵜を入れて漁場まで運ぶのに使われる。鵜籠には、長さ一〇・五cm、幅六・五cmの漁業鑑札が付けられていた。鵜籠の上部の蓋板の表は、年度と鵜匠の住所、年齢が書かれ、裏は「有・漁・協・組」と四角の焼判が捺印されている。

図③　有田川の鵜飼道具

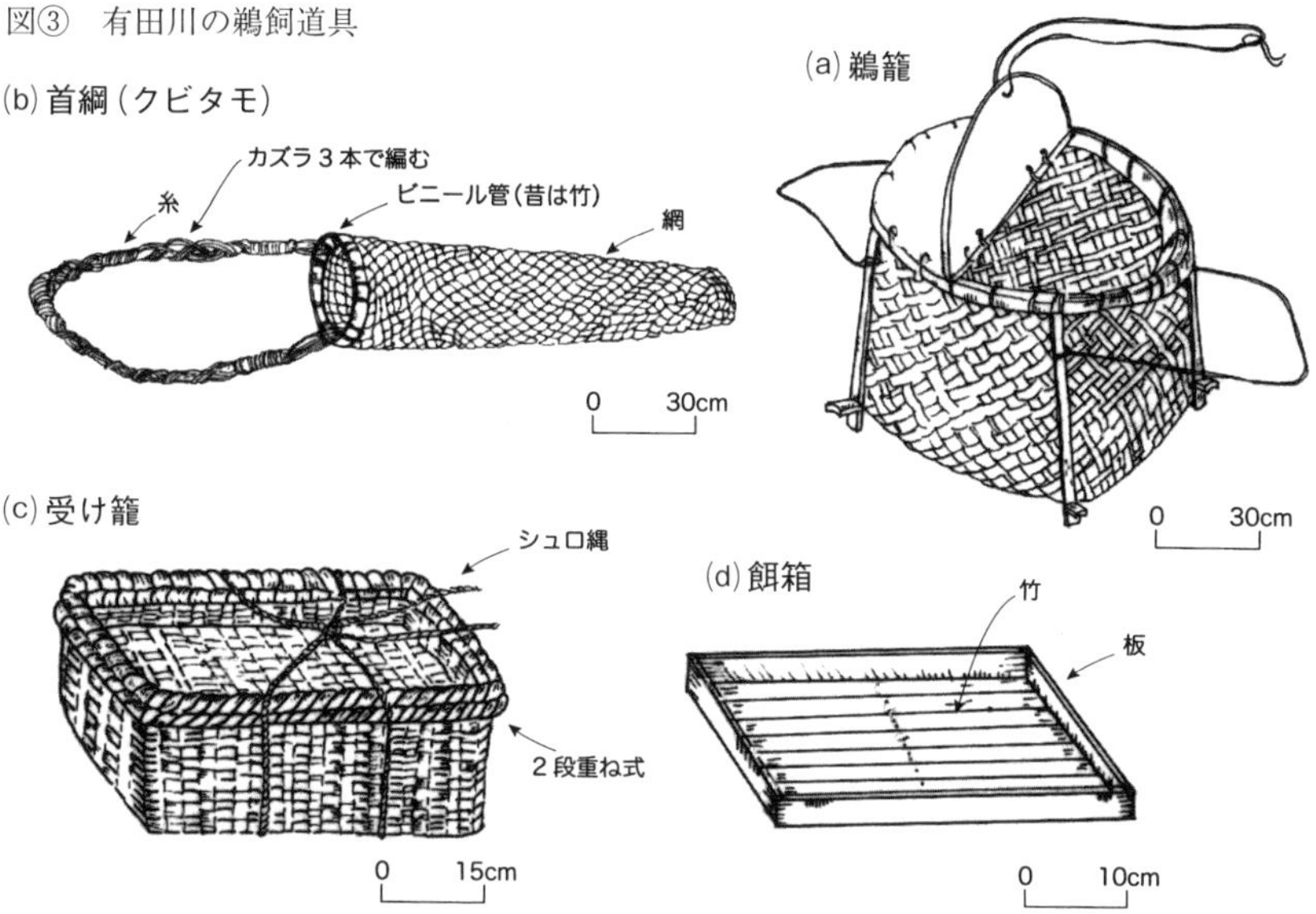

首綱（**クビタモ**）（図③(b)）

網袋は「クビタモ」と言われている。昔は「クビカケ」とか「クビタマ」などとも言われており、鵜匠は右肩から左に向けてかけて鵜飼を行う。鵜が呑んだ鮎などの魚を吐かせて入れる袋である。袋の口の大きさは直径一三cm、袋の深さ（長さ）五四cmである。袋の網目の大きさは〇・八cmで、木綿糸でできている。袋の口の材質はビニール製の水道管を利用しているが、昔は竹を使用していた。この「クビタモ」は「有田川鵜飼の図」（図①）の中でも描かれており、古くから使われていた道具の一つであったことがわかる。

受け籠（図③(c)）

受け籠は竹製で、捕獲した鮎を入れる容器である。容器は二段式になっている。籠の外側には、二か所から長さ九六cmのシュロ縄がかけられていて、運搬しやすいようになっている。

餌箱（図③ⓓ）

餌箱は木製の箱で、鵜に生餌を与える時に使用する。大きさは、長さ三三cm、幅三〇cm、高さ四・五cm、板の厚さ〇・四cmである。底部は縦に割られた竹を敷いている。

手縄（タナオ）・クビカケ・ハラカケ（図⑤ⓐ）

有田川では、手縄を「タナオ」、首輪を「クビカケ」、腹掛けを「ハラカケ」と言っている。通常は、「クビカケ」と「ハラカケ」も含めて、総称して「タナオ」と言っている。「クビカケ」にはゴム（昔は竹の管）が通されており、ゴムに留め具（セン）を差し込んで調整を行う。「クビカケ」と「ハラカケ」の元からは、水切りとする部分（タナオがもつれないためのもの）として長さ約二五cm、太さ〇・六cmの竹の根が繋げてある。その竹の根は細い糸で固定されている。さらに竹の根からは、長さ約四m、太さ〇・二cmのナイロン製の綱の「タナオ」が繋げてある。

松明（図⑥ⓐ）

松明の材料はアカマツの根っこを乾燥させたものである。細かく割ったアカマツ材と藁縄を交差させながら束ねる。それは、松明が燃えていく時にくずれ落ちないように鵜匠が工夫したものである。松明の大きさは、長さ四八・五cm、太い部分の直径は一二cmである。コエマツには松脂《まつやに》が多く含まれており、よく燃えることから、保管には充分に気を付けている。

火杖（図⑥ⓐ）

火杖は軽くて強いヒノキの棒で作られており、松明に差し込んで使用する。文献には、棒の長さが九六㎝で鉄で覆われた先端の部分の長さが二二㎝と記述がある。鉄製であることで松明の火で棒が燃えないようにしている。吉田さんの所有する一本の火杖は、棒の長さ一一四㎝、鉄製の先端部分の長さ二七㎝であった。火杖の長さは、鵜匠によって多少差がある。火杖は、使ううちに火によって燃えて短くなるが、覆っている鉄を嵌め直して使用する。ただし、火杖が短くなりすぎると、松明の火が鵜匠の体に当たるようになるので、新しい火杖に替える。

莫蓙（ゴザ）

昭和三〇年代頃までは、鵜飼が深夜まで行われていたために、河原にゴザを敷いて鵜匠の休憩場所を設けていた。また、ゴザは鵜籠にかけて音や明るさを遮り暗くして鵜を落ち着かせるためにも使われていた。

服装

昔の服装は、「ほうかむり」か「はち巻き」をして「フンドシ」と「ワラジ」を履いての簡単な出で立ちであった。「ワラジ」（図④ⓐ）は、川底の藻の付いている小石の上を歩いても滑りにくく、足元が藁紐で固定されているため、川の中を歩きやすいものであった。その後の服装は、紺色の川襦袢（図④ⓑ）、さらし木綿の腹巻き、便利で耐久性のあるゴムのタイツとゴム靴（図④ⓒ）に変わる。腹巻きは、ケガをした時の応急処置のために用意されていた。有田川では、頭に鳥打帽子に似たものをかぶっていたが、後には、鵜飼協同組合から提供された紺色の「有田川鵜飼」の横文字入りの帽子をかぶる。

図④　有田川の鵜飼の服装

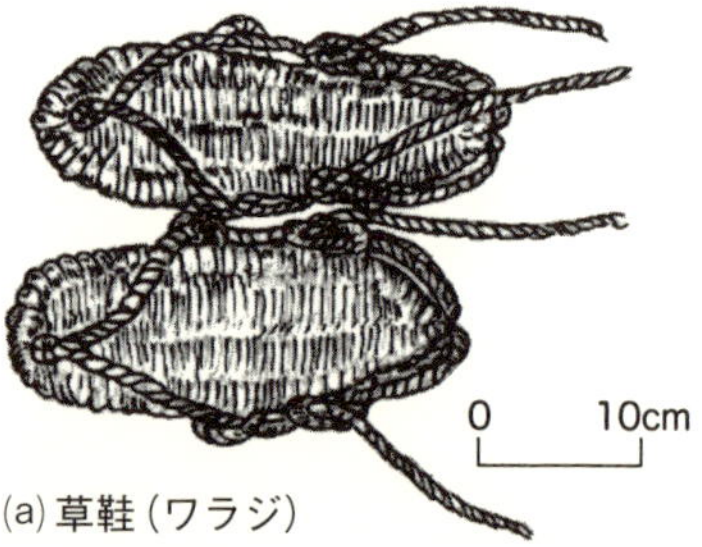

(a) 草鞋（ワラジ）

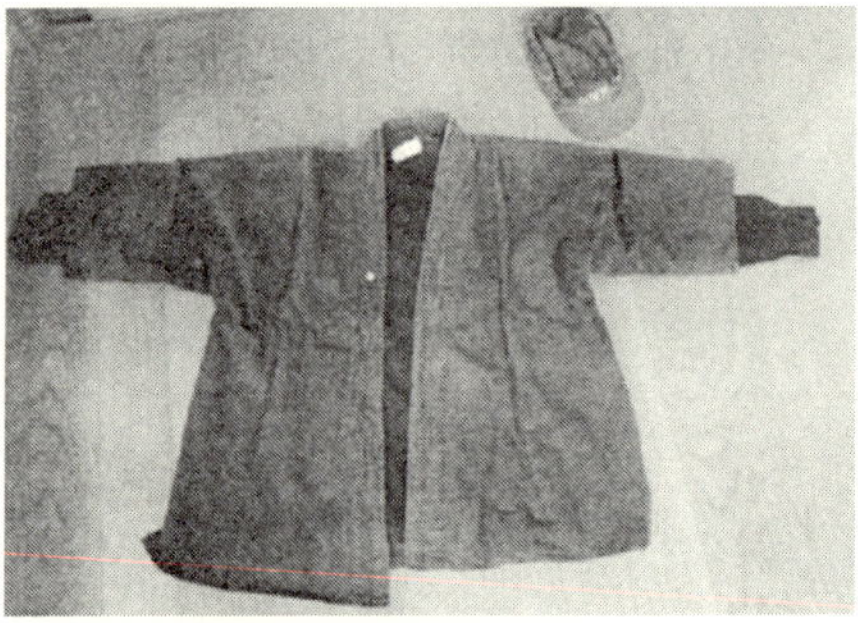
(b) 紺色の川襦袢・帽子

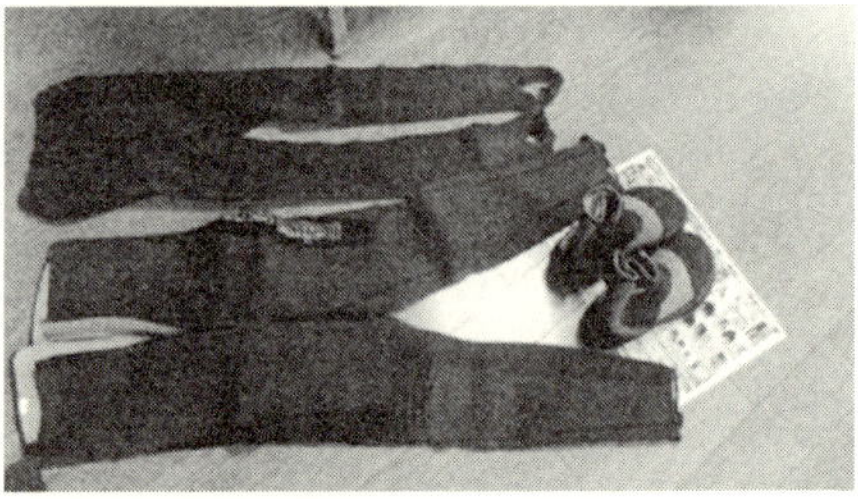
(c) タイツとゴム靴

八　水域での鵜の遣い方

有田川の「観光鵜飼」は、河口から約四・五kmにある湖上堰から上流の宮原橋までの水域で主に行われた。この水域は鵜を連れて川を渡渉できる場所であることが重要である。時期は六月一日から八月三一日までで、満月の夜と大雨の増水で川の水が濁った時を除き行われていた。鵜飼漁は、六月、七月は夜八時半頃、八月は夜八時頃川に入る。

各鵜匠の河川での位置関係は、あらかじめ番号が書かれた河原の石による抽選によって決められる。川では、遊覧船の横に鵜匠が横一列に並び、川下から上流へ移動していき、川上で折り返す。川での列を崩さないように上っていかないと魚を逃がしてしまう。そこで、鵜匠は列が崩れそうになると、鵜を腕に抱き抱え、川を歩いて列を整える。

鵜が魚を数匹呑み込むと、鵜匠は松明の火杖を口に銜えて、肩から提げている「クビタモ」の中に魚を吐かせる。鵜飼漁が終わると、捕獲した全ての魚は、捕獲量に差があっても、鵜匠全員で均等に分けられる。この慣習も漁に関わる人の平等性を維持するわけで、きわめて重要な民俗といえる。

最大限の漁獲をあげるため、鵜の使い方にも工夫がされており、その工夫をここで述べてみる。鵜匠の吉田さんによれば、一つ目は「ネリダシ」という方法がある。鵜匠が川の深い所に移動して川の浅瀬に魚をおびき出して鵜に魚を捕らせる。つまり、鵜匠が水域を動いて、鵜が魚を捕り易くする方法である。二つ目に、「引き遣い（ヒキヅカイ）」という方法がある。これは、川が浅くて水の流れが速い所では、タナオを引いて短くして、鵜にかかる川の水の流れの抵抗を少なくする方法である。タナオを長くして鵜を泳がせると水の抵抗が大きくて鵜を疲れさせることになるからである。三つ目は、一回目に使った鵜を陸に上げ、火場（焚火の場所）で火を焚き、そこで濡れた鵜の羽を乾かせて休ませる方法である。その間はもう一羽の鵜をお客さんに見せる。これにより二羽の鵜のそれぞれの負担を軽くする。

九　有田川と他水域の鵜飼道具の比較

ここでは、有田川の鵜飼道具を何点かに絞って、県外の他水域での道具と比較することにする。

鵜籠

広島県江の川や岐阜県長良川では、鵜の飼育数が多いため二羽ずつを一つの鵜籠に入れる。また、島根県高津川では一つの鵜籠の中にしきりを設けて二羽を入れる。一方の和歌山県有田川では、一人の鵜の飼育数が少ないため、一つの鵜籠に一羽を入れ、二羽を移動させる時は、二つの鵜籠を天秤棒で肩に担いで運ぶ。

鵜籠は鵜飼漁の際に鵜を入れて運ぶ道具であるが、山口県錦川では餌を与える時にも使用する。全ての鵜を鵜籠に二羽ずつ入れてから後に、一羽ずつ取り出して鵜に餌を与える。

関東の多摩川の鵜飼漁は昼川の「徒歩鵜飼」が行われていたが、鵜の小屋を作らず、鵜籠に鵜を入れて庭に置いて飼っている[13]。ここでは、鵜籠は鵜を入れて運ぶ道具としてだけでなく、鵜の居住空間としても使われている。

手縄と首輪と腹掛け

有田川では、手縄を「タナオ」と呼ぶが、三次市江の川では、手縄を「タナワ」、「首輪」を「クビヒモ」、「腹掛け」を「ハラヒモ」と呼ぶ。また、「クビヒモ」と「ハラヒモ」をまとめて「クビタスキ」と呼んでいる。山口県錦川、京都府宇治川、岐阜県長良川では、「首輪」は「クビユイ」、「腹掛け」は「ハラカケ」と呼んでいる。「首輪」と「腹掛け」は地域により呼び名も違いがあるが、取り付け方にも差異が見られる。大きく二種類に分けられる。既に作られた「首輪」を鵜の首にかけて紐の管を移動させ、センまたはセメと呼ばれる留め具で輪の大きさを調整する方法（図⑤ⓐⓑ）と、紐を首と胴に巻き結ぶ方法（図⑤ⓒ）がある。錦川の鵜飼では鵜の首と胴を紐で結ぶ。昔の「クビユイ」「ハラカケ」はシュロ縄で作られ、「タナワ」はヒノキの繊維を編んで作られていた。「クビユイ」の紐の太さは〇・五cm、「ハラカケ」の紐の太さは〇・三cmである。「クビユイ」は、指が一本入

図⑤　鵜飼の道具

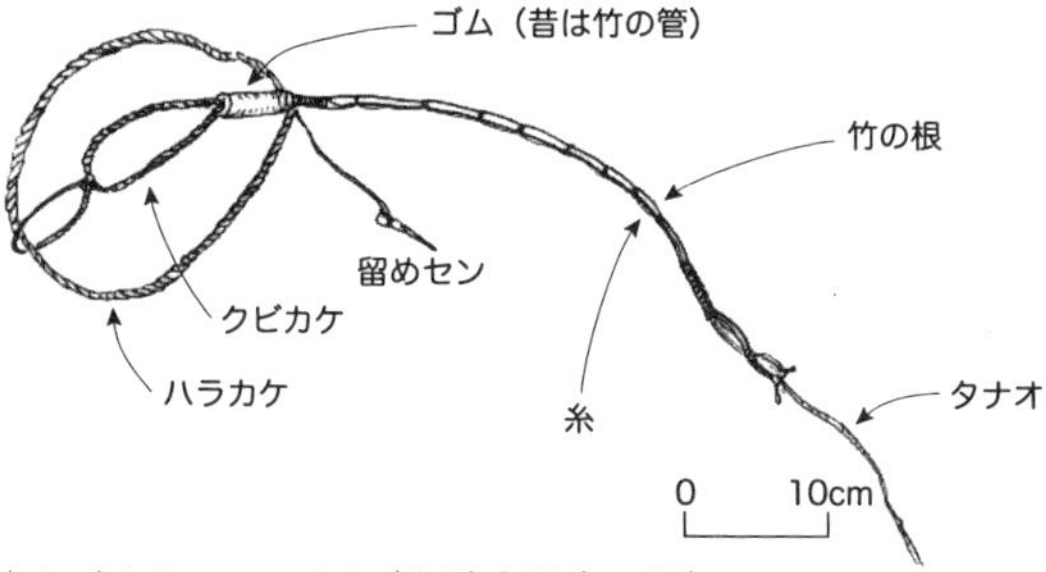

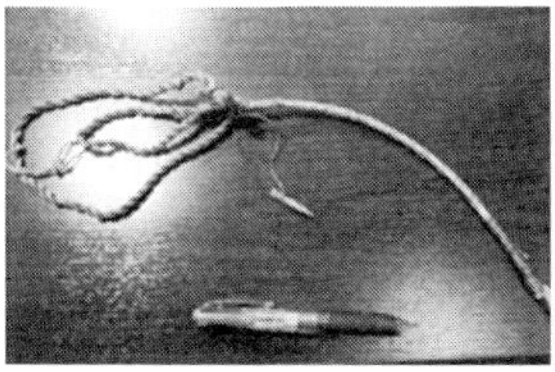

(a) クビカケ・ハラカケ（和歌山県有田川）

有田川の鵜飼では鵜に①クビカケ
②ハラカケの順でヒモをかける

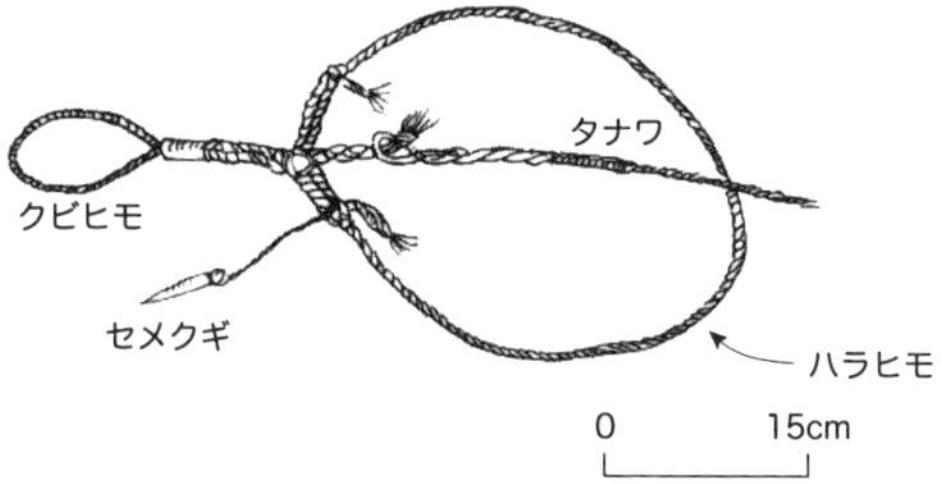

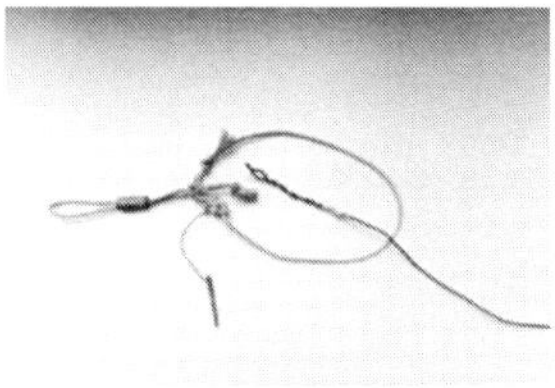

(b) クビヒモ・ハラヒモ（広島県江の川）

江の川の鵜飼では鵜に①ハラヒモ
②クビヒモの順でヒモをかける

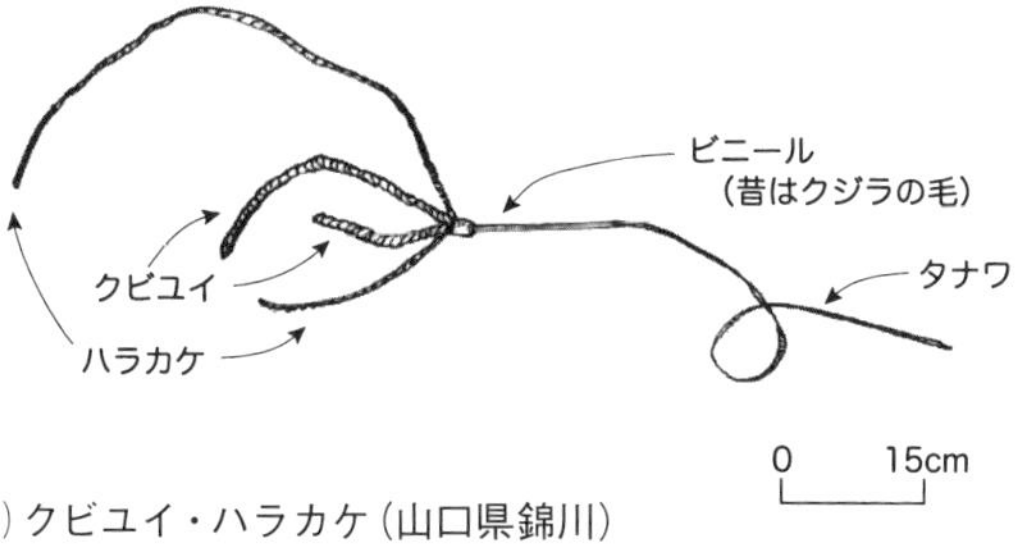

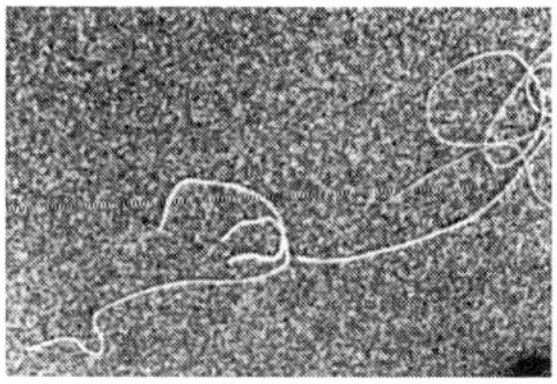

(c) クビユイ・ハラカケ（山口県錦川）

錦川の鵜飼では鵜に①クビユイ
②ハラカケの順でヒモを結ぶ

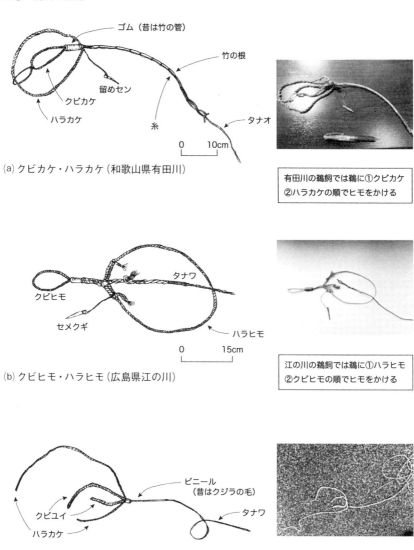

図⑥　鵜飼の灯火具

(a) 火杖と松明（和歌山県有田川）

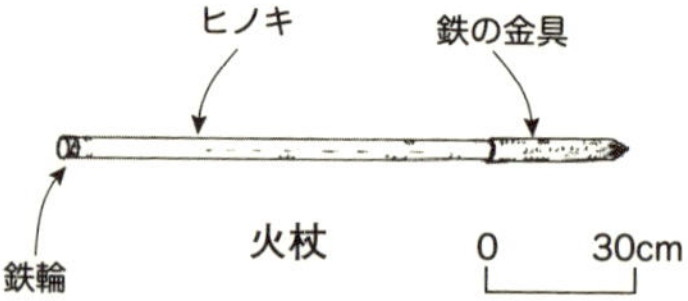

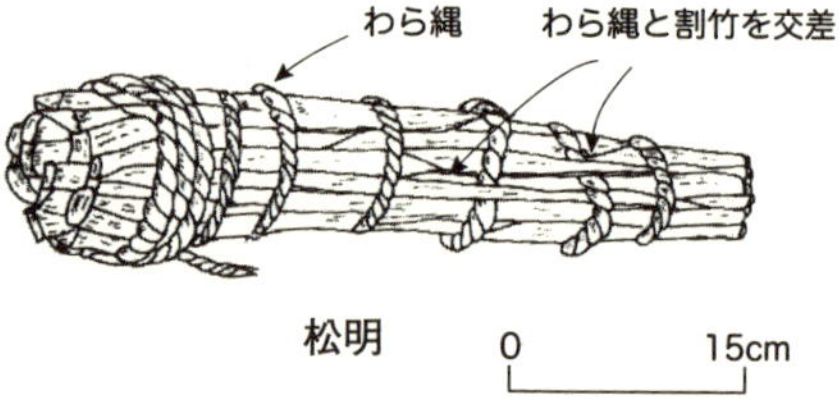

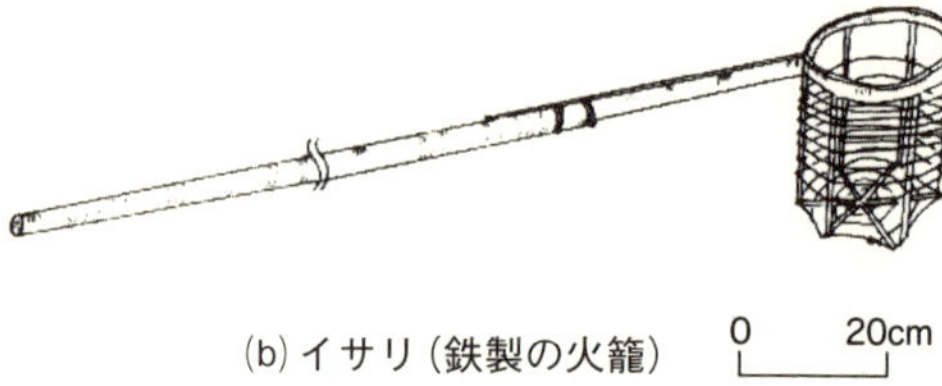

(b) イサリ（鉄製の火籠）

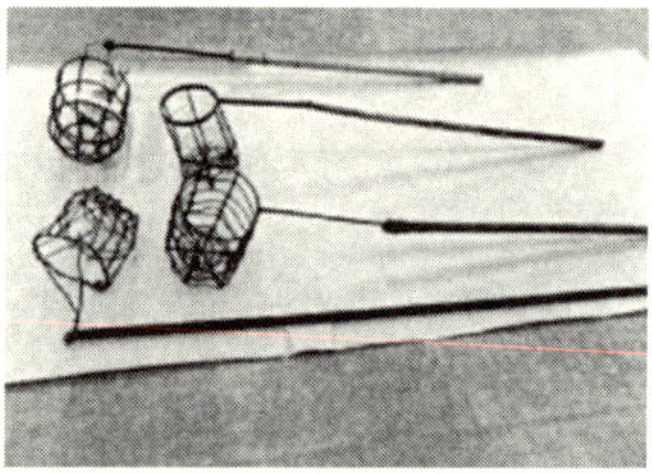

いろいろな型のイサリ
（高知県立歴史民俗資料館提供）

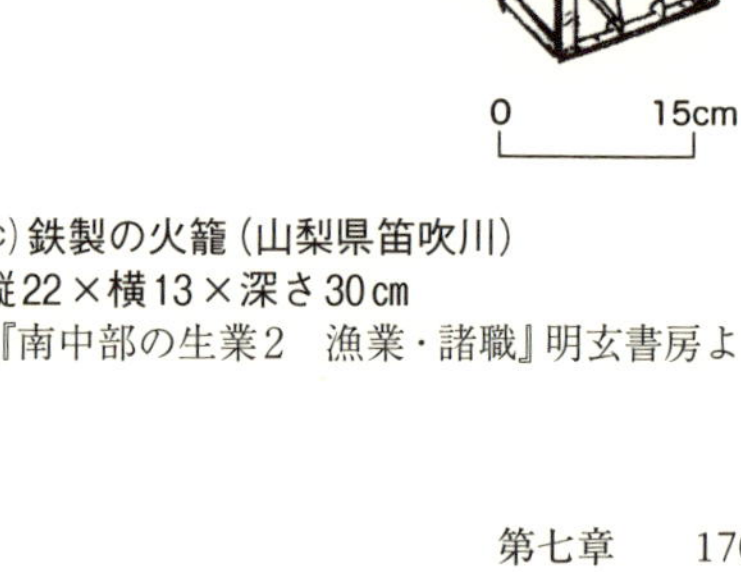

(c) 鉄製の火籠（山梨県笛吹川）
縦22×横13×深さ30㎝
（『南中部の生業2　漁業・諸職』明玄書房より）

る程度の隙間を設けて結ぶが、鵜の体調がよくない時には、小魚が通りやすいように指が二本入る隙間を設けて結ぶ。鵜匠は常に鵜の首を素手でなでながら触れて体調を知る。

灯火具

アカマツの割木を束ねた松明を使用する「徒歩鵜飼」は、和歌山県有田川、福井

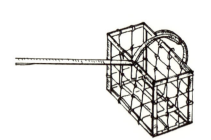

県九頭竜川、島根県高津川の上流の日原川で行われていた。ところが、高知県内の「徒歩鵜飼」では「イサリ」と呼ばれる火籠を使用している〔14〕。また、静岡県の安倍川の支流藁科川〔15〕や山梨県の笛吹川でも鉄製で作られた「火籠」に割木を入れる灯火具が使われる。笛吹川の「徒歩鵜飼」では、火籠を使用する人と鵜を操る人の一組で漁を行っている。それぞれ各地の灯火具を図⑥に示した。

一〇　徒歩鵜飼

全国各地の鵜飼を文献資料から拾いあげてみると表①のようにまとめることができる。鵜飼は北海道と沖縄を除き全国各地の一〇〇か所以上の水域で行われてきた。この表でとりわけ注目すべきことは「徒歩鵜飼」が全国各地で行われていて広範囲に分布していることである。そして昼川の鵜飼は、関東地方に集中して分布している。また夜川の「徒歩鵜飼」は、四国の高知県、北陸の福井県、紀伊半島の和歌山県、山陰の島根県と分散して分布している。

有田川の鵜飼の調査と文献資料から「徒歩鵜飼」のありようをかなり明らかにすることができた。ではそのほかの地域の「徒歩鵜飼」がどのようなものなのか、「徒歩鵜飼」はほとんどの地域で消失してしまったので文献などでみてみたい。各地の水域の「徒歩鵜飼」について調査した最上孝敬は、一九五六年に島根県高津川上流の日原での鵜飼調査を行っている。日原で冬期の昼鵜飼をしていた古老が、若い頃の一八九四年（明治二七）頃まで夏の夜の鵜飼を行っていたと報告している。「それは夜の鵜飼としてもかなり原始的な徒《かち》の鵜飼で、鵜匠一人が鵜一羽をつかい、流れにむかって遡ってゆくのであった。狭い川だと二人位ならば、広い川では四人もならんでするのであった。篝火は松の薪を束ね、その根元の方へ檜の棒をつきさしてもつものである。棒の長さ八—九尺もあ

No.	都道府県	河　　川	地名・その他	時　間	方　　法	主な参考文献資料
66	京都府	大堰川	嵐山	夜川	舟鵜飼	宅野の調査より
67		宇治川	宇治	夜川	舟鵜飼	宅野の調査より
68	三重県	名張川	名張市夏見		明治時代 鵜飼	近畿の生業
69	和歌山県	栗栖川	中辺路町		鵜飼	近畿の生業
70		請川	本宮町	夜川	徒歩鵜飼/舟鵜飼	近畿の生業
71		日高川上流の日置川	市鹿野	昼川	鵜飼 どんな方法?	民具マンスリー
72		会津川	田辺	昼川	鵜飼 どんな方法?	民具マンスリー
73		有田川	有田市星尾/有田郡金屋町	夜川	徒歩鵜飼(松明)	近畿の生業
74	兵庫県	揖保川	揖保郡新宮町附近		鵜飼 どんな方法?	民具マンスリー
75	岡山県	旭川			鵜飼 夏	原始漁法の民俗
76	鳥取県	千代川	八頭郡河原町		鵜飼 どんな方法?	民具マンスリー
77		千代川上流の大江川	八頭郡殿村		鵜飼 どんな方法?	民具マンスリー
78	島根県	益田川	益田	昼川	放ち鵜飼	民具マンスリー・宅野調査より
79		三隅川	三隅	昼川	放ち鵜飼	民具マンスリー・宅野調査より
80		高津川支流匹見川	匹見下村	昼川	放ち鵜飼	民具マンスリー・宅野調査より
81		高津川支流吉賀川	柿木村	昼川	放ち鵜飼/徒歩鵜飼	民具マンスリー・宅野調査より
82		高津川上流	日原村・津和野町	夜川・昼川	徒歩鵜飼/放ち鵜飼	民具マンスリー・宅野調査より
83		高津川本流の河口	益田市高津	昼川	放ち鵜飼 / 舟鵜飼	原始漁法の民俗・宅野調査より
84		高津川河口の古川	益田市	昼川	放ち鵜飼	宅野の調査より
85		播竜湖	益田市	昼漁	放ち鵜飼	宅野の調査より
86	山口県	錦川	岩国市横山	夜川	舟鵜飼	原始漁法の民俗
87	広島県	江の川	三次町と高田郡粟屋村	夜川	舟鵜飼	民具マンスリー・原始漁法の民俗
88		江の川支流可愛川	青河の片山まで	夜川	舟鵜飼	三次の鵜飼
89		江の川支流馬洗川	旧鳥居橋まで	夜川	舟鵜飼	三次の鵜飼
90		江の川支流西城川	東河内の井堰まで	夜川	舟鵜飼	三次の鵜飼
91		太田川	河戸(こうど・可部)	夜川	徒歩鵜飼/舟鵜飼	太田川ものがたり
92		太田川	加計町 明治25年頃まで		鵜飼	加計町史上巻
93	愛媛県	中通川?	宇和郡中筋村	夜川	徒歩鵜飼	民具マンスリー
94		幹流岩松川	北宇和郡岩松町		徒歩鵜飼/舟鵜飼	民具マンスリー
95		幹流芳原川	北宇和郡岩松町		徒歩鵜飼/舟鵜飼	民具マンスリー
96		肱川	大洲	夜川	舟鵜飼	原始漁法の民俗
97	高知県	吉野川筋	長岡郡本山町付近	夜川	舟鵜飼	民具マンスリー・原始漁法の民俗
98		奈半利川	昭和35年9月平鍋ダム完成まで	昼川・夜川	徒歩鵜飼	民具マンスリー・原始漁法の民俗
99		安田川			徒歩鵜飼	原始漁法の民俗・四国の生業
100		伊尾木川			徒歩鵜飼	四国の生業
101		安芸川			徒歩鵜飼	民具マンスリー・原始漁法の民俗
102		香宗川			徒歩鵜飼	四国の生業
103		物部川	昭和30年頃まで	昼川・夜川	徒歩鵜飼 / 舟鵜飼	民具マンスリー・原始漁法の民俗
104		野根川			徒歩鵜飼	原始漁法の民俗
105		国分川		昼川・夜川	徒歩鵜飼 / 舟鵜飼	四国の生業
106		鏡川			鵜飼	民具マンスリー
107		仁淀川筋	吾川郡伊野町付近	夜川	徒歩鵜飼 / 舟鵜飼	民具マンスリー・原始漁法の民俗
108		四万十川	幡多郡村廣瀬・井崎	夜川	徒歩鵜飼	民具マンスリー・原始漁法の民俗
109		四万十川(渡川)	十川村柳瀬・大正村付近	夜川	徒歩鵜飼 / 舟鵜飼	民具マンスリー・原始漁法の民俗
110		檮原川(四万十川支流)			鵜飼	四国の生業
111		松葉川(四万十川支流)			鵜飼	四国の生業
112	福岡県	矢部川筋	八女郡津ノ江・柳島	昼川	徒歩鵜飼	原始漁法の民俗
113		筑後川	原鶴温泉附近	夜川	舟鵜飼	原始漁法の民俗
114	佐賀県	沼池	佐賀郡大和町(春日村)	昼漁	放ち鵜飼	原始漁法の民俗
115		沼池	神崎郡千代田村(旧城田村)高志	昼漁	放ち鵜飼	原始漁法の民俗
116		沼池	佐賀郡駄市河原	昼漁	放ち鵜飼	原始漁法の民俗
117	大分県	三隈川	日田市	夜川	舟鵜飼	民具マンスリー・九州の生業
118	長崎県		大村市		徒歩鵜飼	原始漁法の民俗

※網掛けになっている番号の地域は、1998年現在も鵜飼(観光鵜飼)が行われている。

※本表は、日本常民文化研究所の鵜飼調査資料(昭和16年アンケート)の民具マンスリー掲載文、『原始漁法の民俗』『東北の生業』『関東の生業』『南中部の生業』『近畿の生業』『四国の生業』『九州の生業』『稲城のものとくらしⅢ』『三次の鵜飼』『太田川ものがたり』『加計町史上巻』『鵜飼』『万葉集』などの文献資料から抽出して作成したものである。

※高知県立歴史民俗資料館学芸員中村淳子氏からは湯浅智子の卒業論文『南四国における鵜飼の習俗』をご紹介いただいた。その論文の中には、高知県の鵜匠からの聞き取り調査の報告があり、物部川と国分川では、昼川、夜川の徒歩鵜飼と夜川の舟鵜飼が行われていたことが述べられている。また、吉野川では夜川の舟鵜飼がおこなわれていた報告もある。

※不明確な項目は、無記入になっている。

※可児弘明『鵜飼』には、かつて鵜飼が行われていた地は全国で150か所にも及ぶと記述されている。

表① 全国各地の鵜飼一覧

No.	都道府県	河川	地名・その他	時間	方法	主な参考文献資料
1	秋田県	檜木内川上流	角館付近	昼川	徒歩鵜飼	原始漁法の民俗・東北の生業
2	岩手県	雫石川	雫石町	昼川	鵜飼 どんな方法?	民具マンスリー
3	山形県	最上川支流寺川	溝延村	昼川	徒歩鵜飼・船鵜飼	民具マンスリー
4	福島県	夏井川	石城郡平市付近	夜川か昼川?	徒歩鵜飼	民具マンスリー・原始漁法の民俗
5	茨城県		多賀郡豊浦町川尻	昼川	一人一羽使う	民具マンスリー
6		十王川	多賀郡十王村伊師付近	夜川か昼川?	徒歩鵜飼	原始漁法の民俗
7		花貫川	多賀郡十王村伊師付近	夜川か昼川?	徒歩鵜飼	原始漁法の民俗
8		泉川	多賀郡十王村伊師付近	夜川か昼川?	徒歩鵜飼	原始漁法の民俗
9	群馬県	利根川	前橋市附近	徒歩鵜飼	徒歩鵜飼?	民具マンスリー
10		碓氷川	碓氷郡安中町附近	夜川か昼川?	徒歩鵜飼	民具マンスリー・関東の生業
11		利根川の支流九十九川		夜川か昼川?	徒歩鵜飼?	民具マンスリー
12	埼玉県	荒川筋	秩父市大宮町	昼川	徒歩鵜飼	原始漁法の民俗・稲城ものとくらしⅢ
13		荒川筋	南埼玉郡大袋村・黒浜村		舟鵜飼	原始漁法の民俗
14		荒川筋	大里郡寄居町	昼川	徒歩鵜飼	稲城ものとくらしⅢ
15		荒川筋	大里郡花園村	昼川	徒歩鵜飼	稲城ものとくらしⅢ
16		荒川筋	熊谷市久下	昼川	徒歩鵜飼	稲城ものとくらしⅢ
17		荒川筋	黒浜		舟鵜飼	稲城ものとくらしⅢ
18		荒川筋	越谷市恩間新田		舟鵜飼	稲城ものとくらしⅢ
19	東京都	多摩川筋	上流・下流	昼川	徒歩鵜飼	民具マンスリー・原始漁法の民俗
20	神奈川県	相模川(支流道志川を含む)	津久井郡城山町	夜川→昼川	徒歩鵜飼/昼 網引き	民具マンスリー・関東の生業
21		相模川	津久井郡湘南村	昼川	徒歩鵜飼	稲城ものとくらしⅢ
22		相模川	相模原市	昼川	徒歩鵜飼	稲城ものとくらしⅢ
23		相模川	愛甲郡愛川町	昼川	徒歩鵜飼	稲城ものとくらしⅢ
24	山梨県	相模川上流	北都留郡(猿橋、鳥沢など)	昼川	徒歩鵜飼	鵜飼
25		相模川上流	南都留郡(月夜野)	昼川	徒歩鵜飼	鵜飼
26		笛吹川	東山梨郡 塩山市	夜川	徒歩鵜飼	原始漁法の民俗・稲城ものとくらしⅢ
27		日川	東山梨郡	夜川	徒歩鵜飼	民具マンスリー
28		重川	東山梨郡	夜川	徒歩鵜飼	民具マンスリー
29		富士川	西八代郡(3名)豊里村	夜川	徒歩鵜飼	原始漁法の民俗・稲城ものとくらしⅢ
30		佐野川		夜川	徒歩鵜飼	民具マンスリー
31		早川		夜川	徒歩鵜飼	民具マンスリー
32		釜無川	竜王・韮崎	夜川	徒歩鵜飼	民具マンスリー・原始漁法の民俗
33		塩川		夜川	徒歩鵜飼	民具マンスリー
34		桂川	大月市から上野原町付近	夜川	徒歩鵜飼	民具マンスリー・南中部の生業
35		笹子川		夜川	徒歩鵜飼	民具マンスリー
36		笛吹川	石和	夜川	徒歩鵜飼(篝火)	
37	静岡県	安倍川	下河原・用宗・石部	夜川	徒歩鵜飼	原始漁法の民俗
38		大井川		夜川	徒歩鵜飼	南中部の生業
39		富士川		夜川	徒歩鵜飼	南中部の生業
40		安倍川支流藁科川		夜川	徒歩鵜飼	南中部の生業
41		狩野川	大仁付近		鵜飼	南中部の生業
42		興津川			鵜飼 どんな鵜飼?	南中部の生業
43	長野県	諏訪湖			放ち鵜飼	鵜飼・南中部の生業
44		天龍川			鵜飼	南中部の生業
45		千曲川			鵜飼	南中部の生業
46		犀川			鵜飼	南中部の生業
47	福井県	九頭竜川	大野町金塚/戦時中やめる	夜川	徒歩鵜飼(松明)	民具マンスリー・原始漁法の民俗
48		支流真名川		夜川	徒歩鵜飼(松明)	民具マンスリー・原始漁法の民俗
49		支流足羽川		夜川	徒歩鵜飼(松明)	原始漁法の民俗
50		支流赤根川		夜川	徒歩鵜飼(松明)	民具マンスリー・原始漁法の民俗
51		日野川上流	今庄町	夜川	大正末岐まで 徒歩鵜飼	民具マンスリー・原始漁法の民俗
52		南川	小浜市/大正の初め頃まで	夜川	徒歩鵜飼	民具マンスリー・原始漁法の民俗
53	富山県	辟田川は永見市付近の川		夜川	徒歩鵜飼	万葉集
54		宇奈比川は永見市の宇波川か			徒歩鵜飼	万葉集
55		(売比河)婦負川は神通川か		夜川	徒歩鵜飼	万葉集・鵜飼
56	岐阜県	長良川	岐阜市	夜川	舟鵜飼	民具マンスリー・原始漁法の民俗
57		長良川	瀬尻村小瀬(関市小瀬)	夜川	舟鵜飼	民具マンスリー・原始漁法の民俗
58		木曽川	加茂郡細目村ノ黒瀬(現百津町)		舟鵜飼	民具マンスリー
59		飛驒川	加茂郡小山村(現下米田村)		舟鵜飼	民具マンスリー
60		杭瀬川	不破赤坂村		舟鵜飼	民具マンスリー
61	愛知県	木曽川	丹羽郡犬山町	夜川	舟鵜飼	原始漁法の民俗
62	滋賀県	石田川			明治以前 徒歩鵜飼	近畿の生業
63		知内川	湖西		明治以前 舟鵜飼	近畿の生業
64	奈良県	吉野川			徒歩鵜飼	近畿の生業
65		北山川	下北川村下池原		徒歩鵜飼	近畿の生業

り、つきさす先の方には鉄がついている。普通この棒を右手でもっているが、鵜に魚を吐かす時には、棒を口にくわえ鵜を右わきにかかえるようにして魚藍《びく》の中へ吐かせる」といった描写である〔16〕。これは有田川の「徒歩鵜飼」の方法と全く同じであり、興味深い文献資料といえる。

また、北陸の九頭竜川水系の福井県南条郡今庄では、明治末年まで「徒歩鵜飼」が行われていた。九頭竜川での鵜飼の様子については、「鵜飼は胸あたりまで水に浸かってウを操る。松明は四本から多い時は七本を使った。松明はマツやヒノキの芯で作り、燃える時期は二〇分くらいであった。右手に松明を持ち、ウは左手で操る。松明はタイサイという。槍先の金属の部分に挿す。タイサイは長いものになると六尺五寸くらいであった。ウの縄は首と腹に十文字になるように掛ける」〔17〕と記述がある。

また、高知県の野根川・奈半利川・安田川・安芸川・物部川・鏡川・吉野川・四万十川・檜原川（四万十川の支流）・松葉川（四万十川の支流）など多くの河川で「徒歩鵜飼」が行われていたが、一九五五年頃までに徐々に消滅する。とくに奈半利川の鵜飼については、『北川村史 通史編』には、「徒歩鵜飼だから鵜匠は草鞋ばきで水中に入り、川下から上流に向かって荒瀬を進む。イサリの柄を首と肩の間に挟み両手で鵜を抱え込むようにしてハケカゴへアユを吐き出させる」〔18〕と「徒歩鵜飼」の記述がある。高知県の北川村での「徒歩鵜飼」もこの記述によれば有田川の鵜飼と類似しているといえる。このようにかつては、「徒歩鵜飼」が、生業として日本各地で行われていたことが文献資料からわかる。

最後に、全国各地の「鵜飼」がどのような理由で消滅したのか、その原因について概略を述べておきたい〔19〕。まず、一つ目は、河川の変化にある。とくに各地においてダムが、一九五五年頃までに建設され、河川の魚類の減少により鵜飼漁が消滅する。二つ目は、各河川に漁業協同組合が設立されて、一九四九年（昭和二四）の新たな「漁業法」及び一九五一年の「水産資源保護法」により、魚類保護のために鵜飼漁の水域や漁期の制限が設けられたことによる。これを機に鵜飼漁業を廃業することになったというわけである。三つ目は、水害による被害がある。四つ目は、後継者不足が挙げられる。

これらの消滅の原因のうち有田川の鵜飼に限ってみると、有田川の大水害などの被害による鵜飼の一時休止時期が契機となったが、一時「観光鵜飼」への展開により鵜飼の継承はなされた。しかし結局鵜匠の後継者不足は乗り越えることはできず、有田川の価値ある「徒歩鵜飼」は消滅してしまった。

一一　まとめ

今回の「有田川の徒歩鵜飼」の調査では、「徒歩鵜飼」に関わる漁具・漁法・鵜の飼育小屋などの詳細を知ることができた。さらに、有田川と各地の鵜飼の漁具を比較することによって、各地の鵜飼における類似性と差異性についても知見を得ることができた。

鵜の飼育方法では、観光鵜飼の主流である「手綱鵜飼」とそれ以外の鵜飼漁法とのあいだで大きな違いがある。「徒歩鵜飼」や「放ち鵜飼」では一人の鵜匠が数羽の鵜を、狭い空間の飼育箱や鵜籠で飼育する。一方、多くの鵜を使う「手縄鵜飼」の場合は、数十羽の鵜を鳥屋（トヤ）と呼ばれるやや広い空間の中に一緒に入れて集団で飼育する。

全国各地の「徒歩鵜飼」といわれている漁法では、どうやら一羽ないしは二羽の鵜に手縄を付けての鵜飼漁である場合が多く、まったく手綱をつけない島根県高津川流域の「徒歩鵜飼」はむしろ特殊なのかもしれない。手綱を使う共通性はありながら「徒歩鵜飼」に使う灯火具は、松明や火籠の使用などで地域により異なっていることもまたひとつの特徴である。手綱を使い灯火具も使う「徒歩鵜飼」は対象魚が市場価値の高いアユであることも共通している。手綱を使わず「徒歩鵜飼」を行う島根県高津川の対象魚がコイ・フナ・ウグイであることも道具のありようと関係していると思われる。

高知県の鵜飼では、「イサリ」と言われる火籠の灯火具が使われている。山梨県も高知県の「イサリ」の形態とは違うが火籠を使い「徒歩鵜飼」が行われていた。有田川の鵜飼では鉄製の火籠を使わずに松明が使われていた。鵜飼においては、漁具漁法を変化させることは容易に可能であったであろうが、それぞれの地域で工夫された灯火具が使われている。日本常民文化研究所の渋沢敬三が一九四一年の「鵜飼調査資料」の中で高知県の鵜匠が有田川へ数年間手伝いにいっていると記載している〔20〕。高知県の鵜飼漁具の伝播は容易であったと思われるが、有田川では、松明の形式から火籠への変化が起きていない。鵜の売買やさまざまなことから、鵜匠同士の交易がなされて情報伝達も充分にできたと思われるが、各地域の鵜飼漁具・漁法が全く同じ形態になっていないのである。

先に述べた道具・漁法などから全国各地の「徒歩鵜飼」を分析すると、いくつかの鵜飼文化に分けることができる。高知県の「イサリ」と呼ばれる火籠使用の夜川の「徒歩鵜飼」、福井県九頭竜川・島根県高津川上流・和歌山県有田川などの松明使用の夜川の「徒歩鵜飼」、山梨県の火籠使用の夜川の「徒歩鵜飼」、関東地方の昼川の「徒歩鵜飼」と、それぞれの鵜飼文化を作りあげている。これは、最初に松明型が広く分布して、その後に火籠型に移行していった可能性が高いが、各地の伝承からそれを裏付ける証拠はない。あるいは松明型と火籠型がそれぞれに各地で分布したのかは、今の時点で明確にできない。

「徒歩鵜飼」の伝統文化の継承では、各地の鵜飼には、類似性をもつが差異性もみられ、多様性を保持している。「徒歩鵜飼」は漁具、漁法技術が容易に変化しない漁撈文化といえるが、一方では漁法においては昼川のアユ漁獲の鵜飼に特化する傾向がみられる。そのなかで高津川の「徒歩鵜飼」のようにきわめて多様な漁法をもっていて、ある方向に特化しないことは特筆に値する。筆者は高津川の鵜飼漁法こそが日本列島における鵜飼のはじまりの姿を表していると思っているが、その点はまた別に論じたい。

鵜飼については、まだまだわからないことが多々ある。「放ち鵜飼」「徒歩鵜飼」がどこで発生し、どのように伝播したのか。日本の鵜飼は大陸からの伝播なのか独立発生なのかも解明できていない。だが、古くから行われていた鵜飼が、伝統文化の技術が継承されながら今日まで受け継がれてきていることは確かである。

鵜匠の見事な鵜の手縄さばきは、数年でできるものではない。鵜の飼育から鵜を操る手縄さばきを熟知するまでには、最低でも一〇年はかかるとされている。鵜匠は、それぞれの鵜の心を知り尽くしている。ある鵜匠は、鵜の飼育で最も大切なことは、クチバシで咬まれることがあっても、けっして手で叩く行為をしないことだという。そんなことをすれば、鵜の心は鵜匠から離れていき、鵜飼はできないと述べる。

有田川の「徒歩鵜飼」は、生業から「観光鵜飼」へ変遷していき、水害被害やさまざまな苦難を乗り越えてきたものの、後継者不足から二〇一三年に休止になってしまったが、ここまで脈々と受け継がれてきた原型的な鵜飼[21]を知ることのできる貴重な鵜飼文化であったといえる。時代は変わったものの、先人の鵜匠の知恵は道具の中に秘められている。

今後も筆者は全国各地の鵜飼の調査を行い、各地の鵜飼の漁具・漁法の比較と鵜の行動を観察しながら鵜飼の研究を続けたいと思う。

[1] 山梨県立博物館『シンボル展 鵜飼―甲斐の川漁と鵜飼をめぐる伝説―』リーフレット、二〇一五年。
[2] 藤堂明保・竹田晃・影山輝國『倭国伝 全訳注―中国史に描かれた日本―』(講談社学術文庫、二〇一六年)の中の一文の訳文に「首に小さな輪をかけ、紐を付けた鵜を水にもぐらせて魚を捕らえさせると、百匹余りもとれる」とある。この『随

書』倭国伝の内容は、遣隋使の話をまとめたものであるとされる。

[3]『古事記』には、「大国主神の国譲り」の中に、「櫛八玉は鵜に化して、海底の埴（粘土）をとり平たな土器を作り、海藻を刈って燧臼・燧杵を作り、火を鑽り出して、火を使って調理した魚を献る詞章（火鑽りの詞）を述べた」とある。また、「豊玉毘売が、出産で海辺の渚に鵜の羽根を葺草にして産屋を造る」とある。これは、鵜がのみ込んだ鮎を容易に吐き出せることから、鵜の特性が「安産」の呪力をもつとして、鵜の羽根で屋根をふいたと考えられている。

[4]『日本書紀』には、神武天皇の条に「梁作ち取魚する者有り、天皇これを問ひたまふ。対へて曰く、臣はこれ苞苴擔の子なりとまをす。此れ即ち阿太の養鸕部の始祖なり」、また、「盾並べて　伊那佐の山の　木の間よも　い行きまもらひ　戦かへば吾はや飢ぬ　島つ鳥　鵜養が伴　今助けに来ね」と記述があり、この頃に「鵜養部」がいたことがわかる。

[5]『万葉集』では、柿本人麻呂が吉野賛歌で「……行き沿ふ　川の神も　大御食に仕へ奉ると上つ瀬に鵜川を立てち　下つ瀬に　小網刺し渡す……」（第一巻三八）と鵜飼する様子を詠んでいる。これは、昼川で「放ち鵜飼」か「徒歩鵜飼」をしていると考える。また、大伴家持は七四六年（養老一八）越中国守に赴任して「婦負川の速き瀬ごとに篝さし八十伴の緒は鵜川立ちけり」（第十七巻四〇二三）と詠んでいる。これも鵜飼を行ったとされる歌であり、夜川の「徒歩鵜飼」であるとされる。

[6]『万葉集』柿本人麻呂の鵜飼の歌（注[5]と同じ）。

[7] 竹内利美「河川と湖沼の漁法と伝承」『日本民俗文化大系5　山民と海人―非平地民の生活と伝承―』小学館、一九八三年。

[8] 可児弘明『鵜飼』中公新書、一九六六年。

[9] 有田川鵜飼協同組合・和歌山大学観光学部『有田川鵜飼物語』二〇〇九年（調査研究と編集担当は道澤康裕）。

[10] 有田市宮原愛郷会『今昔　宮原の里』一九九三年。

[11] 島根県高津川では、トリモチは高い岸壁に仕掛けられる。モチにかかった鵜は海に落ちるので、それを舟で追いかけて、モチのついている竹棹（タケザオ）にくっつけて引き上げる。すぐに鵜の目を隠して、ハセカニと呼ばれる藁を固めたものをクチバシにはせて綿糸でくくり、連れて帰る。茨城県十王町から長良川に送られる鵜はハシガケと呼ばれる木片をクチバシにはせる。有田川は布をはせてクチバシをまく方法をとる。

[12] 田中敬志「有田川の鵜飼」・坂口総一郎「有田川鵜飼漁業調査」（『和歌山県文化財調査報告書』8、和歌山県、一九七四年）

の一九六一年調査と解説を参考にする。

［13］稲城市教育委員会社会教育課『稲城・ものとくらしⅢ　稲城市文化財調査報告書第四集』一九八一年。

［14］「イサリ」とは、高知県奈半利川の鵜飼で使われていた漁火を焚く鵜飼用具である。「奈半利川で使用されていたものは、直径一五cmの鉄輪で、深さ三〇cmの金属製の籠に長さ二mの柄が付いている。柄の長さが三mのものは、火振り漁の時に舟で使用している」と『北村の民俗』2（北村教育委員会、一九七六年）に記載されている。

［15］花野井有年『駿河叢書第十七編　辛丑雑記抄』静岡志豆波多會、一九三四年。

［16］最上孝敬「高津川の鵜飼」『伝承』第11号、山陰民俗学会、一九六三年。

［17］大野市史編さん委員会『大野市（第13巻）民俗編』大野市役所、二〇〇八年。

［18］北川村教育委員会『北川村史 通史編』一九九七年。

［19］具体的な事例を記述する。ダム建設の事例では、一九四二年、山梨県の釜無川に波木井取水ダムができて鵜飼漁も振るわなくなり、太平洋戦争終戦後に姿を消すことになる。また、高知県の奈半利川では、一九六〇年の平鍋ダム建設により鵜飼漁がなくなる。水害の事例では、高知県の仁淀川の鵜飼が挙げられる。仁淀川は一九七〇年の台風一〇号により大洪水で大被害を受けて鵜飼用の観光船の大部分が流失することになる。そのため鵜飼は休止となり、復活することはできなかった。
また、漁業協同組合の設立については、一九五一年（昭和二六）の「水産資源保護法」により鵜飼漁は決められた水域と期間に観光目的に限り認められることになる。後継者不足についての事例は、島根県益田市高津川の「放ち鵜飼」がある。高津川では一九七三年（昭和四八）には後継者に恵まれず姿を消すことになる。その後一九八二年には高津川鵜飼保存会が結成されて復活したのだが、二〇〇一年に後継者がいなくなり完全に姿を消すこととなる。

［20］日本常民文化研究所編「鵜飼調査資料」一～七『民具マンスリー』11巻4号～11巻10号、一九七八年七月一〇日～一九七九年一月一〇日。

［21］「原型的な鵜飼」の意味は本書の次章「鵜川と鵜飼―高津川の鵜飼再考―」を参照。

参考文献

あかねるつ・北洞南一・北洞真一『長良川・鵜飼のすべて』郷土出版社、一九八四年
有田市誌編集委員会『有田市誌』一九七四年
大洲大会実行委員会『第二二回全国鵜飼サミット大洲大会プログラム』二〇一七年
折井忠義・深沢正志・後藤義隆「山梨県の漁業・諸職」『南中部の生業2　漁業・諸職』明玄書房、一九八二年
加計町役場『加計町史』上巻、一九六一年
鎌田幸男・斉藤寿胤「秋田県の漁業・諸職」『東北の生業2　漁業・諸職』明玄書房、一九八一年
神野善治「静岡県の漁業・諸職」『南中部の生業2　漁業・諸職』明玄書房、一九八二年
幸田光温「鵜使漁の変遷　明治末期までの太田川でも」『環・太田川』一三三号、NPO法人「環・太田川」、二〇一二年
小林茂「埼玉県の漁業・諸職」『関東の生業2　漁業・諸職』明玄書房、一九八一年
阪本英一・根岸謙之助「群馬県の漁業諸職」『関東の生業2　漁業・諸職』明玄書房、一九八一年
坂本正夫「高知県の漁業・諸職」『四国の生業2　漁業・諸職』明玄書房、一九八一年
篠原徹「鵜のこころ・鵜匠のこころ」『自然と民俗』日本エディタースクール出版部、一九九〇年
篠原徹『民俗学断章』社会評論社、二〇一八年
下野岩太『太田川ものがたり』可部プリント社、一九七四年
宅野幸徳「高津川の放し鵜飼」『民具研究』86、日本民具学会、一九九〇年
宅野幸徳「三次鵜飼伝　鵜匠上岡義則翁からの聞書き」『江の川研究』第15号、江の川水系漁撈文化研究会、二〇〇六年
第三回鵜飼サミット実行委員会『伝統息づく有田川』一九九六年
津田豊彦「三重県の漁業・諸職」『近畿の生業2　漁業・諸職』明玄書房、一九八一年
刀禰勇太郎「福井県の漁業・諸職」『北中部の生業2　漁業・諸職』明玄書房、一九八一年
長良川の鵜飼研究会『ぎふ　長良川の鵜飼』岐阜新聞社、一九九四年
新美倫子「ウ」『事典　人と動物の考古学』吉川弘文館、二〇一〇年
錦川鵜飼振興会『錦川鵜飼物語』一九七七年

仁淀川漁業協同組合『仁淀川誌』一九七九年
野崎一郎「大分県の漁業・諸職」『九州の生業2 漁業・諸職』明玄書房、一九八一年
橋本鉄男「滋賀県の漁業・諸職」『近畿の生業2 漁業・諸職』明玄書房、一九八一年
平野栄次「東京都の漁業・諸職」『関東の生業2 漁業・諸職』明玄書房、一九八一年
松村義也「長野県の漁業・諸職」『南中部の生業2 漁業・諸職』明玄書房、一九八二年
最上孝敬「有田川の鵜飼」『原始漁法の民俗』岩崎美術社、一九六七年
三次教育委員会『三次の鵜飼 三次鵜飼の民俗技術 三次文化財1』二〇一六年
吉川寿洋「和歌山県の漁業・諸職」『近畿の生業2 漁業・諸職』明玄書房、一九八一年
和田正洲「神奈川県の漁業・諸職」『関東の生業2 漁業・諸職』明玄書房、一九八一年
和田吉弘『木曽三川の伝統漁 人と魚の知恵くらべ』山海堂、一九九五年

辞典・事典・資料集

『紀伊名所図会』三歴史図書社、一九七〇年
『図説日本史通覧』帝国書院、二〇一四年
『世界大百科事典』平凡社、二〇〇七年
『新日本古典文学大系一 萬葉集一』岩波書店、一九九九年
『新日本古典文学大系四 萬葉集四』岩波書店、二〇〇三年
『新編日本古典文学全集 日本書紀①』小学館、一九九四年
『日本大百科全書』7、小学館、一九八六年
『日本大百科全書』12、小学館、一九八六年

*謝辞——有田川の鵜飼調査では、有田川鵜飼組合（鮎茶屋）の会長の花田優さんに、鵜飼の道具を見せていただき、「観光鵜飼」についての貴重なお話をお聞かせいただきました。また、鵜匠の吉田繁彦さんには、長年の経験から得た鵜匠の知恵

を丁寧に説明いただき大変お世話になりました。加えて有田川鵜飼の貴重な写真は吉田美喜夫さんより提供いただき掲載することができました。有田市郷土資料館の学芸員木谷智史さんには有田川の鵜飼資料を提供いただきました。また、鵜飼道具の比較では、山口県岩国市の鵜匠村中秀明さんに、錦川の「手縄鵜飼」についてお教えいただきました。そのほか漁具の撮影では、高知県立歴史民俗資料館の学芸員中村淳子さん、広島歴史民俗資料館の学芸員葉杖哲也さんにご協力いただきました。更には、福井県、広島県、高知県、佐賀県の各地の図書館、日本常民文化研究所などの機関から鵜飼に関する文献資料を提供いただきました。皆様に心よりお礼を申しあげます。

第八章　鵜川と鵜飼　高津川の鵜飼再考

宅野幸徳・篠原　徹・卯田宗平

一　原型的な鵜飼を探る

島根県の中国山地を源頭にして益田市で海にでる清流・高津川のいわゆる「放し鵜飼」が姿を消して二〇年の歳月が経っている。筆者は高津川の鵜飼について、それまでの調査を「高津川の放し鵜飼」として発表している（宅野　一九九〇）（本書第五章）。その後、和歌山県有田川や山口県錦川の鵜飼などの調査を継続してきたが、鵜飼の原始的な姿（最上　一九六七）をとどめているとされる「放し鵜飼」あるいは「徒歩鵜飼」について再考する必要性を感じてきた。それは「放し鵜飼」や「徒歩鵜飼」といわれてきた鵜飼は「原始的」ではなく「原型的」とでもいったほうがよい民俗技術であり、日本列島における鵜飼技術の歴史的過程は「原型」から「洗練」への展開ではないかと考えるに至ったからである。

七世紀初頭の中国の文献『隋書』「倭国伝」をはじめ、『古事記』（七一二年）や『日本書紀』（七二〇年）、『万葉集』（七世紀後半〜八世紀後半）などに鵜飼の記載が散見され、古くから鵜飼がおこなわれてきたことがわかる［1］。

こうした原型的であったと思われる鵜飼がその後さまざまな地域で河川形態や地域社会に適合する形で洗練され現代にまで継承されてきたのではないか。

先行の鵜飼研究では、竹内利美が鵜飼の漁法をいくつかの視点で分類している。これによると、操業時間からみると「昼川」鵜飼と「夜川」鵜飼があり、漁法には「放し鵜飼」「徒歩鵜飼」「手綱鵜飼」「舟鵜飼」の四つがあることを示した（竹内 一九八三）。また、可児弘明は古いタイプの鵜飼を「放し鵜飼」とし、その形態から「徒歩鵜飼」と「手綱鵜飼」が成立したと主張した。そして、やがてそれらから長良川鵜飼にみるような「舟鵜飼」ができあがってきたのではないかとし、日本列島における鵜飼の変遷過程を提示した（可児 一九六六）。いずれの研究も日本における鵜飼の展開を考えるうえで重要であり、「放し鵜飼」や「徒歩鵜飼」のほうがより古いタイプであるという点は両者とも同じである。筆者が高津川の「放し鵜飼」を再考するのもまさにこの古いタイプの鵜飼とは何かという点である。

鵜飼は時代を遡れば遡るほど、鵜飼を生業とする人びとが彼らの生きる地域社会のなかで淡水域漁業資源を供給する重要な役割を担っていたと考えられる。そして、鵜飼という生業が専業化できるか否かは地域社会における魚の需要と大きく関係しているという点もこの論考で指摘してみたい。社会のありようはこうした鵜飼だけに限らず民俗技術のありようとも深い関連がある。つまり、地域社会で需要が小さければ鵜飼という生業はその社会のなかでパートタイム・エキスパートとして複合生業のなかのひとつとなるはずである（安室 二〇一二）。一方、魚に対する需要が大きければ（大河川の中流域にある城下町など）、アユを狙うフルタイム・エキスパートとしての舟鵜飼が専業化していくと考えられる。

上述の視点を考えるうえで、高津川全流域で展開していた「放し鵜飼」は格好の素材である。それはいわゆる「放し鵜飼」や「徒歩鵜飼」がおこなわれていたのは大河川ではなく中小の河川であった可能性が高いからである。

二　高津川の概要

高津川は島根県西部の吉賀町田野原を源流として、津和野町柿木、津和野町日原、益田市横田を抜けて日本海に注ぐ長さ八一㎞、流域面積一〇九〇㎢の一級河川である。おもな支流に津和野川、匹見川、白上川がある。鵜飼がおこなわれていた支流の匹見川は中国山地の弥畝山に発して横田で本流と合流する。高津川は、明治初年頃（一八六八年）から大正末期（一九二三年）まで水量も多く水上交通として高瀬舟が使われ、中流柿木と河口の高津まで人と荷物の運搬がおこなわれていた。また木材や竹材は昭和の初め（一九二三年）まで筏で上流から高津まで運ばれており、高津川は流通路としても重要な働きをしていた。

高津川の鵜飼の始まりは、津和野藩主亀井氏が藩内を巡在の際に慰めとしておこなっていたことを嚆矢とするとあるが真偽のほどはわからない。『益田市史』によれば、近世になると高津川の鵜飼は「江戸時代を通じて行われたが、明治に入り、鵜を自由に放って魚を捕える、今日の高津鵜飼がはじまった」（矢富　一九六三：六二七）という記述がみられる。

昭和の時代になると高津川水系の広範囲に鵜匠がいたことがわかる。上流の津和野町に一人、柿木村に四人、下流の日原村に四人、匹見に一～二人、高津町には八人（以前は一七～一八人）の鵜匠がいたことが記録されている。おそらくこの鵜匠のありようが、高津川の近代以前の鵜匠と高津川の関係を表していると思われる。この高津川の鵜飼が水系全体におこなわれていて、それらがすべていわゆる「放し鵜飼」あるいは「徒歩鵜飼」と称されるものであった。そしてその鵜飼はすべて魚を求める村人との協業によって成りたつ「鵜川」であったと思われる［2］。鵜川については後述してみたい。

三　高津川の鵜匠と鵜

筆者は前述のとおり一九九〇年に高津川の放し鵜飼について鵜飼漁法や放し鵜飼の道具を中心に発表した。しかし、高津川下流の鵜飼集団が各地への鵜（ウミウ中心）の供給地であったことや、供給するときの鵜の調教については報告していない。ここではこの点を中心に高津川の鵜匠と鵜の関係について述べてみたい。この資料は一九八九年当時にかつて鵜飼をおこなっていた下流域の鵜匠・塩田嘉助さん、中流域・上流域で生業活動をしていた鵜匠・平川村蔵さんと鵜匠・潮利一さんの三人の鵜匠から鵜の捕獲方法や供給先、飼育方法などの聞き書きをもとにしている。

⑴鵜の捕獲方法

トリモチの作り方は、まずモチノキの皮を剝がして叩いてからカマス（藁袋）に入れ、濁り水に一週間漬けてアク抜きをする。皮が軟らかくなったころに、皮を臼にいれて杵で突く。突いてからそれでも残っている粒は川の水に晒して取り除く。

トリモチを使用する時は、岩場につけて、鵜が岩場とトリモチの見分けができないようにトリモチの上に墨をつけて化粧する。鵜の捕獲には、竿先にトリモチをつけたモチザオ（またはサシモチ）という道具を使う。鵜がトリモチのついている岩場に止まるとトリモチが足につく。すると、鵜はそれを嫌がって飛び立とうとするが、その際にトリモチが鵜の体について飛べなくなり海に落ちる。その体に向けてモチザオを差し出して捕獲する。モチザオは長さ四ｍぐらいであり、あまり長くないものがよいとされる。あまり長いと手元に寄せるまでに時間がかかり、鵜を逃してしまうことがある。こうした鵜の捕獲はウミウのよく飛来する日本海側の岩礁地帯で、地元の漁師に舟を出してもらい岩場に近づいて捕る（篠原　一九九八）。いずれにせよウミウの生態や行動を巧みに利用したきわめて高度な民俗技術といえるものである。

⑵高津川の鵜の供給先

図①は、高津川の鵜の供給経路を示したものである。鵜の捕獲は高津川河口域の鵜匠が日本海沖に出かけて捕獲する。捕獲した鵜は、高津川中流・上流の鵜匠たちに供給していた。鵜の捕獲は、河口域の鵜匠四～五人が一一月から翌年四月までのあいだに随時単独でおこなっていた。鵜飼が盛んな時は、東は浜田から出雲の海岸、西は山口県の海岸、北は隠岐島、さらには朝鮮半島あたりまで捕りにいったことがあるという。鵜飼が衰退してくると経費をかけないですむ近くの益田沖の持石海岸などを捕獲場所にしていた。そして捕獲した鵜は訓練して馴化し、遠く岐阜県長良川や広島県三次市江の川、山口県岩国市錦川（鵜飼は一九五二年に再興）、愛媛県大洲市肱川（鵜飼は一九五七年に開始）に供給したことがあるという。馴化した鵜を遠隔地に供給する以前は少なくとも下流域の鵜匠が鵜を捕獲して中流・上流の鵜匠に供給していたことはまちがいなく、それも相当古くからの商取引であったようである。

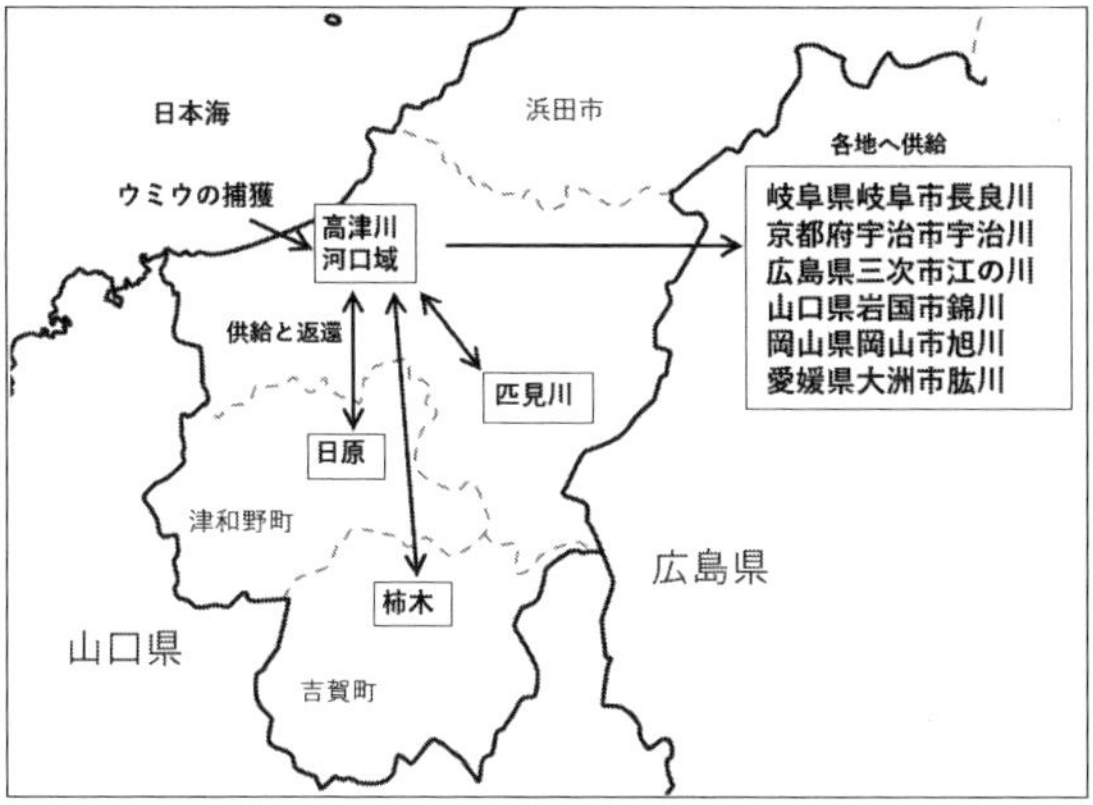

図①　高津川の鵜匠による鵜の捕獲と供給先（筆者作成）

下流域の鵜匠が捕った鵜を引き取り、鵜を調教して冬期の鵜飼で使用した上流域匹見・柿木の鵜匠から興味深い話を聞くことができた。馴らして放し鵜飼で利用した鵜は、翌年の春になると河口域の鵜匠に返還していた。つまり中流や上流の鵜匠は、ほかに仕事をもっていて冬期だけに放し鵜飼をするパートタイム・エキスパートであり、鵜飼を専業にはしなかった。中流や上流の鵜飼は馴らした鵜を半年で河口域の鵜匠に返し、翌年また新たな野生の鵜を入手するわけで、河口域の鵜飼がほぼ専業化していたのと大きく異なる。おそらく高津川のような中流域でアユ漁に特化した鵜飼がおこなえない中小河川では、全国で同じような「放し鵜飼」の形態がとられていたのではないだろうか。

半年で鵜を手放すのは、休漁期の夏に飼育すると餌代が嵩み経済的な負担が大きいからである。同時に鵜飼以外の農林業の仕事をしていて鵜の飼育に時間をとられたくない。アユ漁に特化した中流域の舟鵜飼でも休漁期の飼育にかかる餌代はかなりの経済的負担である〔3〕。

鵜の捕獲が茨城県日立市十王町に限られるようになってからは、捕獲申請羽数どおり環境省（以前は環境庁）の許可がおりないこともあり、こうした場合は馴らした鵜を何年も使うことがあったという。ちなみに一九五五年頃には、一羽のアラ鵜（野生鵜）は約二五〇〇円くらいであった。また馴らした鵜は七〇〇〇円から八〇〇〇円でありとても高価なものであった。

(3)鵜の調教と放し鵜飼

高津川の中流域を生業の場としていた鵜匠・平川さんは、野生鵜を秋に入手すると二羽の鵜を三日ぐらいで調教し、「放し鵜飼」の鵜として使えるようにする。仕入れた鵜を手にしたとき最初におこなうのは、片羽を数枚切ることである。これを「カク」という。飼育全般を通じてもっとも大切なことは、常に鵜の頸を撫でることである。こうした積み重ねが、鵜と鵜匠のあいだの信頼関係を構築するのに重要なことであると平川さんは言う。

高津川水系の鵜飼は、鵜匠の所在地域によっていくつかのグループに分けられる。ひとつは河口域の鵜飼集団、もうひとつは中流・上流域の各鵜匠たちである（図①参照）。河口域の鵜飼集団は鵜飼もおこなうが、鵜の捕獲もおこなうグループで鵜匠間の結束はそれほど強固ではない。それでも鵜飼による漁撈活動や鵜の捕獲ということで集団としての約束ごとなどがある。一方、中流域・上流域の鵜匠はそれぞれが単独で行動するが、住む地域によって放し鵜飼の操業範囲が限定されて一種のナワバリのなかで生業活動をする。

高津川の鵜匠たちは全流域で各自が鵜を数羽ずつ所有して飼育していた。鵜匠は自分の家の一角に鵜小屋をもっていて「トヤ」とよんでいる。トヤのなかには石を二つ配置し、鵜が止まるようにする。このトヤのなかには二羽の鵜を一緒に入れる［4］。止まる石には塩を塗る。放し鵜飼でしばしば鵜が足を腫らすことがあり、塩はそれを治す効果があるという。鵜をトヤに入れる時は、カセ（若い鵜）を先に入れてクロ（歳をとった鵜）を後から入れる。ウミウは野生状態の時には採餌活動を終えて岩礁で休むとき止まる場所に順位制が現れる。通常はカセのほうがクロより順位は低く、逆に入れるとカセはクロに攻撃されてしまう。弱いカセを先にトヤに入れるのは先住効果を利用して両者の順位制を平準化する効果があると鵜匠は考えている［5］。

河口域の鵜匠は、平田舟［6］を利用して下流から上流の横田付近までの水域と河口の入り江、海岸近くの播竜湖を鵜飼の漁場としていた。一方、中流や上流の匹見、日原、柿木の各鵜匠は秋になって河口域の鵜匠から鵜を手に入れ、各鵜匠が鵜を馴らして

写真①　支流匹見川の鵜飼のようす。2羽のウミウが連れそって河川の淵に泳いでいき、魚を追い出す。川の下手には刺し網が張ってある（島根県益田市、1977年、朝日新聞提供）

から冬の放し鵜飼を始める。放し鵜飼は冬の昼間に、下流から上流へと攻めあげる方法でおこなう。鵜匠の経験によると、上流から下流へと向かう方法だと魚に逃げられることが多く、漁獲はほとんどないという。

通常行うのは、上流にかけた網に鵜を使って魚を追い込む漁法である。このとき、しばしば魚群が下流のほうに回り込んで逃げることがある。鵜はそれまで海で生息しており、川での採餌活動にはなれていない。したがって、とくに若い鵜は川の上（カミ）と下（シモ）がわからなくなり、下流の淵（フチ）まで魚群を追って流れ落ちることがある。このことを鵜匠は「セオチ」というが、漁獲の効率がたいへん悪い。そのため、若い鵜（カセ）は老練な鵜（クロ）とペアリングを構築して一緒に行動させることが重要となる。クロが歳をとって横腹が白くなると「ドウランツキ」、鵜の顔横が白くなったものを「ホウジロ」というが、こういった老練な鵜とペアリングさせるほうがさらに間違いが少ないとされる。

鵜は一般的にニワトリよりよく馴れるといわれているが、塩田嘉助さんは犬よりよく馴れる場合さえあるといっていた。放し鵜飼では魚をある程度のみ込んだ鵜を鵜匠のいる川岸に呼び寄せる必要がある。このため、鵜を呼び戻す訓練をしておかねばならない。鵜匠たちは魚を入れるコシカゴをみせたり、もっていった大根を振ったりするなど決まったもので呼び戻す訓練をしている。漁では「コイコイ」や「クワックワッ」など特定の呼び声も併用する。鵜匠によっては鵜を呼び寄せるためヨビエ（呼餌）といわれるウグイをみせるものもいる。

鵜飼の操業水域と漁獲魚種には若干の違いがある。高津川での鵜飼は明治初期にアユを捕りすぎるという理由でアユ漁の鵜飼が禁止される。その後、高津川では一二月一日から翌年三月三一日までの期間に鵜飼がおこなわれていた。昭和五〇年代後半まで放し鵜飼をしていた鵜匠の平川村蔵さんによれば、鵜飼によって捕獲される魚種は水域によって違ったという。平川さんは、高津川の支流・匹見川（横田で本流と合流）の横田から上流域、津和野川（日原町で本流に合流）の日原町から上流域、益田川という小河川、そして本流の高津川中流域のかなり広範囲で放し鵜飼をおこなっていた。このなかで、益田川ではフナ、コイ、ハエ（当地ではオイカワ・カワムツの両種をハエといっている）がよく捕れた。津和野川ではフナが漁獲の中心であったが、ウグイやコイも捕れた。匹見川ではウグイやハエ（オイカワ・カワムツ）が中心でコイやフナはほとんど捕れなかった。

高津川河口の鵜飼を中心に生業活動をおこなっていた塩田嘉助さんによると、河口域の放し鵜飼ではフナやイダ（ウグイの方名）、イナ（ボラの一〇cmくらいのものをいう）、ボラ、コノシロをよく捕ったという。また海岸近くに存在する古川の沼（現在は埋めたてられて存在しない）や播竜湖という止水域ではフナ・コイがよく捕れたという。

四　高津川の生業としての鵜飼

高津川の前近代の鵜飼漁法を図②に示した。聞き書きによってわかる高津川の全流域で行われていた生業としての鵜飼漁法に加えて、文献によって知りえた前近代の夏季のアユ漁を目的とした徒歩鵜飼についても示した。このアユ漁に特化した徒歩鵜飼は、明治の中ごろアユを獲りすぎるという理由で禁止になった。ここでは近代以前の高津川全域の生業としての鵜飼のありかたを復元することを主たる目的にしているので、この夏期にアユを鵜飼によって捕っていたことも加えて高津川鵜飼のありようをみてみたい。

最上孝敬は一八九三年（明治二六）頃までは高津川で夏の夜の徒歩鵜飼がおこなわれていたことを次のように述べている。

夜の鵜飼としてもかなり原始的な徒《かち》の鵜飼で、鵜匠一人が鵜一羽をつかい、流れにむかって遡ってゆくのであった。狭い川だと二人位ならば、広い川では四人もならんでするのであった。篝火は松の薪を束ね、その

図②　高津川における前近代の鵜飼漁法

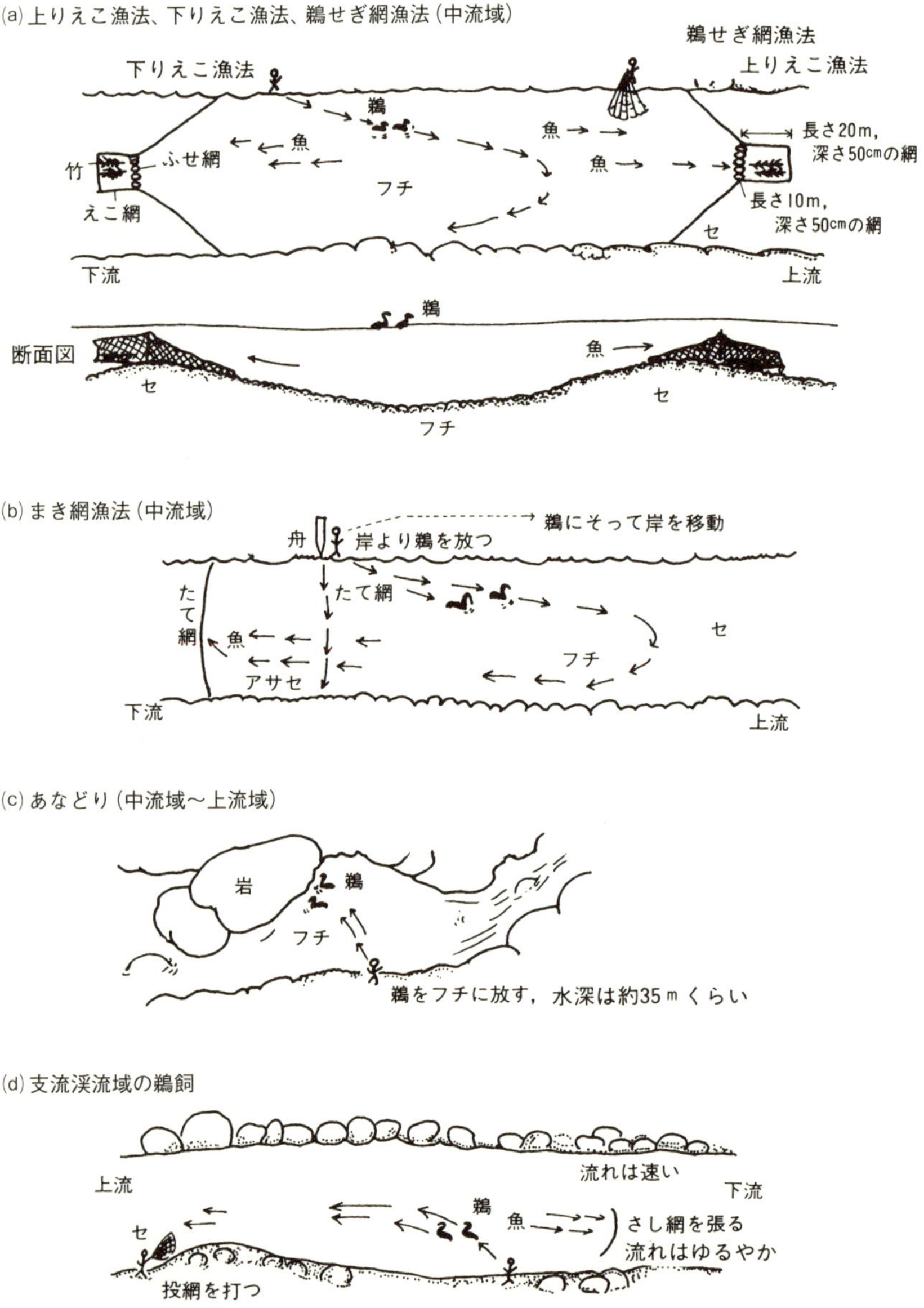

根元の方へ檜の棒をつきさしてもつものである。棒の長さ八―九尺もあり、つきさす先の方には鉄がついている。普通この棒を右手でもっているが、鵜に魚を吐かす時には、棒を口にくわえ鵜を右わきにかかえるようにして魚籃《びく》の中へ吐かせる。

（最上 一九六三：二～三）

つまり明治の初めごろまで高津川では、夏の徒歩鵜飼が行われていたことがわかる。この最上の報告にある高津川の徒歩鵜飼で使われた道具一式が伊藤康弘『山陰の魚漁図解』（伊藤 二〇一一）に掲載されている。同書で復刻された文献の「出雲石見魚漁図解　弐」に鵜飼道具として鵜川の漁具およびその使用法が下記のように記述されている。

蔓ノ皮ヲ去リ鵜縄トナシ、火串（器名）ニ明松ヲ刺シ、暗夜水面ヲ照シ、鵜ヲ放テ香魚其ノ他ノ雑魚ヲ獲セシメ、鵜縄ヲ操リ寄セ、鵜ノ咽喉ニ貯ヘタル魚ヲ吐出セシメ籠ニ納ム、如斯スルコト数回ナリ、又白昼ニハ縄ヲ附セスシテ使用スルコトアリ、又鵜数十羽ヲ放テ魚ヲ追ハシメ、魚ノ追繋セラレ一所ニ群集セシヲ見テ網ヲ撤下シ、魚ヲ獲ルコトアリ、之ヲ鵜責ト云フ、鵜籠・魚籠等ハ図面ノ如シ。

（伊藤 二〇一一：四〇）

最上の記載と「出雲石見魚漁図解　弐」の前半の説明は有田川の徒歩鵜飼の様相と同じであることは明らかである（図③）。また「出雲石見魚漁図解　弐」の後半の説明は図②(a)の鵜せぎ網漁法と同じである。

この文献には明解な説明が図とともにある。この漁場として津和野川、吉賀川、日原川があげられ、漁期は「鵜縄ハ夏季、鵜責ハ冬季ナリ」とあり、漁獲魚種は「香魚《アユ》・桃花魚《ウグイ》・鯽魚《フナ》」となっている。この資料は一八八一年（明治一四）の第二回内国勧業博覧会に出品されたものの草稿本をまとめたものである。一八八一年以前には高津

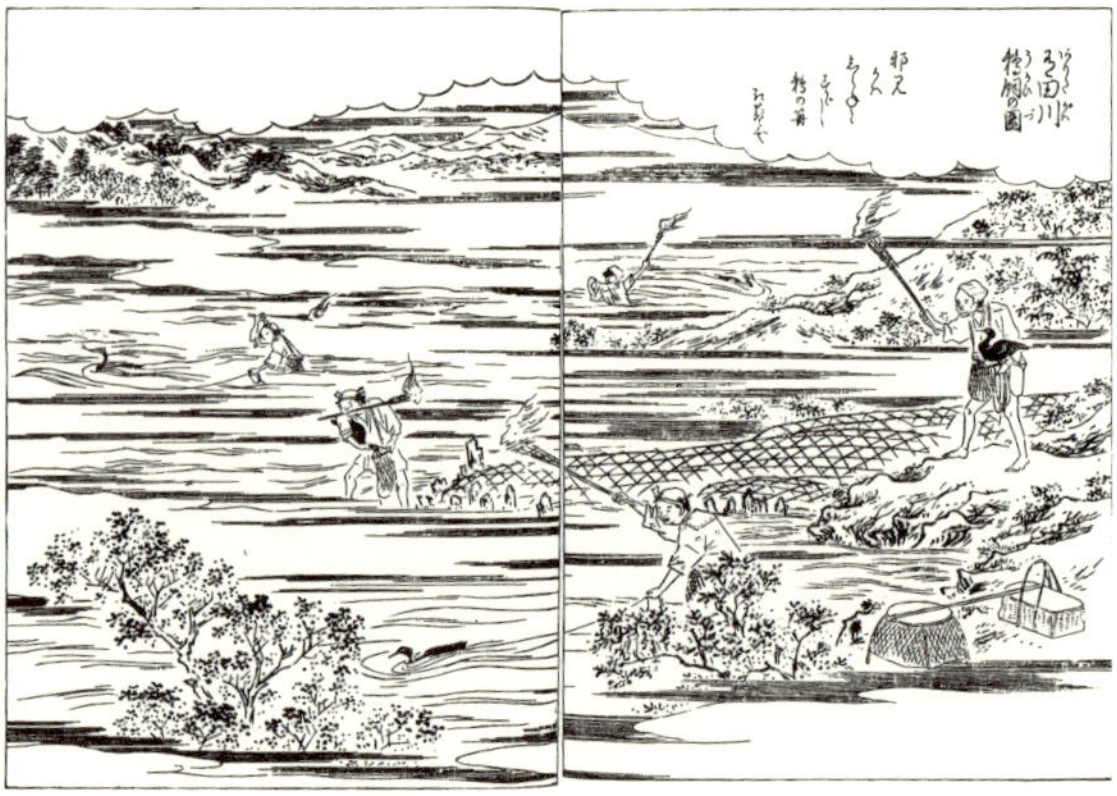
図③　「有田川鵜飼の図」（『紀伊名所図会』嘉永４年）

川で冬季の「放し鵜飼」と夏季の「徒歩鵜飼」が同じ鵜飼集団によっておこなわれていたことを示していて興味深い。この鵜飼の形態を「徒歩鵜飼」や「放し鵜飼」と名付けず「鵜縄」と「鵜責」と言っていることも興味深い。「放し鵜飼」や「徒歩鵜飼」という命名は外部のものがつけた名称であり、鵜づかい（鵜匠というよりこちらのほうが自称・他称として使っていた可能性が高い）自身はこの鵜飼漁法全体を「鵜川」と言っていたようだ。

つまり鵜川という鵜飼漁法のなかに大きく鵜縄という漁法と鵜責という漁法があるということになるのであるが、このほうがいわゆる「徒歩鵜飼」や「放し鵜飼」とよばれて全国各地で行われてきた生業としての鵜飼の実態を反映しているのではないかと思われる。この鵜川という鵜飼漁法でも、とくに河口域では移動手段として平田舟が使われる。しかし、この舟の使い方は大きな河川の中流域で舟上から手縄を利用して多数の鵜を操るアユ漁の鵜飼漁法とは基本的に異なる。鵜縄も鵜責も漁場までの移動手段として舟を使うことが基本であり、舟鵜飼と徒歩鵜飼という分類も生業活動という点からみて有効な分類とは思えない。やがて観光鵜飼にまで姿を変える大きな河川の中流域でのアユ漁に特化した舟鵜飼は、むしろ鵜飼という生業の中では特異的なものというか特殊なものと考えた方がいいのではないか。

さて、近代以前の高津川の鵜飼は鵜川による鵜縄と鵜責のふたつの漁法があると言ってきた。鵜川という漁法は、いわゆる舟鵜飼が鵜匠だけによる漁法であるのに対して、鵜匠以外の人たちが関わるという意味で大きく異なっている。それは魚を手に入れたいという河川流域に存在する村人の参加がこの鵜川漁法の大きな特徴であるからである。鵜川のうち鵜縄を使うアユ漁漁法についてはすでに述べたので、それ以外の鵜川の漁法について述べてみたい。図②「高津川における前近代の鵜飼漁法」は鵜川の漁法のすべてを図示しているが、村人が参加しない漁法は上述の夏季の鵜縄漁法と冬季のあなどりのふたつである。「あなどり」は鵜匠が単独で冬季に行う鵜飼漁法である。とくに厳冬期には対象とする魚類のウグイ・フナ・コイは大きなフチの岩場の下に隠れ潜むことが多い。中流から上流にかけてこうした大きなフチがでてくる地域の村人の要請（買い取る約束）を受けて鵜匠が、一羽ないしは二羽の鵜を自転車などで運び（自転車以前は天秤棒で鵜籠を運んだ）、放し鵜で魚を捕らせる。岩の下には魚が群集しているのでひとつのフチで結構魚が捕れるそうだ。

夏季の鵜縄漁法と冬季のあなどり以外の鵜飼漁法はすべて村人との協業による集団漁である。いずれもフチにいる魚群を鵜に追わせてセに追い込み、セで網を仕掛けるか網を打つことで魚を一網打尽に捕る漁法といえる。仕掛ける網の種類や投網を打つ方法の違いがあるだけである。もっとも大がかりな漁法は「下りえこ」漁法と「上りえこ」漁法である。中流域の大きなセが連続する場でセの下流側にたて網を張り、図に見るように中央の扇状部分に箱型のえこ網を張る。このえこ網は魚群が下る通り道（セゴシとよぶ）に箱型のえこ網を張るのが重要である。えこ網のなかに笹竹をいれて魚群の隠れ家をつくっておく。えこ網の入口には伏せ網を敷いてその上に石を置いておき、魚群がえこ網の笹竹に入るのを見計らって伏せ網を起こし、えこ網のなかの魚群に刺し網をいれて一網打尽にする。この漁法での鵜の役割は下流部に仕掛けられた網に魚群を下流部や上流部から追い込むことである。結構大がかりな仕掛けの鵜飼漁法である。セの下流部に網の仕掛けを作る方法を「下りえこ」漁法と言い、上流部に仕掛けを作る方法を「上りえこ」漁法と言う。セとフチの規模によって仕掛けを作る人の数と鵜の数を増やすことになる。通常は川幅五〇m以内で水深三〇㎝以下のセが選ばれる。鵜匠ひとりと村人は一〇人から二

○人でこの漁をおこなう。

巻き網漁法で魚を捕る方法は原理的なレベルでは下りえこ漁法（上りえこ漁法）と同じである。網の仕掛けが下りえこ漁法に比べて簡単で、フチにいる魚群を数羽の鵜で追い出して下流部のたて網のほうに向かわせる。浅瀬にやってきた魚群に舟をだして二枚刺網を使って巻き網として魚群を巻き取る。舟を使えるセであることなどが条件である。

さらに、以上述べたたて網などを川に設置する仕掛けを作るのではなく、鵜の追い込んだ魚群に投網を打って捕る方法を示したのが「鵜せぎ」漁法である。鵜せぎは『山陰の魚漁図解』にでてくる鵜責と同じ漁法だと思われる。この漁法はたて網を設置することがむつかしい場所や、巻き網を使用することが比較的困難な場所、つまりかなり川の上流部で行われる。二羽あるいは四羽の鵜を使い、下流部のセに追い込むか上流部のセに追い込むかは川の状態を鵜匠が判断して決める。追い込まれてきた魚群を両岸に数人の投網を打つ人がいて漁をする。夏季のアユ漁やあなどりを含めて、以上がすべての高津川の「放し鵜飼」と呼ばれてきた鵜飼の漁法である。

重要なことは、高津川の鵜匠一人一人がこれらの漁法の全てを身につけている民俗的な技術であることである。これらは川の生態や魚の生態によって漁法を対応させているのである。身につけている鵜飼漁法は、「放し鵜飼」「徒歩鵜飼」「繋ぎ鵜飼」「舟鵜飼」であり、魚種や需要に応じて「昼川鵜飼」「夜川鵜飼」とすべての漁法を使い分ける。さらに河口域の鵜匠は野生鵜の捕獲から調教・販売まで行っていた。とくに高津川の河口域の鵜匠は鵜飼のジェネラリストといってもいいだろう。

ただ、これはこの集団を民俗技術的な側面からみた場合であって、実は社会のなかの生業という観点からは大きな違いがあると思われる。河口域の鵜飼集団は流域の中では大きな町のあったところに住んでいて、この鵜飼集団は町場に発達した市を通して魚の販売が可能であり、鵜飼という生業を専業化させても十分生活が成り立つものであった。しかし、中流域や上流域の鵜飼集団は、村による魚の需要はあるものの専業化できるほどではない。また村のレベルでは市も存在しているわけではないので、安室知のいう山村のさまざまな生業が並立する複合生業のひとつとして鵜飼は存在していたようだ。つまり前者は鵜飼がフルタイム・エキスパートであり、後者はパートタイム・エキスパートであったと思われる。そして両者ともさまざまな鵜飼漁法をすべて行いうるという意味では鵜飼漁法のジェネラリストであるといえる。その意味では長良川中流域の鵜飼は、アユ漁に特化した鵜飼漁法のスペシャリストなのである。有田川下流の鵜飼は徒歩による夜川の手綱を使うアユ漁に特化したスペシャリストであり、生業のありようからみると農間漁業なのでパートタイム・エキスパートと言ったほうがいい。

五　生業としての鵜川と鵜飼

最上孝敬は『原始漁法の民俗』の「高知県の徒鵜飼」の中で「高知県は東の端から西の端まで、近い頃まで鵜飼を行なっていた所で、おそらく府県で、こんなに広い範囲にわたってこれほどさかんに鵜飼をしていた所はほかにあるまい」(最上　一九六七：一一二)と述べている[7]。最上の報告で、放し鵜飼、徒歩鵜飼、舟鵜飼と記載されているところを河川ごとに落としたのが図④である。本稿で取りあげた高津川の事例を相対的にみるため、最上孝敬の報告と坂本正夫の報告(坂本　一九九九)によって高知県の鵜飼のありようを簡単にまとめてみたい。鵜飼の漁法のどのようなところをみるかによって記述は異なるので、筆者が知りたい情報が必ずしも記述されているわけではないが、物部川鵜飼では「下りえこ(上りえこ)」「あなどり」漁法と同じものだと思われるものがある。

同じ昼の鵜飼でも、もっと寒くなってからするのは、物部川辺でハナシといった。クビワだけで放って、フナ、ボラ、コイなどを勝手にとらせた。（中略）北川のほうでは霜が降り出してから、淵などでする鵜飼をオイドリといった。やはりクビワだけして、イダなどのかたまっている所へ放つと、イダはもうヒレがたたず下流にしか逃げ出せない。それで下流の浅い所にセキをつくり、たけ一丈五尺位の網袋をそなえておいて逃げてきたのをすくいとる。ウはおいながらイダのみをもするので、のんだらよんで吐かす。よぶにはトイトイトイと声をかけたり、おいてある餌をみせればよい。（最上　一九六七：一二〇）

この記述では「下りえこ」と「あなどり」の双方の漁法がみられるが、他の報告のなかでは高津川と同じような「鵜せぎ」漁法がみられるし、かつこうした先述のものも含めて鵜飼漁法が川沿いの農民との協業の漁法であったことがわかる。高知県の鵜飼では高津川にはないもうひとつの漁法が記録されている。それは「鵜縄」と呼ばれる漁法で、高知県で報告されている「鵜縄」は、各地で言われる鵜を使わない「鵜縄」漁法と異なって鵜を使う漁法であり、これこそが本来的なものではなかったかと推測される。これも以下に示すように川沿いの農民との協業による漁である。

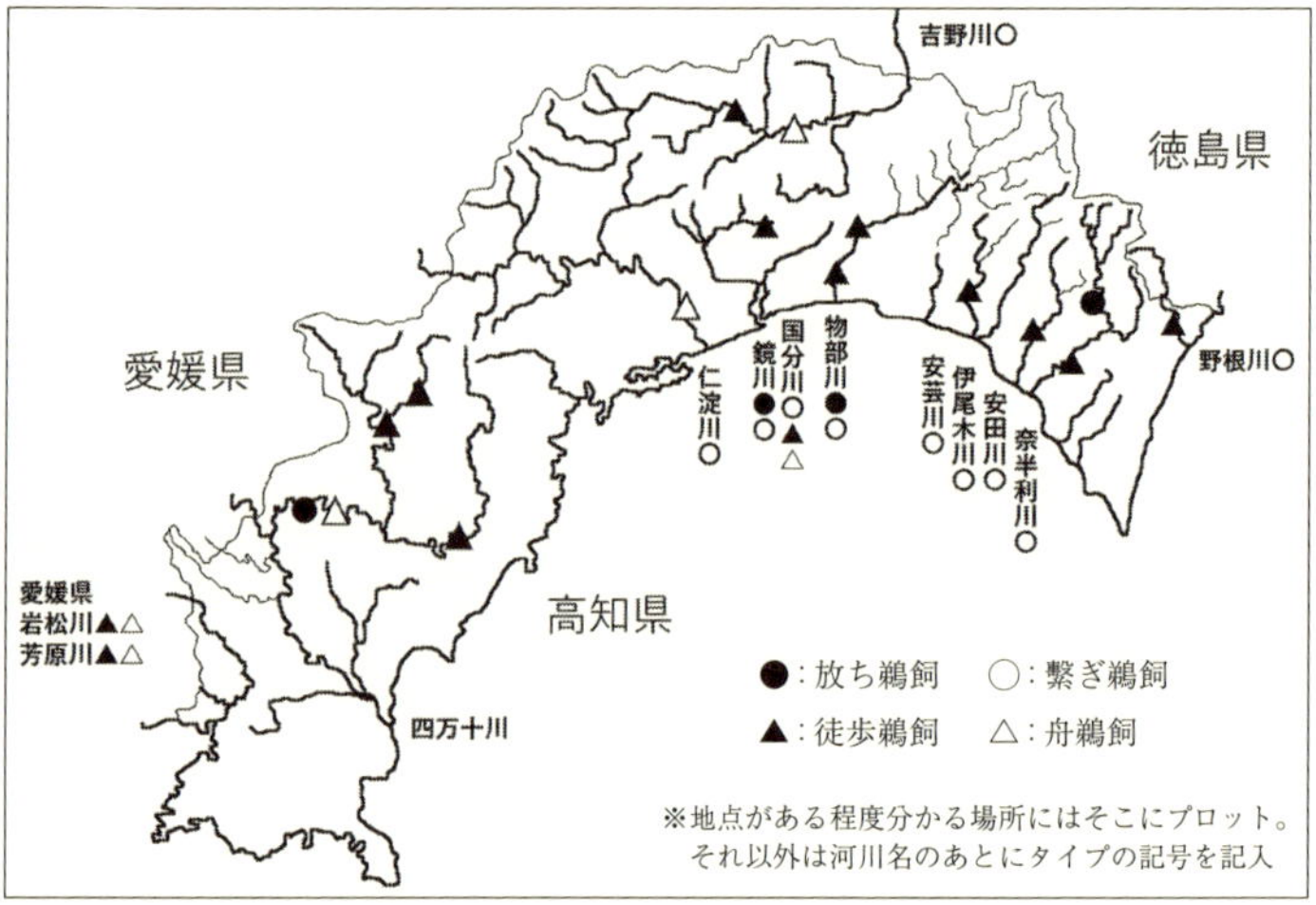

図④　高知県の河川における鵜飼の分布とタイプ（筆者作成）

徒鵜飼には以上のような夏期の夜の鵜飼の外、昼にするヒルカワと称するものが物部川辺でもあった。川を横切って綱をはりわたし、両岸に一人ずつ二人の人がこれをひいて流をさかのぼるのである。仁淀川のように川幅のひろいところでは、二人でひききれず四人の人がいる。アユはこの綱におわれてのぼっていくが、ある程度のぼると戻ろうとする。ただ綱があるので、それを前にしてうろうろする。ウつかいは、ひいてのぼる綱のあとを追ってウとともにのぼっていくが、ウはこのウロウロしているアユを逃さず捕える。それをすぐ手の上にとまらせて吐かせるという。

（最上 一九六七：一一九）

これまで、高津川の鵜飼を放し鵜飼とか徒歩鵜飼とみなすより、それらをすべて包括して「鵜川」と言った方がいいと述べてきたが、高知県の例でみたように日本全国の中小の河川で今まで放し鵜飼や徒歩鵜飼といわれてきたものは「鵜川」という鵜飼漁法の一側面にすぎないといえそうである。つまり近代以前にかなり全国的に展開していた放し鵜飼とか徒歩鵜飼とみなされていた鵜飼は、「鵜川」といったほうがより実態に近い。

最上孝敬が「放し鵜飼」を原始的漁法とみなしたのは当時の考えでは常識的であった。また鵜飼を東アジアの世界のなかに位置づけ鵜飼の研究に大きな役割を果たした可児弘明も、日本の鵜飼は「放し鵜飼」から「つなぎ鵜飼」へ、「昼川鵜飼」から「夜川鵜飼」へ、「徒歩鵜飼」から「舟鵜飼」へと発達変遷したと考えた。こうした考えは必ずしも全てを否定できるものではない。しかし、高津川や高知県の河川の事例でみたとおり、それらの鵜飼はどのような漁法を河川のどのような場所でおこなうかで見方が異なるのである。

以上のとおり高知県のいわゆる「放し鵜飼」や「徒歩鵜飼」は高津川の鵜飼漁法と相同なものと理解できるであろう。「放し鵜飼」や「徒歩鵜飼」あるいは「つなぎ鵜飼」、さらに「夜川鵜飼」と「昼川鵜飼」などの分類は、高津川や物部川など中小の河川域の鵜匠たちが併せ持っている鵜飼漁法の一側面を表現したものにすぎない。最上孝敬は高知県内の「ウつかい」たちがお互いに交流しよく移動することも報告しているし、高津川流域の鵜匠たちもお互いに交流していたことは筆者も確認している。漁法を行う場や季節によって、また対象とする魚によって対応する漁法を選択しているにすぎず、こうした鵜匠たちは鵜飼漁法に関してはジェネラリストといったほうがいいのではないかと思われる。その意味を含めて高津川の鵜飼を「鵜川」と表現し、この鵜川こそが鵜飼という漁法の原型的なありようであったということを結論としておきたい。そして有田川など多くの地域で行われていたアユ漁に特化した徒歩によるつなぎ鵜飼もまた、原型的な鵜川から析出して洗練化に向かった鵜飼ではないかと思われるのである。

中流域のアユ漁に特化した舟鵜飼などは、この原型的な鵜飼である鵜川の中からある特異な漁法（夏季の夜のアユ漁に特化した徒歩によるつなぎ鵜飼）が洗練化したものと捉えることができるのではないか。もちろんこの中流域に大きな町があって市が存在し、アユの需要が相当高いという条件がなければならない。安室知の複合生業論でいうように冬季の鵜飼という生業は並立化できるが夏季の鵜飼は稲作の労働過程に内部化できず、稲作外の労働として外部化するしかない。ということは一軒の家で並立化できなければ村落内で並立化する、つまり分業化・専業化しなくてはならなくなるわけでフルタイム・エキスパートの専業の鵜匠が成立してくる。最上孝敬が「原始的漁法」といい、可児弘明が発達変遷として述べてきた日本列島のなかにおける鵜飼の歴史は、鵜飼のあらゆる漁法を保有していた原型的な鵜川からの析出と洗練という過程と捉える方が、より生業の鵜飼の歴史を反映しているのではないか。

残された課題は、日本の記紀以前の古代社会で行われていた生業鵜飼が鵜川に近いものであったのかどうかという問題である。いわゆる古代中国の鵜飼が朝鮮半島に伝播し、おそらく稲作文化に随伴して鵜川が伝来したのであろうが、確たる論証はまだない。しかし、万葉集や記紀にでてくる鵜飼は「鵜川」であることはまちがいないであろう。そしてこの頃の鵜川は近代以前の高津川のように洗練化されてはいなかったかもしれない。ただ鵜川という完成された鵜飼漁法の原型的な姿がすでに整っていたのではないかと推測している。この問題はいわゆる照葉樹林文化論とも関連し再考する必要があるが別稿に譲りたい。

［1］『古事記』や『日本書紀』、『万葉集』に散見される鵜飼がどのような形態であったのかは明確にはわからない。ただ『万葉集』のなかで天皇の吉野行幸のとき柿本人麻呂の詠んだ歌は、高津川下流で塩田嘉助さんなどの鵜匠が生業としておこなっていたいわゆる「放し鵜飼」の漁法に近いのではないか。同様に『万葉集』で大伴家持が越中で詠んだ鵜飼も「放し鵜飼」ではないかと思われる。当時の鵜飼は明らかに鵜を使って魚を網に追い込む漁法、あるいは追い込んだ魚に投網を打つ漁法であった。これは鵜づかいと農民の協業によるものであった。

［2］高津川のような大河川ではない中小河川では流域に「市」が成り立つような町は少なく、鵜飼が専業として成り立つことはありえない。「市」の有無だけではなく、鵜飼そのものも鵜匠が単独でおこなうことは漁法上での制約や移動の問題があって専業化は難しい。

［3］冬期、鵜飼をおこなわないときに鵜匠たちが鵜を集めてウグイやフナなどを捕らせて食べさせることを餌飼（エガイ）とよんでいた。鵜飼は季節性をもっているので専業化するためには鵜の給餌という困難を乗り越える必要がある。中流域のアユ漁に特化した長良川の鵜飼などにおいても冬期のエガイは大きな問題であった。

［4］トヤのなかに二羽の鵜を一緒に飼育するのはペアリング関係を構築するためである。ペアリングしている二羽が放し鵜飼の漁法を遂行するうえで好都合だからだと考えられる。鵜川や鵜責では網のある方向に二羽が連れだって追い込む行動をとるほうが合理的である。ペアリングは舟鵜飼においてもみられる。ただ鵜川や鵜責の方法のほうが原型的であったとするならば、鵜飼は当初からペアリングの技術を伴っていたと考えた方がいい。

［5］広島県三次の舟鵜飼の鵜匠・上岡義則さんも同じような技術をもっていて、彼の場合は新規の鵜をすでに所有している鵜とペアリングさせるためにこの技法を使っていた。

［6］平田舟は、高津川に限らず島根県内の河川で漁撈活動に使われる平底の川舟。鵜飼だけではなく河川漁撈を行う川漁師た

ちも同様の舟を使う。

［7］最上孝敬は『原始漁法の民俗』の「鵜飼の伝承」のなかで徒歩鵜飼二〇か所、舟鵜飼一三か所を挙げている。いわゆる徒歩鵜飼のほうが広い地域でおこなわれていたことは明らかである。

引用文献

伊藤康弘　二〇一一『山陰の魚漁図解』今井印刷
可児弘明　一九六六『鵜飼―よみがえる民俗と伝承―』中央公論社
坂本正夫　一九九九「高知県仁淀川の鵜飼―滝口静一さん聞書―」『民具集積』5号、四国民具研究会
篠原徹　一九九八「民俗の技術とは何か」篠原徹編『民俗の技術』朝倉書店
宅野幸徳　一九九〇「高津川の放し鵜飼」『民具研究』86、日本民具学会
竹内利美　一九八三「河川と湖沼の漁法と伝承」網野善彦ほか編『日本民俗文化大系5　山民と海人―非平地民の生活と伝承―』小学館、二七五～三一六頁
最上孝敬　一九六三「高津川の鵜飼」『伝承』山陰民俗学会
最上孝敬　一九六七『原始漁法の民俗』岩崎美術社
安室知　二〇一二『日本民俗生業論』慶友社
矢富熊一郎　一九六三『益田市史』益田郷土史矢富会

＊追記――本稿は国立民族学博物館の共同研究「日本列島の鵜飼文化に関するT字型学術共同アプローチ（研究代表・卯田宗平）」における宅野幸徳の発表「放ち鵜飼の知識と技術」の未定稿原稿をもとに篠原徹・卯田宗平が宅野幸徳の主旨を尊重して加筆修正したものである。宅野幸徳氏は二〇二二年一二月二四日、共同研究の発表後突然逝去された。なお、本章掲載の写真①、図②③は第五章と重複するが、この章が宅野の鵜飼研究のまとめにあたるためあえて再掲した。特に図②は、高津川の前近代の、いわゆる鵜縄と篝火（夜漁）を使う徒歩鵜飼と、鵜縄なしの昼川の徒歩鵜飼を合わせて、鵜匠の保有する七つの鵜飼漁法を表している。

補論

長戸路の焼畑村

照葉樹林文化論再考

篠原　徹

一　はじめに

中国太郎の異名をもつ江の川は江津で日本海にでる。この暴れ川の上流には中国山地のなかの盆地・三次の町がある。中国山地内の盆地としては岡山県の津山市についで二番目の面積を有している。鵜飼で有名なところであり、河川の上流部にあたる三つの川、西城川・馬洗川・可愛川はこの三次で合流して江の川となるのでこの四つ川の形から巴川とも呼ばれている。一九八五年当時、私は三次の舟鵜飼の調査を開始していた。そしてこの三次の鵜飼調査とほぼ同時に当時島根県江の川高等学校の生物の教員をしていた教え子・宅野幸徳さんは、江の川のさらに西側に流れる清流として名高い高津川で唯一残っていた徒歩鵜飼の調査を開始していた。私は三次の鵜匠・上岡義則さんを訪ね、ウ小屋のウミウ・少数のカワウの行動観察や舟鵜飼の聞き書きを何回か行った。宅野さんは益田市の高津川の鵜匠・塩田嘉助さんを訪ね、失われゆく徒歩鵜飼の最後の鵜匠からウミウの飼育や訓練方法を観察し、また徒歩鵜飼の技術の聞き書きを採っていた。その後、私と宅野さんは相互に調査地を訪ね、舟鵜飼と徒歩鵜飼の相違を実際に見聞し、それぞれの調査の理解を深めたのである。その後、宅野さんと私はそれぞれの調査つまり高津川の徒歩鵜飼と三次の舟鵜飼について論考を発表している。宅野さんの徒歩鵜飼についての論考は、徒歩鵜飼についての本格的な調査に基づいた最初で最後の論考である。最後の徒歩鵜飼の鵜匠・塩田嘉助さんという徒歩鵜飼の実際の経験者から、今まで誰も調査しなかった鵜飼の民俗的な技術の特質について聞き書きを採ったのはきわめて貴重なものであることを強調しておきたい。

さて、一九八五年当時ではどんなことが民俗学のなかでは話題になっていたのか。そのうちのひとつが民族学者（文化地理学者）・佐々木高明を中心として展開していた照葉樹林文化論であった。これはそれまでの日本文化の起源を稲作文化に設定する議論に対して、稲作文化以前に焼畑農耕文化が列島に入っていたのではないかという衝撃的な日本農耕起源論であった［1］。それまでは稲作以前の社会を縄文時代、稲作渡来以降を弥生時代と分け、ふたつの生業の移行にはそれを支える社会に大きな変革を認めていたので、この照葉樹林文化論の仮説は衝撃的であった。この新たな照葉樹林文化論の提唱に呼応するかの如く民俗学者の坪井洋文が『イモと日本人』［2］を発表し、民俗学もこの照葉樹林文化論の議論に巻き込まれることになった。ただ稲作以前の焼畑農耕の渡来という照葉樹林文化論の骨格をなす論旨は、現在では承認されているわけではない。むしろ否定的な意見のほうが依然として多い。現在は九州における弥生時代の始まりはBC一〇〇〇年にまで遡る可能性まで議論されていて、少なくとも縄文時代の終末と弥生時代の始まりは数百年重複していたことは確実となった［3］。縄文時代の終末と弥生時代の始まりの日本列島社会の様相は従来のイメージとは相当異なるものになりつつある。これについては別途論じる必要があるが、ここでは次のことだけは確認しておきたい。

照葉樹林文化論が日本列島における農耕文化「起源論」ばかりに眼が注がれたことは不幸なことであった。この文化論の骨子を提唱者自身が「稲作以前」と名付けたことにも問題があるが、佐々木高明が照葉樹林文化論の根拠をなす構成要素としてとりあげた数多くの文化要素は、少数を除いて稲作以降の伝播によって日本列島にもたらされたものであり、この意味では農耕文化「起源論」としても根拠は成立しないといっていい。しかし、照葉樹林文化論は同一植生内では文化要素は伝播しやすい、いうなれば同一植生は文化の良導体という側面に改めて注目してみれば、現在でもかなり有効な文化「伝播論」ではないか。逆に草原と森林のように動植物相の大きな差異は文化伝播にとって大きな障壁となることもある。いずれにせよ農耕文化の「起源」という場と時期への拘泥を解き放てば、新たな文化伝播論として有効な議論が可能となるかもしれない。

日本列島への稲作文化渡来は稲作文化がセットとして列島に入ってきたのであって、稲作という生業技術が単独で入ってきたのではない。文化の渡来という現象は、ヒトの渡来とモノと技術の伝播の三点がセットとなっているのが普通である。日本列島への稲作文化の渡来はこうした伝播の典型である。稲作文化を構成するイネ栽培技術だけではなく、稲作には当然畑作・焼畑も随伴していただろうし、また家畜（ニワトリやブタ）なども随伴していたはずである。また他の物質文化やそれに随伴する技術たとえば精錬された鉄と鍛冶技術、木工加工技術、文化としての料理、調理用具などもセットとして渡来した文化要素であろう。照葉樹林文化論では、何と何がセットとして伝播したのか明確ではない点が、考古学との対話ができない理由のひとつであった。また文化伝播にとって「道」と「市」が重要な役割を果したと考えているが、ここではこれ以上は述べない。

照葉樹林文化論では「稲作以前」に焼畑農耕が日本列島に伝来したのではという農耕文化起源論に議論が集中してしまい、起源論の骨子が否定されてしまうと照葉樹林文化論の再考すべき論点まで否定的になりがちになってしまった。しかし、文物の起源に固執しなければ同じ植生内ではさまざまな農耕文化の要素は伝播しやすい傾向をもっているので時期は異なってもさまざまな文化要素が伝播する。稲作以前というけれども、そもそも稲作農耕文化そのものが畑作も当然伴っていたのであり、地域によっては稲作・畑作・焼畑など兼ね備えた稲作農耕文化ということだって当然ありえたと思われる。

私と宅野さんは鵜飼の調査以降対馬のニホンミツバチの養蜂文化について調査を始めるが、私は初期に若干一緒に調査しただけでその後は宅野さんが精力的にニホンミツバチの養蜂技術について日本各地の調査を展開した。どうしてニホンミツバチの養蜂技術のことも述べたのかと言えば、鵜飼、養蜂そしてこれから述べる焼畑の民俗的技術はいずれもいわゆる照葉樹林文化論と関連すると思われるからである。

私は日本農耕文化の起源論としての照葉樹林文化論については否定的な考えなのである。しかし、日本列島に展開した縄文文化や弥生文化あるいはそれ以降の古墳文化のなかのさまざまな文化要素が、個別であったりかなり体系的なセットであったりして、朝鮮半島を経由して列島に渡来したことは紛れもない事実である。焼畑と養蜂技術あるいは鵜飼技術などは、個別に列島に伝来したというよりセットで渡来した可能性すら考えられるのではないかというのが現在の考えである。古代朝鮮半島から古代日本列島に移住・移民して来た人びとは、当然のことながらそうした農耕民の生活方法としてさまざまな生活技術を身に着けていたはずだからである。

朝鮮半島南部と日本列島西部の関係性は、とくに古代においてヒト・モノ・技術がそれぞれ個別に「渡来」するといった単純なことで済ますことができるのかどうか疑問である。現在なぜこのように考えるのかは後述するが、今回宅野さんが今までの仕事をまとめてみたいということでその草稿を送ってきたので、改めて彼の論考を読み直す機会を得た。その過程で彼と一緒にわずかな期間であったが江の川の支流で「焼畑」の村を調査したことを思い出し、フィールドノートを見直してみたのである。当時山陰の焼畑の研究はわずかに白石昭臣さんなどの研究があるだけで、しかもそれは儀礼などに畑作文化や焼畑文化の固有のものが残存しているかどうかを探るものであった[4]。管見によれば山陰地方にこれほどの焼畑に依存した村が存在していたことは誰も報告していないし、これらの地域の生業としての焼畑農耕研究は皆無であったと思う。この地域の焼畑文化の特徴のなかに実は朝鮮半島からの文化伝播と考えられる興味深いものがあることをフィールドノートの再見で発見した。これがここで報告する最大の理由である。見直してみたフィールドノートは必ずしも満足できるものではないが、江の川支流の最奥部の村・長戸路《ナガトロ》の焼畑の経験者から聞き書きをとっているので遅ればせながら報告しておきたい。

二　長戸路の焼畑

一九八五年鵜飼調査などの合間に訪れた江の川の支流・八戸川の最奥の谷住郷のひとつの集落・長戸路では、少なくとも戦後しばらくの間まで焼畑耕作をおこなっていた（図①）。この地を訪れたのは最初が一九八五年四月二日から三日の二日間である。そして同じ年の八月一〇日から一一日に二回目の訪問をしている。いずれも宅野さんと一緒であった。当時長戸路は戸数二四軒であった。大正の初期には八〇軒近くの家があったそうだ。谷の奥まった村で手入れの行き届かない森のなかにかつて栽培が盛んであったアブラギリが残存している姿を思い出す。過疎化の著しい村で、今ではどうなっているのかわからなかったが、二〇二二年一二月に再訪してその変貌に驚いた。

一九八五年当時の調査では、以前焼畑を実際行ったことがある当時九五歳であった石田初太郎翁に話を聞くことができた。石田翁は明治二四年（一八九一）生まれであったが、闊達な方で詳しく長戸路の焼畑について聞くことができた。周辺の山々は低いけれども焼畑をやめてから何十年も経っているので照葉樹林に戻っていて、ところどころに焼畑の最終換金商品樹木であったアブラギリが残存している姿が印象的であった。

長戸路の焼畑は四年の輪作体系が普通であり、初年の作物はソバが普通であった。それで焼畑のある山はソバヤマと言っていた。またカリヤマとも言っていた。長戸路の焼畑は新たに雑木林を伐採火入れして作ることはあまりない。かつてソバヤマだったところが放棄された後二〇年くらい経っているところを再び焼畑にするのが普通であった。放棄されて二〇年くらい経っているソバヤマは通常カヤ（ススキ）が繁茂し、そのなかにウツギ（タニウツギ）、コーカ（ネムノキ）、クズマ（クズ）、アオグイ（ノイバラ）などが混じっている。こういったところがソバヤマを再び行う場所として最適地である。長戸路では常緑のカシ類をカタギと言っており、アラカシ、シラ

図①　長戸路の焼畑

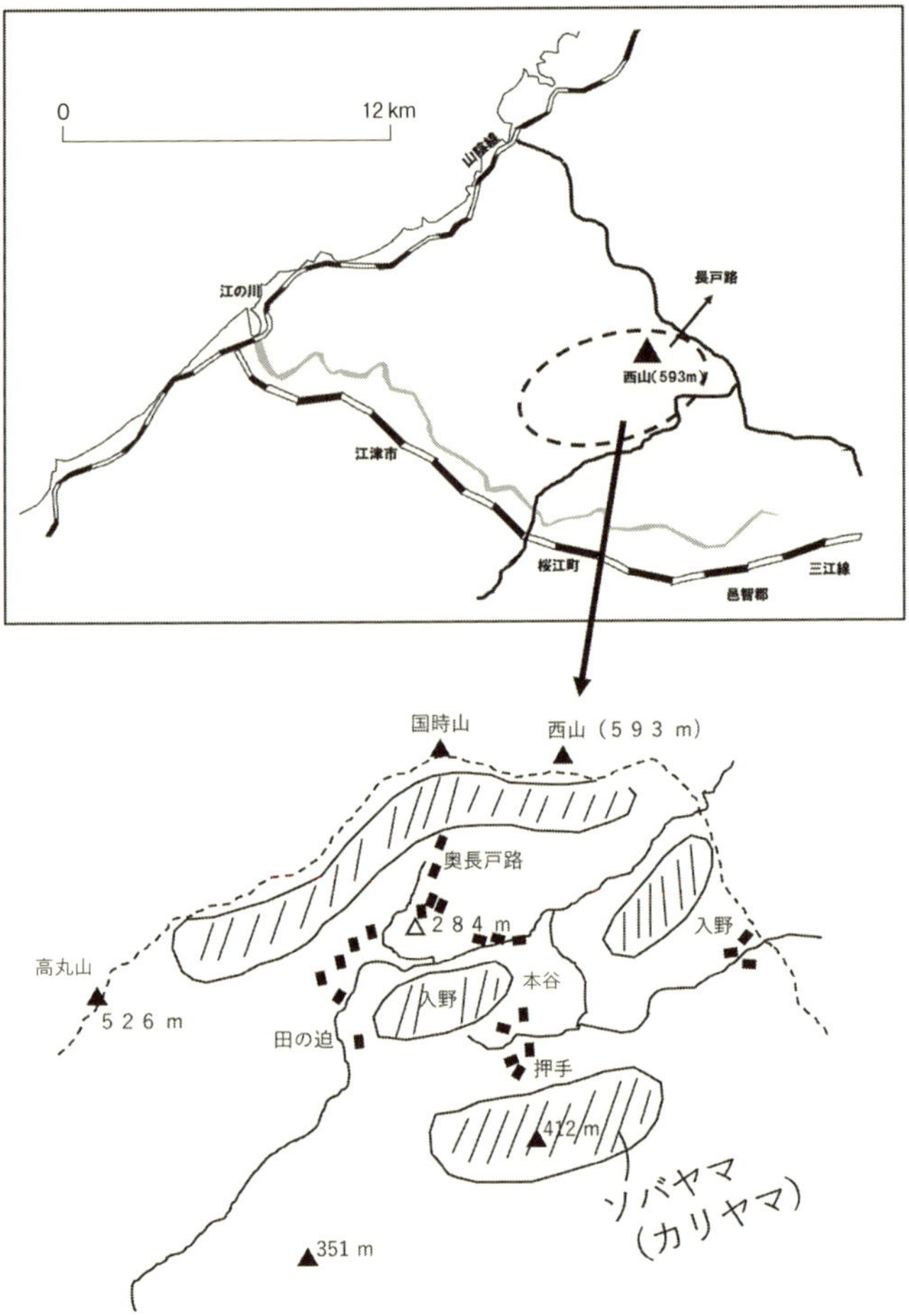

カシなどを指す。海岸に近いこともありタブなどもこうした常緑の雑木林には混じるが、こんな場所を焼畑として開くことはまずない。これとは別にクヌギなどの落葉性の木を含む二次林は炭山として利用していて、こうした場所も焼畑にすることはなかった。

山というレベルで焼畑の適地をみてみると、山のソラ（上部）より山のコジリ（山麓）のほうがよく肥えていていいという。山と山のアイナカをエゴと呼んでいるが、こうした場所もカリヤマとしては適さない。焼畑を開くことをヒラキアラシというが、そうしたときにコーカ（ネムノキ）などは根までは掘り起こさない。薪炭林として使うカタギ林、クヌギ林では、焼畑候補地はできる限り余分な雑木は掘り起こし除去するので焼畑適地とは異なる扱い方をする。長戸路では山であれ平地であれニッテンサン（太陽）のよく当たる斜面や平地をヒナジと呼び、あまり当たらないところをシノトと呼んでいる。山のヒナジは南斜面になるが、こうしたところがソバヤマとして適地であるが、ただ同じヒナジでも風の当たらないヒナジがソバの焼畑には最適地である。ソバは風で実が落ちやすいので、風の当たらないヒナジが最適なのである。

長戸路の焼畑について一言つけ加えておきたいことがある。それは長戸路の地理的な位置についてである。日本海から直線にすればせいぜい一二km弱ほどの位置で、集落の標高は二〇〇mから三〇〇mほどしかない。つまり海岸寄りの低地の常緑広葉樹林（いわゆる照葉樹林）のなかで営まれていた焼畑というのが大きな特徴である。これは二〇二二年一二月四日に長戸路を再訪したとき、ここより北側にあたる一帯では海岸線近くまで焼畑が存在していたことを当地の町史などで確認した。長戸路のある谷住郷という地域以外にも島根県には焼畑が行われていた地域があり、これについては、この宅野さんの遺稿論集の収録論文のなかに記述されている。しかも焼畑と養蜂の関係まで論じていて興味深い。宅野さんの「西中国山地における伝統的養蜂」のなかの次の一節にそれがでてくる。

「ミツドウの形態とその分布に関連して、A型のミツドウの分布は、昭和二五〜二六年頃まで、焼畑がなされていた地域と重複するように思われる」［5］と述べて、高津川流域の匹見町、柿木村、三隅町などで焼畑が行われていて、焼畑の栽培植物ソバ、ナタネ、アズキなどがニホンミツバチの蜜源植物として役立っていることを論じている。焼畑農耕と養蜂技術が親和的な関係にあることを述べているわけで興味深い。

日本の焼畑というのは報告されているのは普通標高にすれば五〇〇m以上の山村に位置するのがほとんどである。しかし、焼畑が稲作以前に伝来したとしても、また稲作とセットとして伝来したとしても、いずれも朝鮮半島経由で入ってきたであろうから最初は海岸に近い低地で営まれたにちがいない。対馬の焼畑コバのありようはその様相を伝えているものであろうし、長戸路などもその例になるのではないかと思う。朝鮮半島から人の渡来と同時に焼畑の技術をもった人びと（当然、この人びとは稲作や畑作技術ももっていた）が開拓していった地域というのは、弥生時代から古墳時代ではこうした海岸沿いの焼畑が営まれたところであったにちがいない。多くの渡来人が当時は農耕地開拓などのフロンティアであった石見や出雲にやってきて、海岸近くの山地に焼畑文化を伝えた可能性は高いのではないか。渡来人という言葉には依然として少数というイメージがつきまとうが、実際には農耕地フロンティアを求めて朝鮮半島南部からの大量の移住民が西日本へ渡ってきたのではないかと思う［6］。

三　長戸路の焼畑輪作体系

長戸路の焼畑の輪作体系を示したのが表①と図②（ふたつの輪作体系を描いたもの）である。長戸路の焼畑の特徴はこの図表でほぼ言い尽くされているが、この図表に沿って焼畑の概要を述べてみたい。焼畑を行っていたところでは、焼畑を作る期間にふたつのタイプがあることが多い。四月上旬に山を焼き（伐木や下草刈りなど準備は

表① 長戸路の焼畑輪作体系

焼畑名	ソバヤマ（カリヤマともいう）		最終商品作物アブラギリだけになった山を「キノミヤマ」という
伐採	7月中旬～8月上旬		
火入れ	8月上旬（夏焼き型）		
初年作物「ひとさく」	ソバ	8月上旬～中旬に播種 10月中・下旬収穫	焼畑のヘリにコウゾを植えておく。これを「ソバヤマにする」という。 バラマキ
	（カブ）	ソバのアイナカに蒔く、越年して春収穫	
	（ナタネ）	アイナカにナタネを蒔くこともあり、越年して次年度収穫。昔はエゴ（エゴマ）の伝承	
第２年作物「ふたさく」	アワ	ナタネ・カブのないところには翌年4～5月にアワを蒔く。10月に収穫	バラマキ
	アズキ	ナタネ・カブのあとはアズキを蒔く	
第３年作物「みさく」	アズキ	地力があれば3年目もアズキを植える	バラマキ
第４年作物「よさく」	アズキ ミツマタ アブラギリ （現在は杉）	地力のあるところはアズキ、アイナカにミツマタを混植、5年目ぐらいからアブラギリの稚樹を植えた。従ってだんだんキノミヤマになる。下はミツマタ・コウゾ	アブラギリの収穫期は植えてから10年くらい。キノミは福井へ出した。ガガラマタという道具で実をおとす（フサドリ）

図② 山陰山地の伝統的焼畑輪作形態

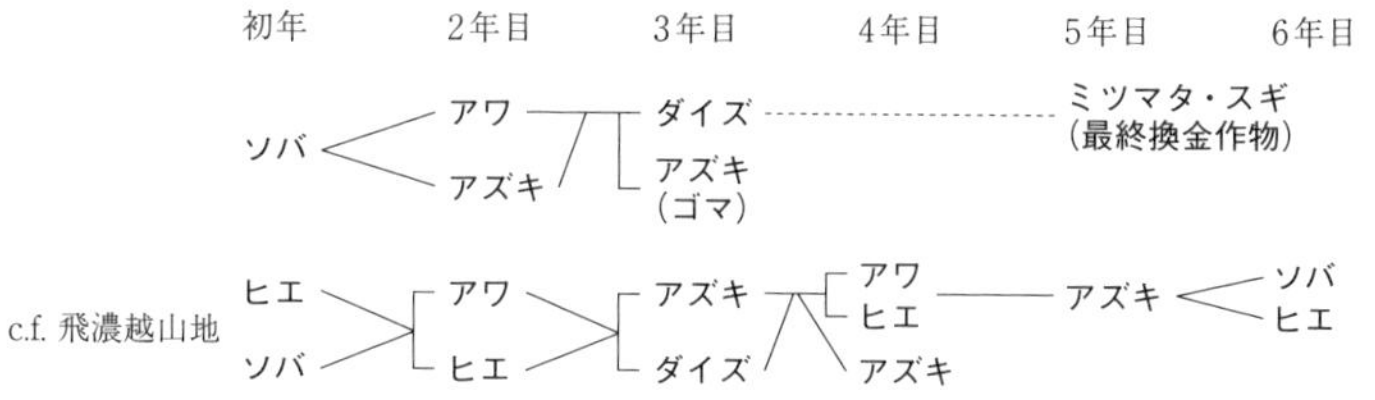

冬にしておく場合が多い）、七月ころに収穫するのが春焼きタイプの焼畑である。それに対して長戸路のように七月下旬から八月上旬にかけて雑木の伐採をして「火入れ」をその後に行う焼畑は夏焼き型と呼ばれる。長戸路の焼畑では八月上旬に種蒔きをして一〇月に実を収穫するが、作物の中心はソバである。焼畑は長戸路では四年目まで使うのが普通で、初年度を「ひとさく」、二年目を「ふたさく」、三年目を「みさく」そして最終年を「よさく」と呼んでいる。地力が落ちてくるので植える作物が経過年度によって異なり、初年の作物はソバが普通であった。ソバは七五日で育つと言われ、八月上旬から中旬に播種し、一〇月中旬・下旬に収穫する。ソバだけ植えるのではなく、ソバのアイナカ（ソバのないところ）に

カブを蒔く。このカブは越年して翌春に収穫する。カブの代わりにナタネを蒔くこともあった。ナタネも越年させて翌春に収穫していた。もっと前はエゴ（エゴマ）を蒔いていたという伝承もある。そしてソバヤマと呼ばれる焼畑のヘリ（焼畑地の周囲）にはコウゾを植えておいたそうだ。対馬の焼畑コバにもコウゾを植えていたので対馬の焼畑と意外に似ているという印象である。初年度の焼畑をソバヤマと呼ぶが、雑木の生えているところを伐採しないで、すでにススキ草地になっているところを刈るだけのところもあり、そうしたところはカリヤマとも言っていた。ソバなどは適当な間隔をおいてバラマキ（散播）をするが、間隔を空けたところにカブやナタネもバラマキで播種する。

初年度の焼畑ではすべてをソバヤマにするのではなく、ところどころにはトウキビを作ることもあった。カリヤマにつくるトウキビやキビなどをホモノと呼んでいた。カブはオダカブと呼ばれていた品種をよく使ったそうだ。初年度に焼畑にどうしてソバを植えるのかという質問に、「ソバは灰が好き」という答えが返ってきた。

長戸路では第二年目の焼畑を「ふたさく」と言っていた。アワを植えるが、初年度ソバのアイナカに植えて収穫したナタネ・カブの後にはアズキを植えた。つまりソバの後には翌年の四月から五月にアワを蒔く。そしてその収穫は一〇月頃になる。アワもアズキも前年のソバとナタネ・カブの跡地にバラマキで植える。

三年目になる焼畑を「みさく」と呼んでいるが、この時は中心になる作物はアズキである。ただし、かなり地力が落ちてきているので、地力があるところでは三年目もアズキを植えた。しかし、地力のあるなしの判定をどうしていたのか聞きそこなっている。蒔き方はやはりバラマキである。

四年目の焼畑を「よさく」と呼んでいるが、通常は四年目以降で焼畑の作付けをやめて以後は経済樹木の植樹に切り替えていた。まだ地力の残っているところにはアズキを植えていた。そしてアイナカにはミツマタを混植していた。

焼畑は四年ほど作ると地力が落ち、作物を植えても収穫量が少なく焼畑は放棄することが多い。けれどもそのまま放置してしまうのではなく、この放置焼畑の地に五年目にはアブラギリの稚樹を植えた。石田初太郎翁の時代になるとアブラギリの稚樹を植えるのではなくスギを植えることの方が多かったそうだ。スギ以前のアブラギリの稚樹を植えられた焼畑は一〇年くらいするとアブラギリの実を収穫できるようになるキノミヤマになった。このキノミヤマのアブラギリの実はガガラマタという枝を折ることのできる道具で採っていた。実のたくさんついた枝ごと折るので、このことをフサドリと言っていた。キノミから油を採るのだけれども現在の福井県のほうにそうした工場があり収穫したキノミはそちらに出荷していたという。

焼畑の最終商品作物としてアブラギリを植えるようになったのはいつごろのことかわからない。アブラギリの日本への伝来は江戸時代になってからで、中国の中南部から伝来したと言われている。おそらくそれ以前では焼畑の最終商品作物はコウゾやミツマタだったと思われる。アブラギリを植えるようになっているところでも、場所によってはコウゾ・ミツマタを植えていることもあるので、古くはこのあたりの焼畑の最終商品作物はコウゾ・ミツマタと考えておいて間違いないようである。そうするとますます対馬の焼畑コバとよく似た形態の焼畑だった可能性が高い。この長戸路は近世では大森銀山と同じ幕府領であった地域であるが、代官所の政策によってアブラギリは植栽されていたようだ。アブラギリはいわゆる番傘の紙に塗る油になると石田翁は聞いていたそうだ。

四　長戸路の焼畑の規模や作り方など

長戸路で新たな焼畑をどのように作っていたのか最後に述べておこう。長戸路では新たに焼畑をしようと思ったら、以前焼畑をしていてその後放棄されているが、まだその地に樹木などが生育せずにカヤ（ススキ）ばかりになっているところが選ばれる。こうして選定されたカヤの草地のカヤを七月中旬ころ刈りとり、それを一週間ほどその地に広げて放置乾燥する。八月のはじめころに火入れをする。こうしたヒラキアラシをするところの大きさは何反とか何畝とは言わずに、種子を蒔く量で表現する。例えば「何斗蒔きのソバヤマ」というように。ソバヤマの場合は「一斗蒔き」の場合が普通であった。ソバのアイナカにナタネ、あるいはカブを植えると言っていたが、実際にはソバの種子とナタネの種子を混ぜて、あるいはソバの種子とカブの種子を混ぜて直播をしていたようだ。このことを「ソバをウツ」と表現していた。一斗蒔きというのは広さでいうとほぼ一反ぐらいに相当するものだそうだ。ヒラキアラシは一斗蒔き程度なら自分の家のものだけで直播をするが、大きなヒラキアラシなら共同で行ったという。風の吹かない日を選んで直播をしていた。では焼畑の開発でもっとも重要な草を乾燥した荒地に火をつける方法を述べてみたい。

山の雑木林の一画の、仮に一反程度の長方形の斜面地のカヤを刈ったとする。まずこの地の上端ソラと下端コジリ、そして二つの横にサメと呼ぶ防火帯を作り、火が飛び火や延焼しないようにする。ソラ側では、上のサメを八尺から一丈（一〇尺）の幅にするそうだ。二m四〇cmから三mくらいの防火帯ということになる。下のサメは飛び火や延焼は上部より少ないので、サメの幅も上部よりは小さくて大丈夫だという。横のサメは四尺程度の幅にする。ソバヤマにするところがあまりに急峻であれば、棚木と呼ぶものを途中に作る。それに刈ったカヤを置いておく。一反ほどのソバヤマであれば、延べで一五人役くらいの労働であり、他人の助けを必要とするそうだ。火はソラのサメからつける。火は下へブスブス燃え広がるようにする。コジリから火をつけると火が走り、葉だけが燃えて、枝は燃えない。普通、焼く準備をして火入れは夕方四時ころになり、それから二時間程度燃えるそうだ。焼け残りを見て回り、「ヨセヤキ」をする。一石蒔きのような大きなものは村人に協力を仰ぎ共同でやったそうだ。

焼畑では大豆など一連で一升から一升五合もとれることがあったという。つまり常畑より収穫量が多く、生産性は高かったという。また焼畑では常畑で生える雑草が生えないという利点があった。山の草は焼畑ではすぐ枯れてしまう。おそらくこれは林の下草のことであろうが、雑木林のなかに開墾された焼畑は当然日が射し込むわけで、ニッチが異なるので生育できないことを言っているのだと思う。普通一軒の家では最低四か所から五か所のソバヤマを所有していたという。石田翁の山林は一五町歩もあったというから焼畑の新規造作には事欠かなかった。

焼畑に植える作物にも固有のいくつかの品種があったようだ。もっとも焼畑に普通の作物であるソバには二種類あり、普通のソバはアキソバであり、これが夏植えて七五日で獲れる品種である。他にサンドソバといって、春蒔きでも夏蒔きでも、あるいは秋蒔きでも収穫できる品種があった。見た目にはアキソバと変わりはないが、味はかなり落ちるそうだ。アワには数種品種があり、最下等のものをバケアワといった。モチアワの品種もあったそうだ。アズキにはマダラアズキとダイナゴンの二種があった。

集落周辺には家の近くに常畑があるのが普通で、こうした畑をハタと呼んでいた。こうしたところには、コンニャク、サトイモ（シロイモ・トウイモ・アオガラなどの数品種）、リュウキュウイモ（当地ではサツマイモのことをこう呼んでいた）、オオムギ、コムギ、トウキビ、アワ、ダイズ、アズキを作っていた。イモ類やムギ類を焼畑では作らないし、量的にもイモ類やムギ類のほうをたくさん作っていた。しかし、以前にはオオムギ、コムギも焼畑で作っていた可能性はある。それは後に述べるようにムギ類の生産量がかなり高く、家の周辺の常畑だけで作ったとは思えないからである。長戸路では谷間の僅かな場所であるが水田をつくり、集落周辺に畑を開墾し、山の雑木林のなかに焼畑を作っていた。つまりこの三つの農耕はセットになっていて、これからとれる作物が彼らの食生活を成り立たせているものである。猟や漁を専業的に行っていた人が長戸路にいたかどうかは聞きそこなったが、おそらくパートタイムで漁・猟を行っていたであろう。こうしたことによって肉類を得たとすれば、ここで採れるものばかりで自給的な生活は成り立っていたのかもしれない。

五　長戸路の焼畑の位置づけ

日本の「焼畑」研究には農学方面の実証的な研究が蓄積されてきたが、日本文化論や日本文化起源論の文脈ではやはり佐々木高明による研究が決定的であった。佐々木は中尾佐助の『栽培植物と農耕の起源』［7］という壮大な仮説を背景に、自らの焼畑研究の集大成『日本の焼畑』［8］を著し、中尾佐助などと一世を風靡した「照葉樹林文化論」を唱導した。佐々木はこの著作のなかで日本の焼畑を四つの類型に分類したが、飛濃越地域・赤石丹沢山地・山陰山地の焼畑をナギハタ型とした。

日本全体の中での長戸路の焼畑の位置づけをする前にまず島根県内の邑智郡の農業のありようを考えてみたい。昭和一二年に編纂された森脇太一編『邑智郡誌』［9］に興味深い記述がある。八戸川河谷について「勝地川峡谷に最も興味ある耕作景は谷壁利用の焼畑耕作景である。こゝではこの火田或は焼畑を開き山と言ひ、急傾斜（三〇度―四五度）の谷壁の然も拳大の或は小兒の頭大の岩片一面に擴る箇所をも開き山に利用して居るのである。開き山は土用中に叢林を伐り拂ひ、乾燥するを待つて燒き、燒き跡に蕎麥を栽培し、翌春三月楮の苗を植付ける。而して間作として粟を栽培し、第三年目には主として小豆の間作が行はれ、第四年目より楮が相當の成育をなし、収穫が始まるから間作を停止する」と記述されている。そして邑智郡内の三〇町村の昭和九年の米作地と焼畑地の生産の比較の表が示されていて興味深い（表②）。焼畑地として谷住郷が挙げられ、米作地として市木がとりあげられている。表をみると楮・三椏・大麦・小麦などは焼畑地での生産が高く、昭和九年ころまでは邑智郡内では山間部の斜面では焼畑耕作が結構あったことがわかる。島根県邑智郡内の焼畑は長戸路の焼畑と同じようなものであったのであろうか。私たちが調査した一九八〇年代の聞き書きによる長戸路の焼畑のタイプは佐々木高明のいうナギハタ型であるが、森脇編『邑智郡誌』による昭和一二年（一九三七）の長戸路の焼畑と様相が異なる。同じ郡誌のなかの作物の生産高の表では、焼畑の生産高の多い作物は楮・三椏・大麦・小麦となっている。どうやら焼畑を開拓する当初におこなう「開き山」とかなり常畑化している焼畑とでは作物の栽培順序や栽培種類が異なっている可能性がある。私たちが石田初太郎翁から聞いた長戸路の焼畑も「開き山」の焼畑であったのではないか。また石田初太郎翁からの聞き書きでは焼畑の最終経済樹木がアブラギリであったが、『邑智郡誌』では楮・三椏であることも大きな違いである。いずれにせよ、大麦・小麦が焼畑のなかで占める位置は高かったことは間違いないようであり、このことを考慮すると山陰山地はナギハタ型というより佐々木高明が対馬の焼畑をムギコバ型と名付けたものと同様のものであった可能性が高い。これは焼畑文化が伝播していく過程を考えるときわめて都合のいい位置にあるし、それは長戸路のように比較的海岸近く場所の焼畑という対馬の焼畑との類似性からも類推できる。

対馬の焼畑の特徴については、応地利明が佐々木高明の仮説を取り入れて朝鮮半島南部からの文化伝播について論じている。少々長い引用であるが重要なことなので記してみたい。

スキをめぐる朝鮮半島との交流と関連して、もう一つの興味ある事例がある。それはかつて対馬でみられた焼畑慣行である。いまでは廃絶したが、かつて対馬ではコバサク（木庭作）と呼ばれる焼畑耕作が山地斜面を使って広く行われていた。コバサクについて

表②　邑智郡内30町村の米作地と焼畑地の生産の比較（昭和9年）

	楮	三椏	大豆	大麦	小麦	裸麦	米
谷住郷	2853貫（3位）	4451貫（3位）	80石（22位）	410石（3位）	163石（1位）	14石（20位）	855石（29位）
市木	650貫（20位）	330貫（19位）	136石（6位）	110石（11位）	35石（19位）	43石（15位）	4853石（5位）

は、対馬在住の陶山鈍翁が享保七年（一七二二）に編集した『老農類語』などにくわしく述べられている。これらの書を参考にしつつ、またみずからの調査をもとに佐々木高明は、対馬の焼畑農耕のもつ顕著な特徴を次の三点に求めている。①播種に先だって牛にひかせたスキ——前述のマツバ型スキにあたる——で焼畑耕地を全面的に耕起すること。②輪作体系は〈ムギ—アワ—マメ—（マメ）〉、あるいは〈ムギ—ソバ—アワ—（マメ）〉のいずれかにほぼ固定しており、初年度作物としてムギが広く作付されていること（佐々木は、これをムギコバ型焼畑と呼んでいる）、③昭和になって行われなくなったが、それ以前は干鰯などの有機肥料の焼畑耕地への投入、すなわち施肥がさかんに行われていたこと。これらの三つの特徴は、いずれも日本の他の地方での焼畑耕作ではみられないものである。佐々木は、①については、火田と呼ばれる朝鮮半島の焼畑でも牛にひかせたスキがなされていること、②については、朝鮮半島の火田のなかでも南部地方の焼畑は、対馬に似てアワ、ソバ、マメを主要作物としているうえに、オオムギを組み入れているものも登場することを指摘して、結論として、対馬の犂耕をともなうムギコバ型焼畑が、オオムギを栽培する朝鮮半島南部の火田と密接な関連性をもつのではないかと、という仮説を提起している。そして、ヒエ、アワ、ソバ、マメを中心とする（雑穀栽培型）焼畑がわが国においては優越するなかで、対馬と類縁性の大きいムギコバ型焼畑が九州山地や四国山地にも存在することを指摘し、それらが朝鮮半島南部に連なる別系統の焼畑農耕文化の流れとして整理しうる可能性を示唆している。とすれば、ムギコバ型焼畑農耕も海を介して朝鮮半島より受容した農耕要素として位置づけることができる。〔10〕

この長い応地の引用文の意味するところはいくつもあるが、重要なのは佐々木高明の照葉樹林文化論の骨子が照葉樹林帯という植生を共通する地域での農耕文化の諸要素の起源論であるのに対して、応地の論は農耕文化の伝播論に比重を置いたものであり、このことが期せずして佐々木の照葉樹林文化論の批判にもなっている点である。

この文化伝播の流れをそもそも「別系統」の焼畑農耕文化の流れと応地が述べなければならないのは、佐々木高明の照葉樹林文化論の「起源論」と「伝播論」の混同にあるのであって、とりたてて「別系統」という必要はないと思われる。確かに応地の伝播論の主役はムギ作であり、牛によるスキ耕作なので前者がメソポタミア文明からの伝播、後者は中国華北からの技術伝播と考えられることから照葉樹林文化の故郷からの伝播ではない。その意味では「別系統」というべきだというわけであるが、朝鮮半島南部の火田が焼畑を意味するとなればこれはまさに照葉樹林文化の根幹をなす農耕文化であるわけだから、その点では別系統というわけではない。佐々木は照葉樹林文化のセンターを「東亜半月弧」に設定しているので、古代朝鮮半島や古代日本列島はその周縁であり、照葉樹林文化のいくつかの要素は脱落してもおかしくないし、またこの地域にはユーラシア大陸のいわゆる草原の道やシルクロードを通じてメソポタミア文明やギリシャ・ローマ文明などの文化要素が伝播してきて、麦作文化と稲作文化の複合した文化が成立した可能性も高いと考えるは妥当なことだと思われる。

照葉樹林文化論とは「照葉樹林文化論のセンターとしての《東亜半月弧》の設定をはじめ、焼畑における雑穀栽培の重要性、モチ種の穀物の創出、さらにはナットウ、茶、コンニャク、絹、漆、ハンギング・ウォール、鵜飼、歌垣等々、照葉樹林文化を特徴づける文化的特色」〔11〕をもつものであり、佐々木高明はこれらの文化が日本列島に稲作以前に伝播したとして弥生時代以前に焼畑農耕文化の日本列島への伝播を主張した。現在、依然として稲作以前の農耕文化の存在は考古学的には否定されているし、稲作文化そのものの北九州での開始が五〇〇年ほど遡る可能性が高いとされ縄文文化と弥生文化の共存の時期さえ考えなければならないので、農耕文化の伝播論については再考の必要がある。

それでは照葉樹林文化論は全面的に否定される文化論なのであろうか。私は佐々木高明が焼畑文化を稲作以前と主張したその日本列島への農耕文化起源論に拘った点に大きな問題があると考えている。そもそも佐々木が照葉樹林文化を構成する文化要素であるナットウ（大豆）、茶、絹（天蚕系統のもの）、漆、ハンギング・ウォール、コンニャク、歌垣など栽培植物や歌垣文化が東亜半月弧に起源することは認めたとしても、それらが朝鮮半島や日本列島に伝播した時代はばらばらで時代幅でいえば弥生時代から奈良・平安時代まで数百年あるいは千年のオーダーなのかもしれないほどの幅があると考えられる。この時間的な幅を認めたうえでのさまざまな文化要素は、同じ照葉樹林帯や落葉広葉樹林帯のなかであれば電気の良導体のように伝播しやすいのかもしれない。しかも個別の文化要素が朝鮮半島経由であれ中国大陸からの東シナ海を直接横断しての日本列島への伝播であれ、それは何回もあったと思われるし、時期的にも限られていたわけでもない。従来の伝播論はある地域からのある特定の時期に限定してヒト・モノ・技術の伝播を考える傾向があったが、実はそうではなくいくつもの地域からいくつもの時期に伝播してきたと考えた方がいいのではないだろうか。稲作農耕文化、畑作農耕文化あるいは焼畑農耕文化といってもその文化を支える主要な農耕技術が稲作、畑作、焼畑であったと言っているのであって、稲作農耕文化が畑作や焼畑の技術を保有していないわけではない。畑作農耕文化や焼畑農耕文化も同じように考えることができる。さらに、稲作農耕文化は通常河川や海の漁撈文化とセットになっているし、また周りの環境利用として狩猟や採集活動も当然伴っている。少なくとも日本列島でいえば弥生時代以降については、どのような地域であれ、いうなれば狩猟採集漁撈稲作畑作焼畑農耕文化であったであろうし、古墳時代以降はそれに有畜という文化が随伴することになる。地域によってどの生業に比重をおくかの違いがあるにすぎないと考えるべきであろう。実はその典型的な地域が近代以前の対馬の農耕文化であり、ここには高度なアウタルキー的自給世界が展開していた［12］。

ながながと一見長戸路の焼畑と無関係のように思われる対馬の島世界のことを述べてきたが、「長戸路の焼畑村」文化や本書で宅野幸徳さんが研究してきた「養蜂」文化や「鵜川」文化は、伝播の時期を別にすれば対馬の農耕文化の系譜を引くのではないかと考えている。さらに敷衍すればその源流は朝鮮半島南部の古代社会にもつながっていくのではないかと想定している。照葉樹林文化論は文物の起源という制約を解きさえすれば、さまざまな文化要素やそのセットについて伝播論を再考すべき論点を提供してくれるものではないだろうか。長戸路の焼畑やこの宅野幸徳さんの遺稿論集の中心的なテーマである鵜飼文化やニホンミツバチの養蜂技術の文化は、古代朝鮮半島から古代日本列島への新たな文化伝播論の問題を投げかけているように思えてならない。


［1］佐々木高明『新版　稲作以前』NHK出版、二〇一四年。

［2］坪井洋文『イモと日本人』未来社、一九七九年。

［3］藤尾慎一郎『日本の先史時代―旧石器・縄文・弥生・古墳時代を読み直す―』中公新書、二〇二一年。

［4］白石昭臣「年中行事における麦作儀礼」『日本民俗学』170号、一九八七年。

［5］宅野幸徳「西中国山地における伝統的養蜂」本書第二章。

［6］篠原徹「古代東アジアの馬文化と植生」諫早直人・向井佑介編『馬・馬車・騎馬の考古学―東方ユーラシアの馬文化―』臨川書店、二〇二三年。

［7］中尾佐助『栽培植物と農耕の起源』岩波新書、一九六六年。

［8］佐々木高明『日本の焼畑』古今書院、一九七二年。

［9］森脇太一編『邑智郡誌』一九三七年。

［10］応地利明「玄界灘の交易と農耕文化の交流」『海と列島文化3　玄界灘の島々』小学館、一九九〇年。

［11］佐々木高明『照葉樹林文化とは何か』中公新書、二〇〇七年。

［12］月川雅夫『対馬の四季―離島の風土と暮らし―』農山漁村文化協会、一九八八年。

やや長いあとがき

篠原　徹

宅野幸徳さんの追悼の論集を編むことになった経緯について若干記しておきたい。私の研究生活の最初の教え子は岡山理科大学で教鞭をとっていたとき新しい学科であった基礎理学科に入学してきた宅野幸徳さんであった。四年間の学生生活のなかで私の調査にしばしば連れて歩いたが、それは彼が私の研究テーマ「自然と人間の関係についての民俗学的研究」に強い関心をもったからである。彼とは卒業後に島根県の教員になってからもさまざまな機会に「自然と人間の関係についての民俗学的研究」で調査を一緒におこなってきた。彼は川漁、鵜飼、ニホンミツバチの伝統的養蜂に関心をもち生物の教員のかたわら研究に励んできた。私が追悼論集に寄稿した「長戸路の焼畑村」も宅野さんと最初に一緒に訪れ、また彼の逝去の直前に一緒に再訪した村の生業についての報告である。彼とこの長戸路を三度目に訪れたのは彼が亡くなる数週間前であった。それは二〇二二年一二月四日のことであったが、二人にとって感慨深い調査地の再訪であり、しみじみとした旅であった。

実は宅野さんとはこのころ彼の論考をなんとか一冊の本にまとめようと話しあっていて、その際には私も彼と一緒に訪れた数十年前の長戸路の焼畑村のことは未発表なので是非寄稿すると約束していて、その論考をすでに書き始めていた。一九八五年の時のフィールドノートに記された長戸路の焼畑の記録をもとに書き始めていたが、確認したいこともあって彼と一緒にこの村に再訪したのであるが、この再訪から数週間後宅野さんは突然逝去してしまった。再訪のときの長戸路はもう廃村に近く、道路だけは整備されて舗装されていたが、二四軒あった家々はほとんど空き家になっていたり廃屋になって崩れかけた家ばかりになっていた。宅野さんと村々の移り変わりや人の人生の無常迅速を感じたのである。一九八五年の時は長戸路への訪問と同時に当時桜江町に在住していた高名な民俗学者・牛尾三千夫さんを訪ねたことも思い出される。桜江町市山の神社の神主さんであった牛尾三千夫さんはまた歌人としても有名であった。

一九八五年当時私は岡山理科大学蒜山研究所発行の研究報告書の刊行を始めていて、蒜山など中国山地についてのフィールドワークによる研究報告を募集していた。そんななか岡山県在住の民俗学者・故佐藤米治先生から牛尾三千夫先生を紹介され、彼から中国山地の田植え歌についての論考を寄稿してもらい手紙のヤリトリの付き合いが始まった。そんな折に、宅野幸徳さんと高津川の放し鵜飼の鵜匠・塩田嘉助さんを訪ねる機会があり、そのとき今回報告した焼畑村・長戸路も訪問した後、お会いしたかった江の川流域の桜江町市山にお住まいの牛尾三千夫さんの家を訪ねたのであった。牛尾さんはその時はすでに重篤な病人であって玄関で奥様から面会を固辞されたのであるが、牛尾先生は奥座敷から訪ね人の声を聞き誰かと尋ねられ、岡山の蒜山の篠原だというと「会いたい。上がってもらえ」と言われた。奥座敷にいた彼は布団の上に白装束で端座していて、しばし会話を交わしたことを思い出す。布団の横に置かれた和机の上に原稿が置かれており、それが紙縒りで綴じてあったのを記憶している。長戸路への二度目の訪問時であったのでそれは真夏のことであった。杉木立に囲まれた開けっ放しの横屋（神主さんの家をこういうそうだけど）に風が吹きわたり端正な牛尾先生が静かに語る姿はいかにも詩人であった。それから数週間後、彼は息をひきとったと聞かされた。短い期間であったが心に残る交流であった。会う前に私のそれまでに書いた論考別刷りを牛尾先生にお送りしておいたのであるが、会った時に「あなたは詩人ですね」と言われたことがたいへんうれしかったことを憶えている。

同行していた宅野さんも鮮烈な印象であったようで、今回長戸路訪問時にも彼の家を訪ね墓参しようと二人で市山の彼の神社を訪れた。訪ねた横屋は屋根などが崩れ落ち廃屋同然であり、宅野さんと二人で茫然とした。二人で草茫々のかつての庭の一角に牛尾三千夫先生の歌碑をみつけしばし感慨にふけった。そして悄然としてこの地を立ち去ったのであるが、宅野さんは余程心にこのことが残ったのであろう、この日の訪問から一週間後私のところに彼から牛尾三千夫さんの歌集『桔梗の空』が届いた。添えられた手紙に牛尾三千夫さんの詩歌に触れて次のような一節があった。

わたしは、『桔梗の空』のなかの「詩の部」の序詩

夢

あの山に登ったら
江川をのほりゆく
帆かけ舟がみえるだろうか
帆かけ舟はもうゐない
夢にだけ見えるだろう

反歌
六十餘年は、夢とすぎたり。振り仰ぐ、
桔梗の空の　さびしくあるか

がとても心に響く詩と思いました。

数十年前の夏、民俗学者・歌人である牛尾氏が亡くなられる数週間前に篠原先生とわたしがお会いしたことが思い出されます。その時、私は三一歳、篠原先生は四一歳ということになります。

二〇二二年一二月四日の廃屋と化した牛尾三千夫さんの居宅訪問後出雲市に戻り、在りし日の二人で行った調査行などの思い出を語り合った。牛尾三千夫さんへの感傷もかなりあったと思う、しきりに昔のことを述べていた。その彼が数週間後に生家のある頓原へ母親の様子を見に行って帰らぬ人となってしまったのである。自分より年下のものに先立たれることがこんなにつらいものだとは思わなかったし、宅野さんは私が教員という身になって初めての弟子だといえる人だということもその思いを強くしたのかもしれない。二〇二三年一二月二六日早朝彼の死を奥様から知らされた時、不思議なことに滂沱の涙がでたり慟哭するという感情は起こらなかった。ただ言葉としていえば「無念」という感情が心をよぎった。これはおそらく彼自身意識が遠のくなかでそう思ったにちがいないことへの悲しい共感であったのであろう。

二〇二二年一二月初旬の出雲紀行は、大森銀山の幕領社会研究をしている古くからの友人である京都大学人文科学研究所の岩城卓二教授の講演旅行に同行しておこなったのであるが、岩城卓二さんに宅野幸徳さんを紹介することも考えていたので、一二月二日に出雲市の居酒屋で一緒に飲み、宅野さんのそれまでの研究を岩城さんに語ってもらった。話は大いに盛り上がり、そのとき以前から宅野さんと一緒に考えていた著作を是非出版しようということになった。それで彼と相談して今まで書いたものをどう配列するか宅野さん自身の目次案を作るように頼んでおいた。それには宅野さんが考えている「鵜飼と養蜂の民俗学」からみえてくる動物民俗学あるいは動物をめぐる民俗自然観のような論考をまとめとして書きおろす必要があると注文もつけておいた。また今までの教員のかたわらで行ってきたフィールドワークの小史を序論として書いたらどうだろうかとサジェスチョンもした。今回のこの遺稿論文集は彼が私のところに送ってきた目次案をそのまま踏襲したものである。書きかけの序論はあったけれども、まとめの総論にあたる彼の動物民俗論や民俗自然観などの論考は残念ながら書かずじまいであった。彼自身、この不慮の死に対して「無念」であったにちがいないし、私も彼の研究にはいつも立ち会ってきたので「無念」という他ない。

宅野幸徳さんは、年代順に鵜飼の研究、川漁の研究、そしてニホンミツバチの養蜂民俗の研究をおこなってきた。川漁の研究は鵜飼の対象魚を理解するため川全体の淡水魚と川漁の関係をみたものであるので鵜飼の研究の延長と考えてもいい。宅野幸徳さんの研究を貫いているのは、鵜が獲る魚の側からみるという視点や鵜の側から鵜飼をみるという視点であり、それは生物の教員をしていた宅野幸徳さんならではの独創的なものである。この視点はニホンミツバチの養蜂民俗の場合も同じであり、従来の民俗学があくまでも人間の側から、それも庶民の歴史の側からこうした動物に関わる生業の民俗をみていた視点とは異なる。宅野さんは、鵜飼の鵜から、そして採蜜される和蜂の側から人間の生業を眺めるという動物の側から人間をみるという視点で研究を進めてきたといえる。

宅野さんが最初に手がけたのは高津川の放し鵜飼の鵜匠・塩田嘉助さんを訪ねて、当時放し鵜飼を現役で行っている唯一の鵜匠から詳細な聞き書きと放し鵜飼の観察を行ったことである。本遺稿論集に収録されている鵜飼に関する論考は、「高津川の放し鵜飼」「三次鵜飼伝」「有田川の徒歩鵜飼」そして最後の論文となった「鵜川と鵜飼」の四本である。最初に宅野さんが書いた論考「高津川の放し鵜飼」は、これまでの鵜飼研究のなかでは出色のものである。生業としての鵜飼あるいは民俗技術からみた鵜飼をこれほど鮮やかに記述した研究は今までになかった。宅野さんは高津川の放し鵜飼の研究以降、三次の舟鵜飼と有田川の徒歩鵜飼と研究を続けて、今までの放し鵜飼・徒歩鵜飼・昼川鵜飼・夜川鵜飼などさまざまな鵜飼の形態の前後関係などの発展過程についての議論にひとつの決着をつけたのが、彼の最後の論文「鵜川と鵜飼」である。これは彼の長い鵜飼研究のなかでふたつの大きな発見から得られた結論といってもいい。

ひとつは『万葉集』の柿本人麻呂の歌に表現された鵜飼と高津川の近代以前の鵜飼の類似性を指摘したことである。持統天皇の行幸に同行して吉野の宮で柿本人麻呂が吉野川で鵜飼漁をみたとき詠んだ反歌の一節に「上つ瀬に　鵜川を立ち　下つ瀬に小網さし渡す」の表現がある。この表現は『万葉集』にしばしば現れる対句的表現とみるのが普通であるが、宅野さんは当時の鵜飼の民の漁法と捉えた。この表現の中で鵜と網が出てくるのが肝心なことで、この鵜飼漁法は高津川で近年まで行われていた放し鵜飼の方法のひとつ「上りえこ・下りえこ」漁法とまったく同じものではないかと考えたのである。反歌の表現を素直に読み取れば、川の上流側で鵜を放し、下流にさし渡した網へ魚を追うことを表している。高津川の放し鵜飼では、川の状態によって網を上流側に設置する場合と下流側に設置する場合がある。いずれの場合でも網を設置するのは魚を要望する付近の農民であり、雇われた鵜匠が数羽の鵜を川に放し魚を網側に追う。行幸時に観覧した鵜飼は日中だと思われるので、対象としていた魚はフナ、コイ、ウグイだと考えられる。高津川の近年まで行われていた鵜飼については本論集の「高津川の放し鵜飼」にその漁法が詳しく記載されている。

ただ「高津川の放し鵜飼」の論文では言及していないが、調査の時点では失われていたもうひとつの漁法があった。宅野さんはこの論文以降に文献によって近代以前にはもうひとつの漁法が行われていたことを発見した。それは「有田川の徒歩鵜飼」の論考で詳しく記載されている漁法とまったく同じものであった。このことがわかったのは伊藤康宏『山陰の魚漁図解』が二〇一一年に出版されたからである。この書は一八八一年に開催した内国勧業博覧会に島根県が出品した「島根県管内漁具類集図」の草稿本をもとにしていて、それに近代以前の高津川の夜漁で手持ちのかがり火をもって鮎漁をおこなう手綱を使う徒歩鵜飼と、昼漁でコイ・フナなどを捕る手綱を使わない徒歩鵜飼の二つの漁法が記載されている。これについては宅野さんの最後の論文「鵜川と鵜飼」にその意義を含めて論じられている。この宅野さんの最後の論文で今までの放し鵜飼・徒歩鵜飼、昼漁・夜漁、舟鵜飼・徒歩鵜飼などの時期差や技術差の議論はあまり意味がないことを主張している。おそらく日本列島への鵜飼漁の伝播は、完成された鵜飼漁法（上記のさまざまな鵜飼漁を「鵜川」と捉える）が朝鮮半島から入ってきたと思われる。その時期については考古学的資料によっては資料不足で証明できないが、記紀の時代にはすでにさまざまな鵜飼漁が日本列島で展開していたのではないか。この鵜飼漁の伝播・起源・展開の仮説の妥当性は今後検討されなければならない重要な民俗学の問題である。

宅野さんの動物をめぐる民俗学研究の主要なものにもうひとつ対馬の養蜂民俗の調査がある。ニホンミツバチの養蜂民俗研究は現在きわめて盛んに行われていて、民俗学、人類学のみならず昆虫学など自然科学の方面からの研究も進んでいる。こうした養蜂民俗研究の先鞭をつけたのが宅野さんの一九九〇年代に始まる本論集に収められた伝統的養蜂に関する論考である。対馬ではニホンミツバチの養蜂がきわめて盛んであったことは、篠原が漁村調査で上県郡の鹿見を訪れた時に知っていた。このことをある時、宅野さんに話したら強い関心を示したので、一九九〇年五月一日から五月六日までの約一週間鹿見を一緒に訪れたのが宅野さんのニホンミツバチの養蜂民俗研究の始まりである。対馬では一般的に集落は本戸という農業集落と寄留という漁業集落で構成されているが、ニホンミツバチの飼育のためのアカマツの幹を刳りぬいたハチドウで和蜂を飼っているのは本戸の人が多かった。西海岸の対馬の村々は、安室知さんなどが提起している生業複合論などがあてはまる村で、さまざまな生業が組み合わさって村の暮らしが成り立っている。養蜂もそのひとつであった。宅野さんはその後、対馬の各地でほぼ同じような養蜂が行われていることを確認したうえで上県町佐須奈の有力な養蜂家の生業活動に焦点を合わせて調査を行った。その成果が本論集の「対馬の伝統的養蜂」である。この養蜂民俗はニホンミツバチの生態や習性を巧みに利用したもので、その精緻な民俗技術には眼を見張るものがある。

宅野さんと一緒に行った鹿見での予備調査はなつかしい思い出がある。訪問した季節が五月初旬であったのでこのころはちょうどニホンミツバチの分封の季節であった。本戸の多くの家では数十におよぶハチドウを家の前面の庭や家の後ろに並べていた。朝早くどの家を訪ねても蜂が採蜜のためハチドウから飛び立っていき、その家に訪問しようにも蜂の大群がブンブン飛び回り、初めてこの事態に出くわす人はとても怖くて訪問などとんでもない。私は以前に経験があったのでニホンミツバチはおとなしく襲われることはないことを知っていたが、宅野さんは怖れてしまい逃げ腰であった。このときの慌てぶりは本当に印象的であったが、その後ひとりでいろいろなところでニホンミツバチを調査しているのでこれは克服したのであろう。

対馬では野生のニホンミツバチを捕獲してニホンミツバチを増やす方法をとっている。分封するだけではその系統のものはどんどん数が少なくなるからである。そのため山中に空のハチドウを置いておく。対馬の山中を歩くとハチドウがいたるところに置かれている。この鹿見でもかつて焼畑（コバ）をしていた山中にたくさんハチドウが置かれていた。当地のしきたりで野生のニホンミツバチを取るためにハチドウは誰の所有地の畑でもコバでも置いていいことになっている。山中にハチドウを置いておくことができるのは、ツキノワグマが対馬にはいないからである。宅野さんはその後西中国山地でのニホンミツバチの養蜂ではハチドウは熊対策のため山中に置かず家の近くにおいていることを知り、野生のニホンミツバチを採取するためハチドウをどこにでも置ける対馬の特異性を知ったと言っていた。対馬の山中に置かれたハチドウのなかにはすでに空ハチドウではなく野生のものが入った状態のものもある。そんななかのひとつのハチドウで宅野さんとおもしろい観察をおこなってみた。

当地の俚諺に「蜂は八〇クマを越えて蜜を集める」というものがあるが、クマは当地の言葉で峠を意味する。ニホンミツバチは八〇の峠を越えて蜜を集めるというのだから相当遠くまで飛び回っていることになる。

この俚諺は本当だろうか、山の中のニホンミツバチの入ったハチドウで確かめてみようと二人で朝早く目星をつけた山のハチドウのところにでかけた。ハチドウの近くに陣取り、私はハチドウから採蜜のため出ていく「出蜂」を何時何分に何匹と数え、宅野さんは採蜜を終えて帰ってくる「帰り蜂」が何時何分に何匹という調子で数えてみた。ニホンミツバチの採蜜活動は日の昇ると同時に始まるので早朝から午前中数時間観察を続けた。宿に帰って横軸に時間をとって、縦軸に出蜂と帰り蜂を別々にしてそれらの匹数をとり、グラフにしてみた。すると出蜂と帰り蜂のグラフは数分（五分くらいだったと記憶している）の差のズレをもって同じ形のグラフになった。ズレの差の五分はニホンミツバチがハチドウから出て採蜜して帰ってくる時間を表しているはずである。この差の時間にニホンミツバチの飛行速度を掛ければ飛行距離が推定できるはずで、確かこのとき二人でこの俚諺は間違いでニホンミツバチはそんなに遠くまでは行かないのではないかと話しあった記憶がある。

自然を相手に生業を行う農民や漁民のこうした知識をエスノサイエンスというけれど、経験に裏付けられたこうした知識はかなり信頼性の高い民俗技術であることが多い。宅野さんのその後のニホンミツバチに関する民俗技術の研究はこれを見事に示していることはこの論集の論文でも明らかである。私たちはこうした動物の習性を利用する民俗をフォークエソロジーと名付けたけれど、フォークとつけた意味は、「蜂は八〇クマを越えて蜜を集める」という俚諺の蓋然性はかなり低く、すべての彼らのエスノサイエンスが正しいとは限らないからである。

鹿見を訪ねたのが五月ということもあってちょうど分封の季節であった。鹿見ではそのころ朝早くから各家のおばあさんたちが庭にでていて分封した蜂の行方を追う。それは見逃してしまったら誰がそれを獲ろうと所有権はなくなるのが村の決まりだからである。分封した新しい女王バチについていく蜂群を低い場所に止まらせるためおばあさんたちはバケツを打ちならし、近くの木に止まるようにするためホースやバケツの水を掛ける。この興味深い伝承されてきた技術は実は古代ローマにも見られたようである。それはプリニウスの『博物誌』やヴァルローの『農業論』などに銅鑼をならして蜂を鎮めることが記されている。宅野さんは西日本（広島県や島根県の山間部）や紀伊半島の和蜂養蜂の民俗でも同じことを見出している。この方法の根拠がどの程度のものなのか、あるいは昆虫学などの分野で確かめられているのかどうか知らないが、ユーラシア大陸の東西でこうした民俗が独立に発生したのか、あるいは伝播なのか興味深い伝承的技術と言わざるを得ない。中国や韓国あるいはユーラシア西部の国々でも同じことがみられるのかどうか興味深い。鹿見の和蜂調査以来、こうした未解決の問題もしばしば宅野さんと語り合ったことも懐かしい思い出である。

この宅野さんの遺稿論文集になってしまった『動物と民俗』にまつわる思い出と若干解題めいたことを記してきた。本来なら宅野さんの研究のまとめの本に対して推薦文を書くつもりがこのような文章を書く羽目になってしまった。宅野さんの突然の死に見舞われご家族や生まれ故郷・頓原で健在のご母堂は悲嘆に暮れたことであろう。私とても同じことで、最初の教え子であり、また「自然と人の関係についての民俗学的研究」の同志であった宅野さんの早逝は痛恨の極みである。黙して追悼する以外に方法がない。せめてこの遺稿論集が多くの人に読まれ宅野さんの研究の意義を知ってほしいと願うばかりである。

出版状況が大変厳しい昨今、遺稿論文集を出版してくれる出版社を探していたが、七月社を紹介してくれたのは、中堅の有力な民俗学者・室井康成さんであった。彼も、国立歴史民俗博物館も参加している総合研究大学院大学の教え子のひとりである。七月社の西村篤さんには古い原稿をテキストデータにするなどの原稿化整理にたいへんお世話になった。お二人には記して感謝申し上げたいと思います。

初出一覧

第一章「魚類の分布と漁具・漁法の関係―江の川全水域の事例的研究―」（『日本民俗学』178号、日本民俗学会、一九八九年）
第二章「西中国山地における伝統的養蜂」（『民具研究』96号、日本民具学会、一九九一年）
第三章「対馬の伝統的養蜂」（『民具研究』103号、日本民具学会、一九九三年）
第四章「紀伊山地地方の伝統的養蜂」（『ミツバチ科学』18巻2号、玉川大学ミツバチ科学研究施設、一九九七年）
第五章「高津川の放し鵜飼」（『民具研究』86号、日本民具学会、一九九〇年）
第六章「三次鵜飼伝―鵜匠上岡義則翁からの聞き書き―」（『江の川研究』15号、江の川水系漁撈文化研究会、二〇〇六年）
第七章「有田川の徒歩鵜飼―鵜小屋と鵜飼道具に視点をおいて―」（『民具研究』159号、日本民具学会、二〇一九年）

第八章　宅野幸徳・篠原徹・卯田宗平「鵜川と鵜飼―高津川の鵜飼再考―」（卯田宗平編『鵜飼の日本史』第15章、昭和堂、二〇二五年）

補　論　篠原徹「長戸路の焼畑村―照葉樹林文論再考―」書き下ろし（特別寄稿）

著者略歴

宅野幸徳（たくの・ゆきのり）

昭和三一年　島根県飯石郡飯南町頓原に生まれる
昭和五〇年　島根県立三刀屋高等学校卒業
昭和五二年　岡山理科大学基礎理学科入学
昭和五六年　岡山理科大学基礎理学科卒業

昭和五六年　奈良県生駒市緑ヶ丘中学校講師
昭和五七年　島根県私立江の川高等学校教諭
平成六年～二一年　島根県私立江の川高等学校校長
平成二一年　福井県私立昭英高等学校副校長
平成二三年　島根県私立出雲北稜中学校教頭補佐
平成二六年～二七年　島根県私立出雲北稜中学校教頭
平成二七年～令和二年　学校法人加計学園広報室参与　山陰支局長
令和二年　立正大学淞南高等学校非常勤講師（生物）
令和五年一二月二四日　逝去

＊——宅野幸徳さんは島根県での長い教員生活のなかで本務の教育活動に邁進されたことはもちろんのことでありますが、教員生活のかたわら本遺稿論文集にみられるような「動物と民俗」関連の研究も行ってきました。また、長い間島根県私立学校審議委員として島根県の私立学校の振興発展にも多大な寄与をされました。

[編者略歴]

篠原 徹（しのはら・とおる）

1945年中国長春市生まれ。1969年京都大学理学部植物学科卒業、1971年京都大学文学部史学科卒業。その後岡山理科大学蒜山研究所助手、岡山理科大学助教授を経て、1986年より国立歴史民俗博物館助教授、教授となる。2008年人間文化研究機構理事を経て、2010年より2019年まで滋賀県立琵琶湖博物館館長を務める。

従来の民俗学にはなかった農や漁に生きる人びとの技術・技能や、自然に対する知識の総体である「自然知」に目を向けて研究を進めてきた。「人と自然の関係をめぐる民俗学的研究」が一貫したテーマである。民俗学における自然派と自認している。

著 書

『自然と民俗—心意のなかの動植物—』（日本エディタースクール出版部、1990年）、『海と山の民俗自然誌』（吉川弘文館、1995年）、『アフリカでケチを考えた—エチオピア・コンソの人びとと暮らし—』（筑摩書房、1998年）、『自然とつきあう』（小峰書店、2002年）、『自然を生きる技術—暮らしの民俗自然誌—』（吉川弘文館、2005年）、『自然を詠む—俳句と民俗自然誌—』（飯塚書店、2010年）、『民俗の記憶—俳諧・俳句からみる近江—』（社会評論社、2017年）、『民俗学断章』（社会評論社、2018年）、『ほろ酔いの村—超過密社会の不平等と平等—』（京都大学学術出版会、2019年）、『琵琶湖と俳諧民俗誌—芭蕉と蕪村にみる食と農の世界—』（サンライズ出版、2021年）

動物《どうぶつ》と民俗《みんぞく》——鵜飼《うかい》と養蜂《ようほう》の世界《せかい》

2025年4月5日　初版第1刷発行

著　者……………………宅野幸徳
編　者……………………篠原 徹
発行者……………………西村 篤
発行所……………………株式会社七月社
〒182-0015 東京都調布市八雲台2-24-6
電話・FAX 042-455-1385
印　刷……………………株式会社厚徳社
製　本……………………榎本製本株式会社

Printed in Japan ISBN 978-4-909544-42-1 C1039

七月社の本

麦の記憶——民俗学のまなざしから

野本寛一著

多様な農耕環境の中で「裏作」に組み込まれ、米を主役とする日本人の食生活を陰ながら支えてきた麦。現在では失われた多岐に及ぶ栽培・加工方法、豊かな食法、麦の民俗を、著者長年のフィールドワークによって蘇らせる。

四六判上製352頁／本体3000円＋税／ ISBN978-4-909544-25-4　C0039

近代の記憶——民俗の変容と消滅

野本寛一著

最後の木地師が送った人生、電気がもたらした感動と変化、戦争にまつわる悲しい民俗、山の民俗の象徴ともいえるイロリの消滅など、人びとの記憶に眠るそれらの事象を、褪色と忘却からすくいだし、記録として蘇らせる。

四六判上製400頁／本体3400円＋税／ ISBN978-4-909544-02-5　C0039

日本民俗学の萌芽と生成——近世から明治まで

板橋春夫著

「古風」の発見によって江戸時代に芽生えた民俗的関心は、明治以降の近代化の中で、触発・融合・反発を繰り返し、やがて柳田國男という大河に注ぎ込む。学史の丹念な整理から描き出す、日本民俗学誕生前夜の鳥瞰図。

A5判上製320頁／本体5400円＋税／ ISBN978-4-909544-32-2　C1039

日本民俗学の創成と確立——椎葉の旅から民俗学講習会まで

板橋春夫著

農政官僚であった柳田國男は、明治末〜大正の旅を契機に日本民俗学の構想にとりかかり、民俗学理論を世に送り出すとともに、学界の組織化を進めていく。柳田のライフコースを補助線に描く、日本民俗学の理論と実践の軌跡。

A5判上製392頁／本体6000円＋税／ ISBN978-4-909544-37-7　C1039

政治風土のフォークロア——文明・選挙・韓国
室井康成著
私たちが、知らず知らずのうちに従っている見えないルール＝「民俗」。法規やデータなどの可視化された資料ではなく、不可視の行動基準「民俗」の視座から、日本という風土に醸成された政治と選挙の「情実」を読み解く。
四六判上製360頁／本体3500円＋税／ ISBN978-4-909544-29-2 C0039

神輿と闘争の民俗学——浅草・三社祭のエスノグラフィー
三隅貴史著
浅草・三社祭の花形である三基の本社神輿を担いでいるのは一体誰なのか。神輿の棒を激しい争奪戦で勝ち取ってきた有名神輿会に飛び込んだ著者が、祭りの狂騒と闘争をリアルに描き出すエスノグラフィー。
A5判上製416頁／本体4500円＋税／ ISBN978-4-909544-31-5 C1039

「面」と民間伝承——鬼の面・肉附き面・酒呑童子
西座理恵著
神事や芸能において重要な役割を担う「面」は、昔話や伝説、お伽草子などの物語に取り入れられ、多彩なバリエーションをもって語られてきた。伝承や信仰との相互関係を見据えながら、「面」のもつ豊かな象徴性を明らかにする。
A5判上製384頁／本体6800円＋税／ ISBN978-4-909544-24-7 C1039

［増補改訂版］山棲みの生き方——木の実食・焼畑・狩猟獣・レジリエンス
岡 恵介著
フィールドワークで訪れた北上山地・安家に魅了され、そこに棲みつき、20年にわたって人びとと生活をともにした著者が描く、「山棲み」の暮らしとこころ。2つの章を追加し、1つの章を大幅に書き換えた、増補改訂版。
A5判並製264頁／本体2800円＋税／ ISBN978-4-909544-20-9 C0039